Henry Du Pré Labouchere

Tagebuch während der Belagerung von Paris

Henry Du Pré Labouchere

Tagebuch während der Belagerung von Paris

ISBN/EAN: 9783744676229

Hergestellt in Europa, USA, Kanada, Australien, Japan

Cover: Foto ©ninafisch / pixelio.de

Weitere Bücher finden Sie auf **www.hansebooks.com**

Tagebuch

während der

Belagerung von Paris

von

Henry Labouchère
Correspondent der „Daily News" in Paris.

Deutsche autorisirte Ausgabe.

2. Lieferung.

Leipzig,
Verlag von F. Loewe.
1871.

Ich kann nicht umhin, zu vermuthen, daß das Resultat der Abstimmung der Armee am Donnerstage nur relativ richtig ist. Linie, Mobilgarde und Marine belaufen sich, wenn ich mich nicht sehr irre, auf noch nicht 250,000 Mann. Die zweite Armee unter General Ducrot zählt etwa 110,000 Mann.

Die Engländer stehen endlich im Begriff, abzureisen. Sie sind sehr entrüstet darüber, daß sie, wie sie sagen, so lange an der Nase herumgeführt worden und beschweren sich laut über ihre Gesandtschaft. Ich glaube jedoch nicht, daß Oberst Claremont oder Mr. Wodehouse an der Verzögerung schuld ist. Diese Herren haben ihr Möglichstes gethan, aber sie waren nicht im Stande, in Bezug auf den Tag des Auszugs ein Einverständniß zwischen den preußischen und den französischen Behörden herbeizuführen. Einerseits dauerte es allemal achtundvierzig Stunden, ehe man Antwort von Versailles bekam und andererseits konnte man, da England die Republik nicht anerkannt hatte, mit Trochu nicht amtlich verkehren. Oberst Claremont ist jedoch zufällig ein Freund von ihm und dank seinen Bemühungen in Verbindung mit denen Mr. Washburne's ist die Sache endlich auf genügende Weise arrangirt worden. Natürlich brauche ich kaum zu bemerken, daß das englische Ministerium des Auswärtigen sein Möglichstes gethan hat, um die Frage recht verwickelt zu machen. Es hat Mr. Wodehouse befohlen, für den Transport britischer Unterthanen zu sorgen, ohne zugleich die nöthigen Fonds mitzuschicken, und nachdem es Lord Lyons aufgetragen, die Archive mitzunehmen, verweist es fortwährend auf Instructionen, die in Depeschen enthalten sind, welche, wie es wohl weiß, sich in Tours befinden.

Mr. Washburne bleibt hier. Er hat Alles, was in seinen Kräften stand, gethan, um die Regierung zur Abschließung eines Waffenstillstandes zu bewegen, und offen erklärt, daß Paris nicht ohne Aussicht auf einen erfolgreichen Ausgang geopfert werden dürfe. Er ist außer sich über die getroffene Entscheidung und erwartet nun das Schlimmste. Im Interesse der Humanität ist es sehr zu beklagen, daß Lord Lyons Befehl erhalten hatte, Paris zu verlassen. Die persönliche Achtung, in der er stand und der große Einfluß, den er in Folge dessen ausübte, würden während der in den letztvergangenen Tagen gepflogenen Unterhandlungen von unschätzbarem Werthe gewesen sein.

18. November.

Ich habe auch einmal geliebt. Die Persönlichkeit, welche Gegenstand meiner Neigung war, besaß viele liebenswürdige Eigenschaften. Ich hielt sie für einen Engel, wenn ich aber ihren Willen nicht that, so ging sie in ihr Zimmer und erklärte, sie werde, ohne Speise oder Trank zu sich zu nehmen, darin bleiben, bis ich nachgegeben hätte. Da ich stets recht und sie stets unrecht hatte, so konnte ich dies nicht; aus Mitleid aber mit der Schwäche ihres Geschlechtes und weil ich die Hartnäckigkeit desselben kannte, wußte ich die Sache immer so zu arrangiren, daß meine Geliebte ohne ein allzu großes Opfer für ihre Eigenliebe ihren Schmollwinkel wieder verlassen konnte. Die Pariser erinnern mich an diese sentimentale Episode meiner Existenz. Sie sind auf ein hohes Piedestal gestiegen und haben die Welt zum Zeugen angerufen, daß keine Gefahr, der sie ausgesetzt sein können, sie zwingen soll, von ihrem Standpunkt eher herabzusteigen, als bis sie erlangt haben, was sie wollen. Daß sie es erlangen werden, finden sie selbst sehr unwahrscheinlich und sie schauen sich daher sehnlich nach Jemandem um, der ihnen herunterhilft, ohne daß sie unbedingt genöthigt werden, ihre „eigenen Worte zu verschlucken". Sie hatten gehofft, daß der Waffenstillstand, der von den neutralen Mächten vorgeschlagen worden, sie auf irgend eine Weise ihrer Schwierigkeit entreißen werde, und nun sind sie, da die Belagerung immer noch fortdauert, über ihre besorgten Freunde sehr entrüstet.

So lange als sich annehmen ließ, daß Kanonen und Musketen ihr blutiges Werk blos außerhalb der äußern Forts verrichten würden und daß Paris sich seiner „heroischen Haltung" rühmen könnte, ohne wirkliche Drangsale oder Gefahren zu bestehen, sprach man laut und keck von nichts als Widerstand. Jetzt dagegen muß die Regierung alles Mögliche aufbieten, um den Muth der Bevölkerung nur einigermaßen aufrecht zu erhalten. Diese Thoren glaubten wirklich, die Welt betrachte, eben so wie sie, ihre Stadt als eine Art heiliges Jerusalem und die öffentliche Meinung werde den Preußen nie gestatten, sie zu bombardiren oder die Hohenpriester der Civilisation, welche sie bewohnen, den rauhen Consequenzen des Krieges auszusetzen.

Man muß hier gelebt haben, um dies Alles richtig zu verstehen. In England schenkt man den Aeußerungen französischer Journale nur wenig Beachtung, die Pariser aber, welche von auswärtiger Politik weniger verstehen als die Schulknaben eines englischen Dorfes, lebten in dem für sie so schmeichelhaften Wahne, daß wir ebenso wie alle anderen Nationen weiter nichts zu thun hätten, als uns ihre günstige Meinung zu erwerben. Jetzt aber finden sie zu ihrem großen Erstaunen, daß außer einer auf das gewöhnliche Menschlichkeitsgefühl gegründeten allgemeinen Sympathie Niemand für Paris etwas Anderes empfindet, als für jede andere große Stadt und daß wenn sie ihr sogenanntes Heiligthum in ein verschanztes Lager für ihre Armeen verwandeln, sie auch die Folgen auf sich nehmen müssen. Entweder müssen sie die Friedensbedingungen des Siegers annehmen oder den Kampf fortsetzen.

Nach und nach lernen sie dies auch einsehen. Aus dem allgemeinen Ton der Conversationen, die ich höre, schließe ich, daß sie im Stillen zugeben, daß das Elsaß, wonicht auch Lothringen, unwiederbringlich verloren ist. Worte haben einen großen Einfluß auf sie und sie trösten sich über diesen Gebietsverlust schon mit der Redensart, daß das Elsaß einen Theil von Deutschland, Deutschland aber nicht das Elsaß annectiren werde. Eben so giebt man auch zu, daß früher oder später eine Geldentschädigung an Preußen gezahlt werden müsse.

Die Zeitungen, die in ihrem Lobe der Sprache, welche Jules Favre in Ferrières geführt, am lautesten waren, beklagen sich jetzt, daß durch hochtrabende Redensarten nichts gewonnen werde und daß es lächerlich von ihm sei, von Friedensbedingungen zu sprechen, welche Preußen nicht annehmen könne.

Der Hauptgrund des fortgesetzten Widerstandes ist der persönliche Ehrgeiz der Mitglieder der Regierung, welche wohl wissen, daß wenn sie einen Waffenstillstand unterzeichnen, welcher gleichbedeutend mit Frieden ist, man sie später zu Sündenböcken machen und sagen wird, sie hätten die Pariser um die Hoffnung betrogen, bis auf den letzten Mann umzukommen. Weitere Gründe sind: die maulthierartige Hartnäckigkeit Trochu's und die Furcht der Hauptstadt, daß sie die Oberherrschaft über die Provinzen verlieren könne.

Natürlich giebt es doch Einige, welche wirklich den Kampf bis auf's Aeußerste fortzusetzen wünschen. Die Ultras hoffen auf diese Weise eine demokratische Republik zu gründen und träumen von den Erfolgen der ersten Revolution. Die Politiker wissen selbst nicht recht, was sie wollen. Ihre Hauptidee ist, in ihrem eigenen Interesse die Centralisation aufrecht zu erhalten, welche so lange der Fluch dieses Landes gewesen ist. Wenn sie in Friedensbedingungen willigen, ehe Frankreich dem Lande ein Beispiel von Heroismus gegeben hat, so fürchten sie, daß ihr Uebergewicht gefährdet werde; wenn sie die Isolirung fortdauern lassen, so fürchten sie, daß die Provinzen sich an selbstständiges Handeln gewöhnen, und wenn eine constituirte Versammlung gewählt wird, während die freie Communication zwischen Paris und dem übrigen Frankreich unterbrochen ist, so fürchten sie, daß diese Versammlung mehr aus localen Candidaten bestehen werde, als aus solchen, welche, wie zeither stets der Fall gewesen, den Departements durch eine centrale Organisation in der Hauptstadt aufgedrungen werden.

Die Lage der Regierung ist eine eigenthümliche. Vergangenen Donnerstag erhielt sie bei ihrem Plebiscit eine bedeutende Majorität, weil man allgemein annahm, daß „Oui" Frieden bedeute; auf vielen Zetteln waren sogar die Worte „und Frieden" dem „Oui" ausdrücklich beigefügt. Die Anführer Derer, welche sich auf den Ruf „Keinen Waffenstillstand!" empörten, hat man festgenommen. Ihre Freunde, die Bourgeois, wollten die Municipalwahlen bis nach dem Kriege verschoben wissen und erhoben daher den Ruf: „Keine Commune!" In jedem Arrondissement sind ein Maire und zwei Adjuncten gewählt worden und diese Maires und Adjuncten haben sich blos zu versammeln; um das Recht der Einmischung in öffentliche Angelegenheiten auszuüben, welches eine Municipalität in eine Commune verwandelt. In Belleville ist der gewählte Maire ein Gefangener und seine beiden Adjuncten Flourens und Millière halten sich versteckt. Im

19. Arrondissement ist Delescluze, bei weitem der Fähigste der Ultras, zum Maire gewählt. Im Gegensatz zu den Wünschen ihrer Anhänger sollen wir folglich keinen Waffenstillstand haben, werden aber wahrscheinlich eine Commune bekommen. Die Ultras werden verfolgt, ihr Programm aber ist angenommen.

Es scheint jetzt zwischen allen Parteien innerhalb der Stadt stillschweigende Waffenruhe zu herrschen, bis Trochu einen Versuch gemacht hat, seinen famosen Plan auszuführen. Während der letzten vierzehn Tage hat die Regierung keine Nachrichten veröffentlicht, die sie aus der Provinz erhalten haben könnte. Thiers hat entweder über den Zustand derselben keinen Bericht erstattet oder man hat diesen verheimlicht. Jules Favre geht in seiner Depesche an die auswärtigen Gesandten in keine Details ein, sondern beschränkt sich auf die einfache Mittheilung, daß der Waffenstillstand deshalb nicht abgeschlossen worden, weil Graf Bismarck nicht gestatten wollte, daß Paris während der fünfundzwanzig Tage, welche der Waffenstillstand dauern sollte, wieder verproviantirt werde.

Unsere Begier nach Neuigkeiten in Bezug auf das, was draußen vorgeht, muß sich mit den Worten begnügen, welche Thiers gesprochen hat: „Ich habe die Loire-Armee und die preußische Garde gesehen und gebe der erstern entschieden den Vorzug." Die Débats und einige andere Journale enthalten Auszüge aus den englischen Zeitungen bis zum 22. vorigen Monats. Ich bemerke, daß Alles, was gegen Frankreich spricht, unterdrückt ist, während man dem, was man veröffentlicht, die Bemerkung vorausschickt, daß, da die Quelle englisch ist, die Wahrheit nicht zu bezweifeln sei. Auf diese Weise erfüllt die Presse ihre Mission, während sie gleichzeitig die Regierung schmäht, daß sie Nachrichten zurückhalte.

Der vorigen Sonntag in einem von Trochu unterzeichneten Decret angekündigte Plan zu einer andern Eintheilung der Truppen ist noch nicht in Ausführung gebracht worden, sondern hat die Verwirrung blos noch größer gemacht. Der eigentliche Zweck war, wie ich höre, General Ducrot, anstatt General Vinoy, das Commando auf dem linken Seineufer zu geben, weil man erwartet, daß der Kampf auf dieser Seite des Flusses stattfinden werde. General Vinoy ist so entrüstet darüber, unter die Befehle des Generals Ducrot gestellt worden zu sein, daß er seine Entlassung auf den Grund hin einzureichen droht, daß nach dem Kriegsgesetz kein Offizier verpflichtet ist, unter einem General zu dienen, welcher capitulirt hat und sich deshalb noch nicht vor einem Kriegsgericht verantwortet hat. Der Streit wird indessen, glaube ich, beigelegt werden, ohne vor das Publikum zu kommen. General Vinoy's Rücktritt würde eine schlechte Wirkung auf die Armee äußern, denn er ist bei Offizieren sowohl als bei Soldaten weit populärer als Ducrot oder Trochu, denn er gilt für einen General vom Degen, während letztere mehr als Generale von der Feder betrachtet werden. Bei Trochu namentlich ist Sprechen und Schreiben zur förmlichen Manie geworden. „Ich bin mehr als zehnmal in Geschäften bei ihm gewesen", sagte ein höherer Offizier zu mir, „war aber nie im Stande, ihm auseinanderzusetzen, weshalb ich kam, denn er sprach so unaufhörlich, daß ich kein Wort anbringen konnte."

Ich war heute Morgen draußen bei den südlichen Vorposten. Die Forts feuerten mit Unterbrechungen. In Cachan wurden zwischen preußischen Schildwachen und Mobilgardisten lebhaft Schüsse gewechselt. Vollkommen unbegreiflich ist es mir, wie man den Preußen hat gestatten können, sich in Clamart und Chatillon, welche sich innerhalb des Bereichs der Kanonen dieses Forts befinden, festzusetzen. Unsere berühmten Artilleristen scheinen sie nicht abgehalten zu haben, Batterien gerade da zu errichten, wo sie für uns am gefährlichsten sind.

General Trochu hat mir seinen Plan nicht anvertraut, dennoch aber bin ich geneigt, zu glauben, daß er wohlthun werde, wenn er denselben bei Seite legt und vor allen Dingen bemüht ist, den Feind aus Chatillon und den angrenzenden Dörfern zu vertreiben, ehe seine Batterien ihr Feuer eröffnen. Ich äußerte dies gegen einen Offizier und er entgegnete, daß die Truppen infolge des Decrets vom vorigen Sonntage kaum noch wüßten, wer sie commandire oder wo sie stationirt werden sollten. „Auf dem Papiere", setzte er hinzu, „stehen ich und mein Bataillon in Malmaison."

Was den Ausfall betrifft, durch welchen man die preußischen Linien zu durchbrechen und Paris wieder zu verproviantiren gedenkt, so ist es geradezu ungereimt, davon zu sprechen. Wenn Trochu es versucht, so ist der Ausgang höchst wahrscheinlich ein verderblicher und die gegenwärtige politische Situation macht es unbedingt nothwendig, daß unser nächster Zusammenstoß mit dem Feinde von einem wenigstens scheinbaren Erfolg begleitet sei. Das Beste wäre, wenn wir aushielten, so lange unsere Vorräthe reichen und uns im Uebrigen auf den Zufall verließen. Bei der gegenwärtigen Stimmung der Soldaten und der Bürger aber ist dies unmöglich. General Trochu hat so bestimmt erklärt, daß er den Feind nicht blos von Paris fern halten, sondern auch nöthigen werde, die Belagerung aufzuheben, daß er etwas thun muß, um sein Wort zu lösen.

Wir haben beinahe unsere Leiden über die Kunde vergessen, daß König Wilhelm seinen Sohn und seinen Neffen zu Feldmarschällen ernannt hat. Wir möchten nun wissen, ob er, wenn er Paris einnimmt, sich selbst dadurch belohnt, daß er sich für unfehlbar erklärt und „unserem Fritz" einige Millionen Francs schenkt. Mit Furcht und Zittern fragen wir auch, ob die Siege der Baiern von ihrem Monarchen vielleicht dadurch anerkannt werden, daß er uns mit den Opern seines Freundes Wagner heimsucht.

In Paris ist eine neue Industrie entstanden. Man hat eine Fabrik entdeckt, in welcher preußische Pickelhauben und Säbel gefertigt wurden. Anfangs glaubte man, es handle sich hier um ein gefährliches Complott, als man aber den Eigenthümer festnahm, gestand er, daß er blos die Nachfrage nach Trophäen vom Schlachtfelde befriedigen wolle. In einem Zimmer des Hauses dieses sinnreichen Speculanten fand man auch eine große Anzahl gefälschter Briefe von Müttern, Schwestern und Bräuten an ihre Angehörigen bei der Armee vor Paris. Diese sollten, wie er erklärte, als in den Taschen gefallener deutscher Soldaten gefunden, verkauft werden.

Hat Gambetta wirklich mit einer Londoner Firma eine Anleihe von 250 Millionen zu 42 contrahirt? Die Finanzwelt ist hier im Zustande der größten Aufregung wegen einer dahin lautenden Angabe, die man in einer englischen Zeitung entdeckt hat. Die Regierung erklärt amtlich, daß sie nichts von der Sache wisse. Es ist ein merkwürdiges

Zeichen des allgemeinen Mißtrauens gegen amtliche Aeußerungen, daß dieses Leugnen als ein sehr zweifelhafter Beweis des Nichtabschlusses der Anleihe betrachtet wird.

Man hat einen Versuch gemacht, die Personen, welche zur Beaufsichtigung der Häuser zurückgelassen worden, welche früher von Ausländern bewohnt gewesen, zu nöthigen, die Steuern für die Abwesenden zu bezahlen. Ein energischer Protest von Mr. Washburne hat jedoch die Amerikaner vor dieser Expressung bewahrt.

Elftes Capitel.

Mittwoch, 9. November.

Heute Morgen kaufte ich ein Dutzend Journale. Jedes derselben, mit Ausnahme des „Gaulois", besteht in mehr oder weniger verhüllten Ausdrücken auf Frieden um jeden Preis. Auch die Beschwerden über die Regierung, daß sie alle Nachrichten, welche sie aus den Provinzen erhält, verschweigt und daß sie in Bezug auf die Waffenstillstands-verhandlungen keine näheren Mittheilungen gemacht, werden immer lauter. Edmond About sagt in dem gestrigen „Soir", wir hätten auch ohne Gestattung der Verproviantirung in den Waffenstillstand willigen sollen, und dies scheint jetzt die Meinung fast Aller zu sein.

Der arme Jules Favre, welcher vor einigen Wochen bis in den Himmel gehoben ward, weil er den Ideen seiner Landsleute so edeln Ausdruck geliehen, wird jetzt heruntergemacht, weil er durch seine Manie für oratorischen Effect die Unterhandlungen erschwere. Im „Figaro" winselt Villemessant drei Spalten hindurch darüber, daß er sich in seiner Erwartung, sein Weib zu umarmen, abermals getäuscht gesehen habe. Ein vollständigeres und kläglicheres Schwinden alles „Heroismus" ist mir nie vorgekommen.

General Trochu hat mit seiner gewöhnlichen Intelligenz diesen Augenblick erfaßt, um ein Decret zu erlassen, durch welches von jedem Bataillon Nationalgarde 400 Mann mobil gemacht werden — erstens Freiwillige, zweitens unverheirathete Männer zwischen 25 und 35 Jahren, drittens unverheirathete Männer zwischen 35 und 45, viertens verheirathete Männer zwischen 25 und 35, fünftens verheirathete Männer zwischen

35 und 45. Alle diese sollen nach einander einberufen werden, um das Contingent voll zu machen.

Die Angelegenheit mit dem General Vinoy ist dadurch geschlichtet worden, daß man ihn zum Commandanten der dritten Armee gemacht hat.

Die nachstehende Statistik des jährlichen Fleischverbrauchs in Paris giebt einen Begriff von der Schwierigkeit der Wiederverproviantirung: Ochsen und Kühe 253,803, Kälber 120,275, Schafe 916,388. Fleisch wird jetzt alle drei Tage ausgetheilt. Wie ich höre, wird nach dem gegenwärtigen Maßstabe der Vorrath noch zu fünf Austheilungen reichen. Dann kommen die Pferde und die Vorräthe von eingesalzenem Fleisch daran. Die ersteren reichen vielleicht eine Woche; was die letzteren betrifft, so ist es unmöglich, sie mit Genauigkeit zu tariren. Die Vorräthe an Mehl, Wein und Kaffee sind jedoch noch ungeheuer, und wenn die Pariser sich folglich mit dem begnügen, was zur Fristung des Lebens unumgänglich nothwendig ist, so wird es noch eine ziemliche Weile dauern, ehe man uns aushungert.

14. November.

„Gesucht werden 10,000 Pariser, welche bereit sind, sich niederschießen zu lassen, damit ihre Mitbürger von der Nachwelt als Helden betrachtet werden!" Da der Versuch, Freiwillige zu erlangen, kläglich fehlgeschlagen ist und die Familienväter sich weigern, ihr kostbares Leben aufs Spiel zu setzen, so lange noch ein einziger Junggesell außerhalb des Bereichs der preußischen Kanonen bleibt, so hat die Regierung nun, wie ich schon erwähnt, ein Decret erlassen, durch welches alle unverheiratheten Männer zwischen 25 und 35 Jahren zu den Waffen gerufen werden. Wäre diese Maßregel vor zwei Monaten getroffen worden, so hätte sie etwas nützen können; es ist aber abgeschmackt, zu glauben, daß Soldaten binnen wenigen Tagen improvisirt werden können.

Ich wünsche meinen Freunden hier Glück zu dem bewundernswürdigen Scharfsinn, womit sie allerhand Vorwände ausfindig zu machen wissen, um sich dem Militärdienst zu entziehen. Es ist eben so schwer, sie außerhalb der innern Wälle zu bringen, als einen alten Fuchs aus dem Baue zu locken. Vergebens blasen Trochu und Ducrot ihre Fanfaren und knallen mit den Peitschen. Der schlaue Reinecke zieht sich, nachdem er blos die Nase herausgesteckt, in unzugängliche Verschanzungen zurück, mit welchen lange Gewohnheit ihn vertraut gemacht hat. Daß General Trochu im Stande sein werde, die Preußen zu schlagen, glaubt Niemand; wenn er es aber möglich machen kann, auch nur 5000 der Helden, welche sich seit den letztvergangenen zwei Monaten fortwährend bereit erklärt haben, für die Ehre ihres Vaterlandes zu sterben, in's Feuer zu bringen, so wird er damit schon Außerordentliches geleistet haben.

Seit den letzten wenigen Tagen bringen sämmtliche Journale Einzelnheiten über die Unterhandlungen, welche, wie man glaubt, in Versailles stattfinden. Rußland, sagte man, habe an den König von Preußen ein Ultimatum gesendet, worin es mit einer Kriegserklärung droht, wenn er darauf bestünde, Paris zu belagern oder einen Theil französischen Gebietes zu annectiren. Das „Journal Officiel" von gestern enthielt dagegen die Bekanntmachung, daß die Regierung von diesen Unterhandlungen durchaus nichts wüßte. Die Journale sind jedoch nicht gemeint, ihre Friedenshoffnungen auf diese Weise vernichten zu lassen, und sie antworten, es sei notorisch, daß kein Mitglied der Regierung die Wahrheit sprechen könne und ihre amtliche Erklärung beweise deshalb das Gegentheil von dem, was sie sage.

Es ist in der That schwer, zu wissen, wem oder was man glauben soll. Gewiß weiß ich blos, daß Jules Favre am vergangenen Sonnabend Mr. Washburne versicherte, er habe, seitdem Thiers abgereist sei, keinen Verkehr mit der Außenwelt gehabt und wisse nicht einmal, ob die Delegation noch in Tours sei. Man kann eine Zeitlang lügen und immer noch Glauben finden, unsere Regenten aber haben mit dieser Kriegslist so viel Mißbrauch getrieben, daß gegenwärtig ihre feierlichsten Versicherungen nur auf Unglauben stoßen. Deshalb aber sind die Pariser immer noch nicht von ihrer Manie geheilt, Alles zu glauben, was ihnen aus anderer Quelle zugeht. So hat z. B. jedes Journal genaue Berichte von Augenzeugen über einen Kampf gebracht, der vor zwei Tagen vor der Batterie von Hautes-Bruyères stattgefunden hat, wobei unsere „braven Mobilgardisten" zwischen

2- und 3000 Gefangene machten und Hekatomben Feinde erschlugen. Ich bin aber gestern und vorgestern selbst in Hantes-Bruyères gewesen und kann versichern, daß dieser vorgebliche Kampf eine reine Erdichtung ist.

Was während der nächsten vierzehn Tage geschehen wird, ist unmöglich vorauszusagen. Felix qui potuit rerum cognoscere causas. General Trochu hat diesen Morgen eine langathmige Adresse an die Bewohner dieser Stadt erlassen, in welcher er ihnen mittheilt, daß ohne ihr tumultarisches Verhalten am 31. October der Waffenstillstand abgeschlossen worden wäre, und daß ihnen nun weiter nichts übrig bleibt, „als ihre Reihen zu schließen und ihre Herzen zu erheben". „Wenn wir triumphiren," fährt er fort, „so werden wir unserm Lande ein großes Beispiel gegeben haben; erliegen wir, so hinterlassen wir Preußen ein Erbtheil, welches ihm einen Platz in den blutigen Annalen der Eroberung und Gewaltthat anweist, ein Erbtheil des Hasses und Fluches, welches es endlich in's Verderben stürzen wird."

Die große Frage, welche jetzt alle Gemüther beschäftigt, ist der „Ausfall". General Trochu und General Ducrot bestehen darauf, wenigstens einen Versuch zur Durchbrechung der preußischen Linien zu machen. Die übrigen Generale sagen alle, da dieser Versuch nicht gelingen könne, so sei es unrecht, zwecklos Menschenleben zu opfern. Von dieser Seite wird die Sache von Offizieren und Soldaten betrachtet. Was die Nationalgarde betrifft, so erklärt diese entschieden, daß sie sich an einem so thörichten Unternehmen nicht betheiligen werde. Selbst bei den Berathungen der Regierung giebt sich eine große Abneigung dagegen zu erkennen; General Trochu aber weigert sich, die Frage, welche, wie er sagt, eine rein militärische ist, von den Advocaten, welche seine Collegen sind, entscheiden zu lassen. Diese klagen ihrerseits darüber, daß der General niemals den Louvre verläßt, daß er sich mit einer Anzahl geistlicher Stutzer als Adjutanten umgeben hat, deren religiöse Grundsätze sehr gesund sein mögen, die aber von militärischen Dingen nicht die mindeste Kenntniß haben und daß er, wenn er einen Ausfall zu machen wünscht, nicht hätte warten sollen, bis die Preußen durch Vervollständigung ihrer Cernirungslinie jeden Erfolg unmöglich gemacht haben.

Man sagt, der Versuch werde längst der Poststraße nach Orleans gemacht werden, denn Verbindungen mittelst der Havre-Eisenbahn zu eröffnen, wie man anfänglich beabsichtigt hatte, wird jetzt als unmöglich betrachtet. Man glaubt, daß die betheiligten Truppen entweder in Verwirrung unter die Forts zurückgetrieben werden, oder daß man sie zu weit vordringen läßt und ihnen dann den Rückzug abschneidet. Dabei liegt es nicht außerhalb der Grenzen der Möglichkeit, daß die Preußen gar nicht warten, bis unser großer Organisator mit seinen Zurüstungen zum Angriff fertig ist, sondern daß sie ihm zuvorkommen und das Feuer ihrer Batterien auf der Südseite eröffnen, wodurch, wie Viele glauben, die Kanonen der Forts Vanvres und Issy und der vorgeschobenen Redouten zum Schweigen gebracht werden würden.

Diese preußischen Batterien werden mit unheimlicher Scheu betrachtet. Wir schießen auf sie, wir gehen in kaum halbstündiger Entfernung davon hin und her und dennoch behaupten sie ominöses Schweigen. Auf den Höhen von Chatillon stehen, wie die Vorposten behaupten, 108 Belagerungsgeschütze in Position; einige davon kann man wirklich mit unbewaffnetem Auge erkennen und dennoch thun sie keinen Schuß.

Gestern wurden die Thore des Wäldchens von Boulogne geöffnet und mehrere tausend Personen gingen und fuhren um den See herum. Ueber ihren Köpfen hin warf eine der Bastionen Bomben nach Montretout, Niemandem aber schien einzufallen, daß Montretout das Compliment erwiedern und einige Bomben nicht über ihre Köpfe, sondern unter sie hinein werfen könne.

Eine der seltsamsten Erscheinungen bei dieser merkwürdigen Belagerung ist, daß die Frauen die ganze Frage als eine politische betrachten, mit der sie nichts zu schaffen haben. Sie treiben daher die Männer weder zum Widerstande an, noch schreien sie nach Frieden. Tros Tyriusque scheint ihnen so ziemlich einerlei zu sein. Einige Hundert von ihnen haben sich als Marketenderinnen costümirt, die andern scheinen blos das Steigen der Lebensmittelpreise ungern zu sehen, übrigens aber sich um weiter nichts zu bekümmern. Wenn sie glaubten, daß durch die Abtretung von Elsaß und Lothringen das Fleisch wohlfeiler würde, so würden sie sich mit einer gewissen Apathie für die Abtretung erklären. Sie verstehen von Allem, was nicht mit ihrer Toilette oder Paul de Kock's Romanen zusammenhängt, so absolut nichts, daß sie sich darauf beschränken, die Achseln zu zucken und das Beste zu hoffen. Dabei tragen sie alle Entbehrungen, welchen sie in Folge der Belagerung ausgesetzt sind, eben so ohne Klage, wie ohne Enthusiasmus. Da das Wort armistice über das Bereich ihres Wörterbuchs hinausgeht, so sagen sie „amnistie" und glauben, die Frage drehe sich darum, ob König Wilhelm bereit sei oder nicht, Paris eine Amnestie zu bewilligen.

Ebenso wie Aeneas und Dido sich in eine Grotte flüchteten, um einem Regenguß aus dem Wege zu gehen, traf ich heute Vormittag aus demselben Grunde mit einer jungen Dame unter einem Thorweg zusammen. Dido war eine muntere und intelligente junge Person, im Laufe unserer kurzen Conversation aber entdeckte ich, daß sie in der Meinung befangen war, nicht blos die Preußen, sondern auch die Russen lägen vor Paris und sie führten Krieg für den König von Spanien. Ebenso erfuhr ich, daß Sedan in der unmittelbaren Nähe von Berlin liegt.

Der „Temps" macht in Bezug auf unsere Vorräthe folgende Angaben: Das Rindfleisch geht in acht Tagen zu Ende, das Pferdefleisch dauert dann vierzehn Tage, Salzfleisch fernere acht Tage, Gemüse, getrocknetes Obst, Mehl u. s. w. noch drei Wochen. Ich glaube, daß bei dieser Berechnung das Mehl zu niedrig angegeben ist und daß wir, wenn wir uns mit Brod und Wein begnügen, nicht eher als bis Mitte Januar ausgehungert sein werden. Die Ration frisches Fleisch ist jetzt in fast allen Arrondissements bis auf dreißig Gramm per Kopf reducirt. In den Restaurants aber kann man für Geld immer noch so viel bekommen, als man will. Das Katzenfleisch ist theurer geworden. Eine gute fette Katze kostet jetzt 20 Fr. Die, welche noch herumlaufen, sind außerordentlich wild. Heute Morgen hatte ich ein Rattensalmi; es war ganz vortrefflich, ein Mittelding zwischen Frosch und Kaninchen. Ich frühstückte mit den Correspondenten zweier Collegen. Der eine gestattete mir nach einigem Zögern, ihm ein Rattenbein vorzulegen; nachdem er es aber gegessen, konnte er es kaum erwarten, bis er mehr bekam. Der andere dagegen verschmähte es, diese Mahlzeit mit uns zu theilen und betrachtete sie vielmehr, während er seine Portion eingesalzenes Pferdefleisch unter dem Namen Rindfleisch schmauste, mit Abscheu und Entsetzen. Ich entsinne mich, daß ich während meines Aufenthalts in Egypten dasselbe empfand, als ich die dortigen Eingeborenen Ratten verzehren sah. Mit den Jahren wird man aber immer toleranter, und wenn ich jemals wieder nach Afrika komme, so werde ich dies nationale Gericht essen, so oft ich Gelegenheit dazu habe. Während der Belagerung von Londonderry wurden die Ratten mit 7 Schilling das Stück bezahlt und wenn die Belagerung von Paris noch viele Wochen dauert, so kann sich ein Mann von mäßigen Mitteln blos dann und wann einmal eine Maus braten lassen. Ich war neugierig, zu sehen, ob der Speisewirth auf meiner Rechnung die Ratte muthig Ratte nennen würde. Er hatte aber diesen Muth nicht gehabt; auf meiner Rechnung stand „Hasenfalmi".

15. November.

Wir sind aus den tiefsten Tiefen der Verzweiflung plözlich auf die Höhe der abenteuerlichsten Hoffnung versetzt. Gestern Abend kam eine mit Blut bedeckte Brieftaube an, welche auf ihrem Schwanz eine Depesche von Gambetta brachte, welcher unterm 11. d. M. meldete, daß die Preußen nach zweitägigem Kampf aus Orleans geworfen seien, daß man ihnen 1000 Gefangene, zwei Kanonen und viele Munitionswagen abgenommen habe und daß die Verfolgung immer noch fortdauere. Diese Depesche ward in den Mairien zahlreichen Volkshaufen und in den Café's von Enthusiasten vorgelesen, welche auf die Tische stiegen. Ich war in einem Kaufladen, als Jemand damit hineinkam. Prinzipal, Ladendiener und Kunden führten sofort um einen kleinen Ofen herum einen Kriegstanz auf. Man hätte meinen sollen, der Krieg sei mit einem Schlage beendet und Gambetta's Wahrhaftigkeit unanfechtbar. Als ob aber an diesem Siege noch nicht genug wäre, erzählen uns alle Journale heute Morgen, Chartres sei ebenfalls wiedergewonnen, die Armee Kératry's habe sich mit der Loire-Armee vereinigt und im

Norden habe Bourbaki die Preußen gezwungen, die Belagerung von Amiens aufzuheben. Jedermann fragt, wann „sie" hier sein werden und Edmond About kriecht im „Soir" demüthig zu Kreuze, weil er vor einigen Tagen noch für den Waffenstillstand gesprochen.

Im Hauptquartier legt man, glaube ich, auf Gambetta's Depesche kein großes Gewicht, sondern betrachtet sie blos als einen Beweis, daß die Provinzen nicht ganz in Apathie versunken sind. Man hält es für leicht möglich, daß die Preußen ihre ganze verfügbare Macht um Paris zusammengezogen haben, um unsern großen Ausfall, wenn derselbe stattfindet, zurückzuschlagen. General Trochu selbst hat eine fast hoffnungslose Ansicht von der Sachlage und beklagt sich bitterlich über den „Geist" der Armee, der Mobilen und der Pariser. Dieser sonderbare Soldat glaubt, er werde seinen Soldaten neuen Muth einflößen, wenn er umhergeht wie ein Trappist und zu Jedem sagt: „Bruder, wir müssen sterben."

Mr. Washburne erhielt gestern eine Depesche von seiner Regierung — die erste, welche ihm seit Beginn der Belagerung zugegangen ist — in welcher ihm gesagt wird, daß man sein Bleiben in Paris billige. Mit der Depesche zugleich kamen auch englische Zeitungen bis zum 3. d. M. Morgen werden wahrscheinlich Auszüge daraus mitgetheilt werden. Ich verbrachte den ganzen Nachmittag auf der amerikanischen Gesandtschaft, um diese Neuigkeiten zu verschlingen. Es war ein seltsamer Anblick. Die ganze Kanzlei war voll Leute, die derselben Beschäftigung oblagen. Auch einige französische Journalisten waren da, welche die Augen weit aufrissen, wahrscheinlich in der Meinung, daß dies sie in den Stand setzen werde, Englisch zu verstehen. Ein Legationssecretair saß an einem Tisch und ertheilte einer Menge Damen Audienz, welche alle zu wissen wünschten, wie sie aus Paris hinauskommen, oder, wenn dies unmöglich wäre, wie sie auf ihre Bankiers in Paris ziehen könnten. Mr. Washburne ging freundlich umher, drückte Allen die Hand, und sagte ihnen, sie sollten thun, als ob sie zu Hause wären.

Wie verschieden sind doch amerikanische Diplomaten von den gezierten alten Weibern, die uns Engländer im

Ausland repräsentiren und von einem halben Dutzend Modegecken umgeben sind, die einander müßiggehen helfen und Alle, die nicht zu ihrer Zunft gehören, als ihre natürlichen Feinde betrachten. In der englischen Gesandtschaft zu Paris repräsentiren jetzt Oberst Claremont und ein Portier die britische Nation. Ersterer wartet in Gemäßheit der Befehle, die er vom Ministerium des Auswärtigen erhalten, nur auf die Antwort auf seinen Brief an den Grafen Bismarck, den er um einen Paß ersucht hat, um uns verlassen zu können. Ob die zahlreichen Engländer, die dann noch hier bleiben, bei Mr. Washburne oder bei dem Portier Schutz suchen sollen, habe ich noch nicht ermitteln können.

Felix Phat ist wieder freigelassen. Er sagt die Freiheit sei ihm nicht so lieb als der Aufenthalt im Gefängniß, denn in diesem könne er vergessen, daß „er sich in einer von Feiglingen bewohnten Stadt befände", und die Werke Louis Blanc's studiren, die er die „Bibeln der Demokratie" nennt.

Obschon Trochu weder ein großer General noch ein großer Staatsmann ist, so ist er doch ein Mann von Bildung. Ich wundere mich daher, daß er den öffentlichen Verkauf obscöner Caricaturen auf die Kaiserin gestattet. Während der Zeit, wo sie in dieser so scandalsüchtigen Stadt auf dem Throne saß, habe ich nie Scandalgeschichten von ihr erzählen hören. Allerdings trieb sie es in Bezug auf Eleganz und Toilette ein wenig weit, dabei aber war sie eine gute Mutter und ein gutes Weib. Jetzt, wo sie mit ihren Freunden in der Verbannung lebt, werden „Lebensbeschreibungen der Madame Bonaparte" colportirt, welche in England die Verfasser schwerer Bestrafung aussetzen würden. Auf einer dieser Caricaturen ist sie splitternackt dargestellt, während Prinz Joinville sie skizzirt. Auf einer andern, mit der Unterschrift „Die spanische Kuh", ist sie zu einer Art weiblichem Centaur gemacht. Auf einer dritten tanzt sie vor König Wilhelm, der Champagner trinkend auf einem Sofa sitzt, den Cancan, wobei sie sich die Röcke über den Kopf wirft und ihr Gemahl in einem Käfig an der Wand hängt. Diese scandalösen Caricaturen haben nicht einmal das Verdienst, witzig zu sein und gereichen dem so oft gerühmten ritterlichen Sinn der Franzosen und namentlich Trochu's zur Schande. Was würde er sagen, wenn die auf ihn folgende Regierung sein eigenes Weib auf diese feige Weise beschimpfen lassen wollte?

Etwas Oederes und Traurigeres als die Boulevards jetzt Abends kann man sich kaum denken. Von den Straßenlaternen ist nur der dritte Theil angezündet und die Cafés, welche übrigens halb elf Uhr schon schließen, bekommen nur die Hälfte des frühern Gasquantums. Dabei ist Jedem, der es thun will, gestattet, auf dem Trottoir eine Bude aufzuschlagen, um darin allerhand Waaren zu verkaufen oder durch Kratzen auf der Violine ein Publikum um sich zu versammeln. Die Folge davon ist, daß die Circulation fast unmöglich gemacht wird. Ich äußerte zu einer hochgestellten Persönlichkeit, daß die Polizei wenigstens von diesen schauerlichen Musikanten die Passage nicht versperren lassen solle, erhielt aber zur Antwort, daß jeder Offizient, der hier einschreiten wollte, beschuldigt werden würde, ein „Corse" oder „Reactionär" zu sein.

Diese Polizisten sind selbst spaßhafte Subjecte und Jeder, der erst hierherkäme, würde sie für Mitglieder einer neuen Secte peripatetischer Philosophen halten. Sie gehen paarweise in Matrosenjacken mit großen Kapuzen einher und wenn es regnet, so haben sie Regenschirme. Ihre Aufgabe scheint zu sein, niemals in das Recht ihrer Mitbürger, zu thun, was diesen beliebt, einzugreifen, und sie sehen so hülflos aus, daß ich glaube, wenn ein Kind sie angriffe, so würden sie die Vorübergehenden um Schutz bitten.

In einem englischen Blatt vom 3. d. M. lese ich, daß man in Versailles glaubt, wir hätten nur noch auf zwölf Tage frisches Fleisch. So schlimm steht es aber noch nicht mit uns. Wieviel Ochsen und Kühe noch da sind, weiß ich nicht, vor einigen Tagen aber zählte ich selbst deren 1500 in einer großen Hürde. Die Journale berechnen, daß es bei Beginn der Belagerung 100,000 Pferde in Paris gab und daß jetzt noch 70,000 vorhanden sind. 30,000 braucht die Armee, folglich können 40,000 gegessen werden. Ein Pferd giebt im Durchschnitt 500 Pfund; demgemäß haben wir 20 Mill. Pfund frisches Pferdefleisch, ein Quantum, welches nach dem gegenwärtigen Maßstabe der Fleischconsumtion über drei Monate reichen wird. Diese Zahlen sind jedoch, glaube ich, sehr übertrieben. Nach meinem Dafürhalten giebt es jetzt nicht mehr als höchstens 40,000 Pferde in Paris. Die Gesellschaft der Petites Voitures (Droschken oder Fiaker) besitzt 8000 und erbot sich vor einigen Tagen sie an die Regierung zu verkaufen. Dieses Anerbieten ward jedoch abgelehnt. Was Salzfleisch betrifft, so hält die Regierung den Umfang des Vorraths geheim. Groß kann derselbe jedoch nicht sein, denn er kann nur von Thieren herrühren, welche seit Beginn der Belagerung geschlachtet worden sind. Der Vorrath an Mehl ist, wie man uns sagt, beinahe unerschöpflich und da man es noch zu allerhand feinen Backwaaren verschwenden läßt, so scheinen die Behörden ebenfalls dieser Ansicht zu sein.

Der Gesundheitszustand von Paris ist durchaus kein befriedigender und wenn erst der eigentliche Winter begonnen hat, so wird es viel Krankheiten geben. Absoluten Hunger leidet noch Niemand, dennoch aber haben Viele keine genügende Nahrung. Die Regierung giebt Anweisungen auf Brodportionen von 10 Centimes Werth für Alle aus, die sich keins kaufen können, und diese Anweisungen werden von sämmtlichen Bäckern an Geldesstatt angenommen. In jedem Arrondissement giebt es überdies sogenannte Cantines économiques, wo man eine Portion aus Gemüse und einer kleinen Quantität Fleisch bereiteter Suppe für 5 Centimes kaufen kann.

In Bezug auf die Austheilung warmer Kleider unter die Armen ist jedoch sehr wenig geschehen und wenn man bedenkt, daß über 100,000 Personen aus den benachbarten Dörfern nach Paris gekommen sind, von welchen die meisten von der öffentlichen oder der Privat-Wohlthätigkeit abhängen, so leuchtet ein, daß wenn auch kein absoluter Mangel vorhanden ist, doch viel entbehrt werden muß. Graf Bismarck hat durchaus nicht Unrecht, wenn er sagt, daß wenn die Belagerung sich hinauszieht, bis unser Lebensmittelvorrath erschöpft ist, dann in den nächstfolgenden Wochen viele Tausende Hungers sterben müssen. Ich möchte den wohlthätigen Personen, welche dieses unglückliche Land zu unterstützen wünschen, empfehlen, sich lieber bereit zu halten, so bald als die Communication mit England wieder geöffnet ist, Lebensmittel nach Paris schaffen zu lassen, als ihr Geld den Ambulanzen zuzuwenden.

Die Verpflegung der Verwundeten ist, wie mir scheint, eine sehr gute. In dem Hotel, in welchem ich wohne, hat die Société internationale ihr Hauptquartier aufgeschlagen. Wir haben jetzt 160 Verwundete hier und die Zahl der Betten beträgt 400. Die Ambulanz nimmt zwei Etagen ein, wofür täglich 500 Francs bezahlt werden. Außerdem ist mit der Administration des Hotels ein Arrangement getroffen worden, welchem zufolge die Reconvalescenten für 2½ Francs täglich beköstigt werden. Wie bei allen französischen Institutionen scheinen mir auch hier viel zu viel Beamte angestellt zu sein. In den Corridors treibt sich eine Menge junger gesunder Leute mit dem rothen Kreuz auf dem Arm umher, von welchen man glaubt, daß sie sich auf irgend eine geheimnißvolle Weise nützlich machen, die sich aber nach meiner Ansicht auf diese Weise blos dem Militärdienst entziehen wollen.

Die Ambulanz, welche für die beste gilt, ist die amerikanische. Die Verwundeten liegen hier unter Leinwandzelten, in welchen die Temperatur nicht kalt und die Ventilation bewundernswürdig ist. Die amerikanischen Chirurgen sind in der Behandlung von Schußwunden weit geschickter als ihre französischen Collegen und amputiren namentlich nicht so viel. Alle französischen Soldaten, welche verwundet werden, haben keinen innigeren Wunsch als den, in diese Ambulanz zu kommen. Sie scheinen zu glauben, daß selbst wenn ihnen die Beine abgeschossen sind, dieselben durch die Geschicklichkeit der Aesculape der Vereinigten Staaten wieder wachsen werden.

Die Franzosen meinen, daß man, möge man gehen, wohin man wolle, auf die Spitze einer Pyramide oder auf die Spitze des Montblanc, sicher sein könne, einen Engländer anzutreffen, der eine Zeitung liest. Meiner Erfahrung gemäß aber ist die Amerikanerin noch weit unvermeidlicher als der Engländer. Natürlich findet man sie auch unter dem Sternenbanner, welches über den amerikanischen Krankenzelten weht. Hier pflegt sie die Patienten und wenn es nichts mehr für dieselben zu thun giebt, so liest sie ihnen geduldig vor oder spielt Karte mit ihnen. Ich habe eine große Schwäche für die Amerikanerinnen, denn sie widmen sich ihrer Aufgabe stets mit ganzem Herzen. Wenn sie kokettirt, so thut sie es ebenfalls gewissenhaft. Ueberdies ist sie in der Regel hübsch und dies ist ein Geschenk der Natur, welches ich weit entfernt bin zu unterschätzen.

16. November.

In amtlichen Kreisen erzählt man sich, es sei eine zweite Brieftaube von dem französischen Consul in Basel mit der Nachricht eingetroffen, die badischen Truppen seien geschlagen und ein Theil derselben habe sich auf schweizerisches Gebiet geflüchtet. Trochu hat jetzt augenscheinlich den Zweck, den Muth unserer Truppen für den großen Ausfall anzufeuern, welcher gleichwohl von einem Tage zum andern verschoben wird.

Die Journale enthalten Auszüge aus den englischen Blättern, welche vorgestern hier eingegangen sind. Mit der uns eigenen Fähigkeit, Alles zu glauben, was zu unsern Gunsten spricht, und Alles, was gegen uns lautet, für eine Erfindung des „treulosen Albion" zu erklären, trösten wir uns jetzt mit dem Gedanken, daß „die Situation weit besser ist, als wir geglaubt haben". Was Bazaine betrifft, so sind wir noch nicht mit uns einig, ob wir ihn einen Verräther oder einen Helden nennen sollen. Deshalb sprechen wir über ihn so wenig als möglich.

Ich bin soeben von den südlichen Vorposten zurückgekehrt. Die Redouten Mühle Saqui und Hautes Bruyères unterhielten ein tüchtiges Feuer und die Preußen antworteten von Chatillon. Aus dem Knall ihres Geschützes schloß man, daß sie nur Feldartillerie verwendeten. Unsere Seeleute in den Forts behaupten, der Feind sei noch nicht im Stande gewesen, sein Belagerungsgeschütz in Position zu bringen, und unser Feuer zerstöre fortwährend seine Erdwerke. Ich glaube jedoch, daß hinter diesen Erdwerken sich maskirte Batterien befinden, denn die preußischen Ingenieuroffiziere führen ihre Erdwerke sicherlich nicht auf, um das Vergnügen zu haben, sie wieder zerstört zu sehen. Jedenfalls spielen sie ein schlaues Spiel, denn so viel ich weiß, haben sie bis jetzt noch kein einziges Belagerungsgeschütz weder gegen unsere Redouten noch gegen unsere Forts abgefeuert.

19. November.

Burke prophezeit in seinem Werke über die französische Revolution einem Lande, dessen Gesetzgeber der Mehrzahl nach Juristen sind, keine glückliche Zukunft. Was würde er erst von einer Regierung gesagt haben, welche fast ausschließlich aus diesen Gegenständen seines politischen Mißtrauens zusammengesetzt ist? Wenn die Geschichte die Thorheiten der französischen Republik von 1870 aufzählt, so wird sie hoffentlich nicht vergessen, zu erwähnen, daß sämmtliche Mitglieder der Regierung, mit Ausnahme eines einzigen — 6 Minister, 13 Unterstaatssecretaire, der Polizeipräfect, 24 in die Provinzen geschickte Präfecte und Commissare und 36 andere hohe Beamte — dem Juristenstande angehörten.

Die natürliche Folge hiervon ist, daß unsere Regenten unfähig sind, einen großen staatsmännischen Ueberblick über die Situation zu haben. Sie leben aus der Hand in den Mund und erheben sich nie über die Auskunftsmittel und die temporisirende Politik von Advocaten. Fortwährend appelliren sie gegen die unerbittliche Logik der Thatsachen an ein imaginaires Tribunal, von welchem sie einen Ausspruch zu Gunsten ihrer Clienten zu erlangen hoffen. Gleich den Juristen in England sind sie in das öffentliche Leben eingetreten, um es „zu etwas zu bringen". Dies ist das Hauptziel eines jeden von ihnen und da sie Deputirte von Paris sind, so fühlen sie, daß sie, nächst ihrem eigenen Nutzen, den ihrer Wähler im Auge haben müssen. Die Oberherrschaft von Paris über die Provinzen und ihres eigenen Einflusses über Paris zu sichern, das ist das Alpha und das Omega ihres politischen Glaubensbekenntnisses. Stets auf die Zukunft bedacht, hat jeder von ihnen sein eigenes Journal und wenn ein Decret erlassen wird, welches nicht populär ist, so wird dem Publikum in diesen halb officiellen Organen zu verstehen gegeben, daß jedes einzelne Mitglied der Regierung dagegen gestimmt habe, obschon das betreffende Decret mit Majorität beschlossen worden ist.

Es ist sonderbar, daß der Militär, der durch die Macht der Umstände Präsident dieser Teufelsregierung geworden, von Natur mehr Jurist ist, als ob er dieses Handwerk gelernt hätte. Seine Collegen gestehen verzweiflungsvoll, daß er ihnen an Lungenkraft überlegen ist und daß er die von ihnen gespaltenen Strohhalme nochmals zu spalten versteht. Vergebens greifen sie zur Feder und schreiben Briefe und Proclamationen; ihr Präsident überbietet sie auch hierin. Trochu ist so zu sagen eine Art militärischer Ollivier. Er verdiente sich seine Sporen als militärischer Kritiker, Ollivier als civilistischer Kritiker. Beide sind gewandte Köpfe und in ihren Privatbeziehungen im höchsten Grade achtbar; beide sind aber auch redselig und unpraktisch und es fehlt ihnen an gesundem Menschenverstand. Ollivier hatte einen Plan und Trochu hat auch einen. Ollivier behauptete, als sein Plan fehlschlug, es seien alle Anderen daran schuld, nur er selbst nicht, und Trochu thut schon dasselbe. Beide protestiren gegen das von ihren Vorgängern befolgte System und haben dasselbe gleichwohl zu dem ihrigen gemacht; beide waren Vertheidiger der Oeffentlichkeit und beide haben Thatsachen je nach ihrem Gutdünken auf die keckste Weise unterdrückt oder entstellt. Ollivier schreibt wahrscheinlich jetzt ein Buch, um zu beweisen, daß er der weiseste aller Minister war. Trochu wird, sobald als die Belagerung vorüber ist, eins schreiben, um zu beweisen, daß er der beste aller Generale gewesen ist. Ollivier behauptete, er könne eine liberale Regierung auf einer kaiserlichen Basis gründen, aber sein Versuch schlug kläglich fehl. Trochu erklärt, er und nur er könne die Preußen zwingen, die Belagerung von Paris aufzuheben. Wenn, wie dies höchst wahrscheinlich der Fall sein wird, sein Plan fehlgeschlagen ist, so wird er immer noch mit jener ruhigen Dreistigkeit, welche die Eigenschaft der Mittelmäßigkeit ist, behaupten, sein Plan hätte eigentlich gelingen sollen. „Victrix causa Diis placuit, sed victa Catoni." Leute, welche Trochu in der Bretagne gekannt haben, sagen mir, daß schon lange zuvor, ehe er Bedeutung erlangte, der Ausdruck „le plan de Trochu" ein stehendes Witzwort in der ganzen Provinz gewesen sei. Der General ist ein eifriger Piketspieler und so oft er sich zu einer Partie niedersetzte, sagte er: „J'ai mon plan." Wenn er, nachdem er, wie gewöhnlich der Fall war, das Spiel verloren, aufstand, ging er fort und murmelte: „Cependant mon plan était bon." Dabei konnte Keiner, der je mit ihm spielte, in seiner Art, die Karten zur Hand haben, auch nur die

mindeste Spur von Plan entdecken. So lange als es sich
hierbei um ein Spiel handelte, in welchem einige Francs zu
gewinnen oder zu verlieren waren, konnte diese Manie als
harmlos betrachtet werden; wenn aber die Geschicke eines
Landes davon abhängen, so gestaltet sich die Sache etwas
ernster.

Unsere Lebensmittelvorräthe werden mit jedem Tage
knapper und es geschieht weiter nichts, als daß man Vertheidigungswerke aufführt, um zu verhindern, daß die Stadt
mit Sturm genommen werde, was wahrscheinlich von den
Belagernden gar nicht beabsichtigt wird. Chatillon und
Meudon werden schlecht bewacht, längs der Avenu de l'Im-
peratice aber werden Gräben aufgeworfen.

Die unverheiratheten jungen Männer von Paris sind
erst am fünfzigsten Tage der Belagerung incorporirt worden,
doch hat man ihnen zwei- oder dreimal wöchentlich Vorträge
über ihre Bürgerpflichten gehalten.

Alles ist nun zu einem Ausfall bereit, der General
aber zögert noch. Er meint, er sei nicht hinreichend unter-
stützt, die Soldaten würden sich nicht schlagen und er scheint
beinahe seine eigene theoretische Vermessenheit jetzt zu bereuen.
„Anfangs", sagte einer seiner Generale zu mir, „verließ er
sich auf die Neutralen, dann auf die Provinzen und jetzt
scheint er sich auf sich selbst nicht verlassen zu können."

Benjamin Constant sagte von seinen Landsleuten, ihre
Köpfe könnten nie mehr als eine Idee auf einmal fassen.
Vor einigen Tagen dachten wir an weiter nichts, als an
unsern Sieg bei Orleans. Dann kam die Frage, ob Bazaine
ein Verräther sei oder nicht. Heute haben wir Bazaine und
Orleans vergessen. Die Marschbataillone der Nationalgarde
sollen nämlich neue Röcke bekommen und wir können weder
an etwas Anderes denken, noch von etwas Anderem sprechen.
Bis jetzt hat die Wirkung dieser Marschbataillone blos darin
bestanden, daß dadurch die bestehenden desorganisirt worden
sind. Alle Tage erscheinen neue Decrete, welche in Bezug
auf die Formation etwas Anderes anordnen. Vielleicht
thun die neuen Röcke Alles und verwandeln diese Leute in
vortreffliche Soldaten. Hoffen wir es.

Mit den Nachrichten, welche uns durch die englischen
Blätter bis zum dritten dieses Monats zugegangen, sind wir

keineswegs zufrieden. So begleitet die „Liberté", nachdem sie Auszüge aus der „Pall Mall Gazette", den „Daily News", dem „Daily Telegraph", dem „Sun", der „Times" und dem „Standard" gegeben, dieselben mit folgenden Bemerkungen: „Wir fühlen uns verpflichtet, zu Gunsten der englischen Presse gegen die Behauptungen Derer zu protestiren, welche die Meinungen einer großen freisinnigen Nation nach den erbärmlichen Proben beurtheilen möchten, welche uns hier vorliegen. Der Himmel sei gepriesen! Die civilisirte Welt ist noch nicht so ausgeartet, daß die uneble Handlungsweise Preußens nicht verfehlen sollte, allgemeine Mißbilligung zu erregen."

Es sind auch wieder zwei Brieftauben angekommen, Gambetta kann oder will uns aber nichts von Bedeutung wissen lassen. Diese beiden Boten bestätigen die Nachricht von dem Siege bei Orleans und melden uns, daß die öffentliche Meinung sich fortwährend zu Gunsten Frankreichs ausspricht, während zugleich der Stand der Dinge in den Provinzen ein höchst zufriedenstellender ist. Das Mißtrauen gegen Alles, was aus amtlicher Quelle stammt, ist aber so groß, daß, wenn Gambetta morgen einen neuen Sieg meldete, und wenn alle seine Collegen hier die Wahrheit der Nachricht eidlich versicherten, wir uns wohl dadurch auf einige Stunden in stürmischen Enthusiasmus versetzen lassen, dann aber doch die ganze Geschichte für unwahr erklären würden.

Die Blattern nehmen immer mehr überhand. Die Zahl der Todesfälle in Folge dieser Krankheit belief sich in vergangener Woche auf 419, die der sämmtlichen Sterbefälle auf 1885 — weit mehr als im Durchschnitt. Die Aerzte klagen, daß ungeheuer viel Spirituosen getrunken werden, besonders auf den Wällen, und sehen hierin eine der Hauptursachen des schlechten Gesundheitszustandes.

Die Frage in Bezug auf Bazaine's Verrath ist, beiläufig bemerkt, wieder durch das aufgewärmt worden, was Ihr Correspondent in Saarbrücken hinsichtlich der „Vorräthe" gesagt hat, die nach seiner Angabe in Metz entdeckt worden sind. Bestehen dieselben in Kriegsmunition, so sagen wir, Bazaine war ein Held; bestehen sie in Lebensmitteln, so ist er ein Verräther.

Wenn Belagerungen häufig vorkämen, so müßte das

ganze System der Ambulanzen geändert werden. Es giebt deren in Paris 243 und als die Belagerung begann, war die Begier, einen Verwundeten in's Haus zu bekommen, so groß, daß man den Krankenträgern, die einen brachten, eine förmliche Prämie zahlte. Ein Mann mit einem zerschossenen Arm oder Bein war seinen freundlichen Verpflegern dreißig Francs werth. Die größte Ambulanz ist die internationale. Ihr Hauptquartier ist im Grand Hotel. Sie scheint mir überfüllt zu sein, besonders in einer Beziehung, denn die Zahl der Gesunden, welche Sold und Rationen erhalten, ist weit größer als die der Verwundeten. Die nachfolgende Anekdote entlehne ich einem Organ der öffentlichen Meinung vom heutigen Tage. Eine Dame ging auf ihre Mairie, um sich einen verwundeten Soldaten zur Pflege auszubitten. Man bot ihr einen schwarzbraunen Zuaven an. „Nein," sagte sie, „ich wünsche einen Blondin; brunett bin ich selbst." Es geht nichts über den Contrast.

Zwölftes Capitel.

30. November.

Vom Morgen bis zum Abend rollen jetzt Kanonen und marschiren Soldaten durch die Straßen. Seit Sonnabend Abend sind die Thore der Stadt für alle Civilisten streng geschlossen und selbst den mit Pässen aus dem Hauptquartier Versehenen wird der Austritt verweigert.

Der große Ausfall, der über unsern Sieg oder über unsere Niederlage entscheiden wird, sollte den nächstfolgenden Tag stattfinden und man hoffte, die Preußen zu überrumpeln. Der Plan wurde mir in seinen hauptsächlichen Einzelheiten von wenigstens einem halben Dutzend Personen anvertraut und deshalb bezweifle ich sehr, daß er für den Feind ein Geheimniß ist.

Die meisten Zeitungsleser, welche sich für den Krieg interessiren, besitzen einen Plan von Paris. Wenn sie denselben zur Hand nehmen, so werden sie sehen, daß die Marne von Osten und die Seine von Süden, ungefähr eine halbe Stunde von der südöstlichen Ecke der Umwallung, zusammenfließen. Eine halbe geographische Meile vor der Vereinigung der beiden Flüsse macht die Marne einen Bogen nach Süden und läuft auf diese Weise über eine halbe Meile weit mit der Seine parallel. Nördlich von der Marne, nach Paris zu, liegt der Wald von Vincennes und jenseits des Bogens liegen die Dörfer Joinville, Nogent und Brie. Die Linie wird von den Forts Vincennes und Nogent und der Redoute La Faisanderie vertheidigt. Südlich, zwischen dem Bogen und der Seine liegt das Fort Charenton, ein wenig weiterhin das Dorf Créteil; jenseits desselben dicht außerhalb des Bogens liegt Montmesly, wo die Preußen schwere Batterieen aufgepflanzt haben. Auf der Nordseite des Bogens liegt das Dorf Champigny auf einer Hochebene, welche sich bis nach Brie erstreckt. Südlich von Paris zwischen der Seine und Meudon kommt erst eine Reihe Forts, dann eine Reihe Redouten, ausgenommen da, wo Chatillon dicht neben dem Fort Vanvres diese Linie schneidet. Jenseits dieser Linie von Redouten liegt eine Ebene, die sich nach den Dörfern L'Hay, Chevilly, Thiais und Choisy-le-Roi hinabzieht, welches letztere ungefähr eine Meile von Paris an der Seine liegt.

Bis zum Montag Abend waren ungefähr 100,000 Mann und 400 Geschütze unter General Ducrot im Walde von Vincennes und den angrenzenden Dörfern zusammengezogen. Gegen 15,000 Mann standen unter General Vinoy hinter der südlichen Linie von Redouten dicht bei dem Dorfe Billejuif. Ebenso standen auch Truppen in der Nähe von St. Denis und auf der Halbinsel Genevilliers, um die Aufmerksamkeit des Feindes irre zu leiten. Es war verabredet, daß zeitig am Morgen General Vinoy einen Vorstoß in der Richtung von L'Hay und Choisy machen und dann, wenn die preußischen Reserven durch diese Demonstrationen südwärts gelockt wären, Ducrot Brücken über die Marne schlagen und sich den Weg durch die Cernirungs-linien mittelst der alten Baseler Straße zu bahnen versuchen sollte.

Um ein Uhr des Morgens begann eine furchtbare Kanonade von allen Forts und Redouten um Paris herum. Dieselbe war so laut, daß ich glaubte, die Preußen versuchten einen Sturm, und ich ging nach den südlichen Wällen, um zu sehen, was passire. Der Anblick war ein großartiger. Das dumpfe Dröhnen der schweren Geschütze, das helle Aufblitzen bei jedem Schuß und die Bomben, welche mit ihren brennenden Zündern durch die Luft sausten und über den preußischen Linien explodirten — alles dies bildete zusammengenommen das, was die Franzosen ein „feu d'enfer" nennen. Gegen drei Uhr ward das Feuer matter und ich ging nach Hause; um vier Uhr aber ging es wieder los. Um sechs Uhr rückten General Vinoy's Truppen in zwei Colonnen vor, die eine gegen L'Hay und die andere gegen

La Gare aux Boeufs, eine befestigte Einhegung ungefähr eine halbe Stunde oberhalb Choisy-le Roy. Letzteres ward rasch von einem Corps Marinesoldaten genommen und die Preußen zogen sich zurück; in L'Hay dagegen stieß die Angriffscolone auf hartnäckigen Widerstand. Sobald sie die Barrikade am Eingange des Dorfes passirt hatte, empfing sie ein heftiges Feuer aus den Häusern zu beiden Seiten der Hauptstraße und es dauerte nicht lange, so rückte die preußische Garde als Verstärkung an. Während das Gefecht noch im Gange war, schickte General Trochu Befehl zum Rückzuge. Derselbe Befehl ward nach der Gare aux Beoufs geschickt und gegen 10 Uhr befanden sich die Truppen südlich von Paris wieder in den Positionen, welche sie am Abend vorher eingenommen hatten.

General Vinoy hielt mit seinem Stabe auf der Brücke, welche bei Charenton über die Seine führt. In seiner Nähe stand ein Bataillon Nationalgarde. Eine schlechtgezielte Bombe riß einem dieser Helden die Beine weg und seine Kameraden ergriffen mit Entsetzen die Flucht. Nur mit Mühe ließen sie sich wieder sammeln und zurückführen. Ein wenig später waren sie mit dem Kochen ihrer Suppe beschäftigt, als einige Blechtöpfe gegeneinander fielen. In der Meinung, es sei wieder eine Bombe, stoben sie abermals auseinander und der General mußte die Linie entlang reiten und rufen: „Muth, Muth, Kinder! Es sind die Suppentöpfe."

Mittlerweile aber ereignete sich auf der Nordseite der Marne wirklich ein furchtbares Unglück. Am Montag übernachteten General Trochu und General Ducrot in Vincennes. Der Letztere hatte eine Ansprache erlassen, in welcher er seinen Truppen mittheilte, er sei entschlossen, entweder zu siegen, oder zu sterben. Während der Nacht waren zwischen französischen und preußischen Scharfschützen einige Schüsse gewechselt worden. Gegen Morgen hatten die Preußen sich zurückgezogen. Bei Tagesanbruch wurden die Truppen aufgestellt, um über den Fluß zu gehen, sobald das Gefecht auf den südlichen Linien die Aufmerksamkeit des Feindes abgelenkt haben würde. Eben wollte man die Brücken schlagen, als man entdeckte, daß die Marne ausgetreten und deshalb nicht zu passiren war. Ob nun, wie man sagte, die Preußen einen Damm durchstochen hatten, oder ob, wie dies litera-

rischen Generalen zuweilen passirt, die Pontons nicht in
hinreichender Zahl vorhanden waren, darüber ist man noch
nicht klar. Mag dem jedoch sein, wie ihm wolle, so konnte
der Plan, welcher General Ducrot und seinen Truppen den
Weg nach Orleans bahnen sollte, nicht ausgeführt werden
und gegenwärtig sind sie noch in Vincennes und warten, daß
das Wasser fallen werde.

Gegen Mittag gelang es mir, durch das Thor von
Vanvres zu kommen. Außerhalb der Wälle war Alles ruhig
Truppen standen in Massen an allen gedeckten Orten, um
jeden Angriff zurückzuweisen, der von dem Plateau von
Chatillon aus erfolgen könnte. Keiner der Offiziere schien
zu wissen, was eigentlich geschehen war. Manche glaubten,
daß Choisy genommen worden, andere, daß Ducrot glücklich
durchgekommen sei. Ich ging eben die Verposten vor Vanvres
entlang, als ein von übelangebrachtem Diensteifer beseelter
Offizier mich fragte, was ich hier machte. Ich zeigte ihm
meinen Paß. Mein diensteifriger Freund behauptete, ich sei
von den preußischen Linien hergekommen, wahrscheinlich um
zu spioniren. Ich sagte, ich hätte Paris vor erst einer Stunde
verlassen. Er entgegnete, dies sei unmöglich, denn es würde
keinem Civilisten gestattet, das Thor zu passiren. Die Sache
begann ein beunruhigendes Ansehen zu gewinnen. Der Offi=
zier meinte, wenn man mich niederschösse, so würde das die
einfachste und schnellste Methode sein, die Frage zu lösen.
Ich erlaubte mir natürlich, dagegen einige Einwendungen zu
erheben und endlich ward beschlossen, mich nach dem Fort
Vanvres zu transportiren. Wir fanden den Commandanten
mit einem dicken Stock in der Hand vor seinem Fort sitzend
wie ein Bauer vor seinem Gehöft. Vergebens bemühte sich
der diensteifrige Offizier den Zorn des Commandanten gegen
mich zu entzünden. Letzterer ließ sich mit mir in ein Ge=
spräch ein und wir wurden ganz vortreffliche Freunde. Auch
er wußte nicht, was eigentlich geschehen war. Er hatte, wie
er sagte, Chatillon bombardirt und glaubte, er würde bald
Befehl erhalten, wieder anzufangen. Dabei schien er sich
sehr zu wundern, daß die Preußen das Feuer weder von
Chatillon, noch von Sèvres oder Meudon aus erwiedert hatten.
Von Vanvres ging ich nach Villejuif, wo eine Ambulanz er=
richtet worden und wo die Chirurgen mit den Verwundeten

beschäftigt waren. Sobald man diese verbunden hatte, wurden sie mittelst Ambulanzwagen nach der Stadt gebracht.

Die Offiziere und Soldaten, welche noch nicht wußten, daß es General Ducrot nicht gelungen war, die Marne zu passiren, waren sehr ärgerlich, daß sie Befehl zum Rückzuge gerade in dem Augenblick erhalten hatten, wo sie Alles vor sich niederwarfen. Die Preußen hatten, wie sie selbst erklärten, gefochten wie Teufel. In der Stadt ist die Begier, zu erfahren, was geschehen, außerordentlich groß. Die Regierung hat eine Bekanntmachung anschlagen lassen, worin sie sagt, es gehe Alles so, wie General Trochu es wünsche. Ueber Ducrot's mißlungenes Unternehmen wird kein Wort gesagt. Die Liberté, welche einen vorsichtigen Bericht über Das, was wirklich stattgefunden hat, mittheilt, ist auf den Boulevards in Fetzen gerissen worden. Ich habe soeben mit einem Offizier vom Generalstabe gesprochen. Er sagte mir, Trochu sei noch draußen und sehr niedergeschlagen, aber fest entschlossen, die Sache durch eine verzweifelte Anstrengung morgen wieder gut zu machen.

Heute haben wir einige englische Zeitungen erhalten und Sie können sich denken, wie weit wir in der Tagesschichte zurückgeblieben sind, wenn ich Ihnen sage, daß wir erst jetzt erfahren, was Fürst Gortschakoff auf's Tapet gebracht hat. Gütiger Himmel! Ich habe meine Ersparnisse in fünfprozentigen Türkenloosen angelegt und schaudere bei dem Gedanken, wie ich diese orientalischen Effecten auf dem Courszettel notirt finden werde, wenn ich wieder mit der Außenwelt in Verbindung trete.

3. December.

Während der letzten zwei Tage ist das Publikum innerhalb der Mauern von Paris in gänzlicher Unbekanntschaft mit dem erhalten worden, was draußen vorgeht. General Trochu hat jeden Tag eine oder zwei Depeschen veröffentlicht, worin er sagt, es ginge Alles so, wie er es erwartet und die Mehrzahl Derer, welche diese orakelhaften Aeußerungen lesen, glauben dieselben so fest als ob sie noch niemals belogen worden wären. Auf den Boulevards stehen zahlreiche Gruppen, welche jeden Soldaten, den sie vorüberkommen sehen, befragen. „Tout va bien" ist aber die einzige Antwort, die sie bekommen. Dennoch scheinen sie als gewiß anzunehmen, daß die Belagerung so gut wie aus ist und daß die preußischen Linien durchbrochen worden sind. Längs der Straße innerhalb der Wälle und an den Thoren stehen dichte Volksmassen, welche auf den Kanonendonner horchen und auf jeder Anhöhe, von welcher eine ferne Aussicht auf den Pulverdampf zu haben ist, haben sich Männer, Weiber und Kinder gesammelt.

Gestern sowohl als auch heute gelang es mir, in das hufeisenförmige Terrain zu gelangen, an dessen Münbung das Gefecht stattgefunden, und gestern Nachmittag, wo Waffenruhe zum Begraben der Todten war, ging ich mit den Ambulanzen auf das streitige Land zwischen den beiden Armeen. Das ganze Hufeisen ist voll Artillerie. Die Bomben und Granaten von den Forts und Batterien fliegen darüber hinweg und explodiren innerhalb der preußischen Linien. Ein wenig weiter zurück ist jedes Haus mit Verwundeten angefüllt, welche, sobald ihre Wunden verbunden sind, nach der Stadt befördert werden. Ein oder zwei Batterien eröffnen zuweilen das Feuer, welches dann und wann von dem der Preußen beantwortet wird. Trochu und Ducrot reiten umher und insoweit ich es sehen kann, commandirt Letzterer, während Ersterer Reden hält.

Gestern Nachmittag hatten wir in Champigny Terrain verloren und in Villiers welches genommen. Vor unsern Linien lag eine große Anzahl todter Preußen. Begräbnißdetachements waren von beiden Seiten thätig, kamen aber nur langsam vorwärts. Um vier Uhr Morgens hatten die Preußen einen Angriff auf unsere Linien von Champigny bis Brie gemacht und die überrumpelte Mobilgarde und Linie zog sich eiligst zurück. Einige Mobilregimenter wurden von Gendarmerieschwadronen buchstäblich ins Gefecht zurückgetrieben. Gleichzeitig kamen auch Verstärkungen heran und um neun Uhr waren die Positionen wieder gewonnen, denn es war den Preußen unmöglich, dem Feuer unserer Forts, Redouten und Belagerungsgeschütze zu widerstehen. Der Kampf dauerte bis gegen drei Uhr, dann hörte er auf. Um fünf Uhr war ich wieder in meinem Hotel, welches, wie ich schon erwähnt, das Hauptquartier der Ambulance internationale ist. Bis 11 Uhr wurden fortwährend Verwundete eingebracht.

Jetzt sind alle Betten belegt. Wir haben 460 Franzosen und 30 Deutsche — fast lauter Sachsen. Viele starben während der Nacht. In dem Zimmer neben mir liegt Franchetti, der Commandant der Eclaireurs von der Seine. Ein Granatsplitter hat ihm einen Theil der Hüfte weggerissen und der Arzt sagte mir soeben, er fürchte, der Patient werde nicht wieder aufkommen, denn die Wunde sei für eine Operation zu hoch. In dem nächstfolgenden Zimmer liegt ein junger Mobilienlieutenant, dem ein Bein amputirt worden ist. Der rechte Arm hat ihm aufgeschnitten werden müssen, um einen Knochensplitter herausziehen zu können und außerdem hat er auch noch eine Kugel in der Schulter.

An Aerzten ist großer Mangel und viele Verwundete, welche gestern Abend eingebracht wurden, mußten warten bis heute Morgen, ehe die Reihe des Verbindens an sie kam. Die amerikanische Ambulanz und mehrere andere sind, wie ich höre, ebenfalls voll. Dann und wann suche ich die Deutschen auf, denn ich kann ihre Sprache reden und sie freuen sich, dieselbe zu hören. In den Journalen lese ich, die verwundeten Baiern und Sachsen riefen fortwährend: „Vive la France!" Ich kann bloß sagen, daß die hier befindlichen nichts derart thun. Uebrigens scheinen sie nicht sonderlich niedergeschlagen darüber zu sein, sich in den Händen ihrer Feinde zu sehen. Sie werden ganz so behandelt wie die Franzosen und sind sehr dankbar dafür.

Als ich heute Nachmittag wieder in das Hufeisen kam, fand ich, daß die Truppen nach Paris zurückkehrten, und ich war daher nicht im Stande, bis an die Front zu gelangen. Manche sagen, wir hätten in Billiers und Champigny 20,000 Mann zurückgelassen; Andere behaupten, Champigny sei letzte Nacht wieder verloren gegangen. Auch höre ich, daß heute in aller Frühe die Preußen einen Ueberfall versuchten, aber zurückgeschlagen wurden. Die allgemeine Vermuthung scheint zu sein, daß wir morgen entweder über Chatillon oder Malmaison durchzubrechen versuchen werden.

Heute Morgen kam eine Brieftaube von Bourbaki und brachte eine Depesche vom 30. November, welche meldet, daß er vorrückt. Unter den Soldaten gilt diese Depesche schon als eine officielle Notiz, daß er in Meaux steht. Gewiß weiß ich weiter nichts, als daß die Ambulanzen auf morgen früh acht Uhr hinausbeordert sind und daß ich jetzt zu Bett gehe, um bereit zu sein, mit ihnen aufzubrechen.

Bei Bondy soll gestern und heute auch gekämpft worden sein, da ich aber nicht an zwei Orten zu gleicher Zeit sein kann, so kann ich auch nicht sagen, was dort vorgefallen ist, nur scheint es mir, als befänden wir uns heute in keiner bessern Position als am Montag.

Mit schweren Verlusten haben wir jedoch wenigstens die Ueberzeugung erkauft, daß unsere neue Artillerie besser ist, als man erwartet hatte und daß Linie und Mobilgarde im Feuer ziemlich gut stehen, bis ihre Offiziere fallen, wo sie dann in Unordnung gerathen. Die Nationalgarden waren nicht betheiligt. General Trochu und General Pisani versuchten einige Bataillone über die Marne zu bringen, fanden es aber unmöglich. Nach einer langen Rede von Trochu rief Pisani: „Vive la France!" Diesen Ruf erwiederten sie, als er aber hinzusetzte: „Vive Trochu!" schwiegen sie und ihre Commandanten erklärten, es kämen hierbei politische Erwägungen ins Spiel, in Bezug auf welche sie und ihre Leute „gewisse Vorbehalte" beanspruchten. Dennoch aber sind sie sehr stolz darauf, nur noch eine Stunde weit von einem Schlachtfelde entfernt gewesen zu sein und Trochu lobt sie in seinem Tagesbefehle, daß sie der Armee auf diese Weise „moralische Unterstützung" gewährt haben. Dies zu thun, ist sicherlich ein Jeder bereit, nur wird diese moralische Unterstützung die Preußen nimmermehr von Paris vertreiben.

Die Lebensmittel werden mit jedem Tage knapper. Gestern wurden sämmtliche Vorräthe an Bratwürsten requirirt. Allerdings haben wir noch die Kühe, diese aber sollen um der Milch willen bis zuletzt aufgehoben werden. Sie werden mit Hafer gefüttert, denn das Heu ist rar. Sie sehen also, daß die Mutter eines Kalbes vor dessen Onkel viele Vorzüge hat. Im zoologischen Garten hat man sämmtliche Thiere geschlachtet mit Ausnahme der Affen. Diese läßt man am Leben, weil man mit Darwin es nicht für unmöglich hält, daß sie unsere Verwandten oder wenigstens die Verwandten von einigen Regierungsmitgliedern sind, gegen welche die Natur in Bezug auf Schönheit allerdings nicht sehr freigebig gewesen ist.

Im Keller der englischen Gesandtschaft befinden sich drei Schafe. Nie gelüstete es den reichen Mann mehr nach dem Lamme des armen Mannes, als mich nach diesen Schafen. Ich gehe oft und sehe sie an, gerade wie ein Londoner Bettelbube den Bratenduft am Fenster einer Garküche schnüffelt. Diese Thiere trösten mich über die Abwesenheit meines Gesandten. Jemand hat entdeckt, daß aus alten Knochen ein ganz vortreffliches Gallert gemacht werden kann, und die Maires fordern uns auf, alle unsere Knochen herauszugeben, damit sie dem deshalb nöthigen Prozeß unterzogen werden können.

Mr. Powell ist, glaube ich, ein Privatlieferant in London. Ich kenne ihn nicht, gestern aber speiste ich bei einem Freunde, der aus einer Blechbüchse ein Stück australisches Hammelfleisch zum Vorschein brachte, welches er vor Beginn der Belagerung von Mr. Powell gekauft. Nie habe ich besseres gegessen und aus Dankbarkeit thue ich hiermit dem würdigen Powell den Gefallen, seine Waaren kostenfrei zu empfehlen. Wenn wir einen tüchtigen Vorrath von diesem Fleisch besäßen, so könnten wir den Preußen noch lange Trotz bieten; so aber fürchte ich, daß Wilhelm seine Telegramme an Augusta binnen wenigen Wochen aus den Tuilerien datiren wird.

4. December.

Ich schrieb Ihnen gestern Abend in großer Eile, um meinen Brief noch mit einem Ballon fortzubringen, der heute Morgen abgehen sollte, dessen Abfahrt aber wegen ungünstigen Windes verschoben worden ist. Ich bin jetzt in den Stand gesetzt, einige genauere Angaben in Bezug auf den Kampf vom vorigen Freitag zu machen, denn ich habe Gelegenheit gehabt, mit mehreren der Offiziere zu sprechen, welche sich beim Stabe der verschiedenen betheiligten Generale befanden.

Nachdem die Preußen um 4 Uhr Morgens die ganze französische Linie von Brie bis Champigny überrumpelt hatten, schoben sie eine starke Colonne zwischen letztern Ort und die Marne, so daß sie ihre Gegner umgingen. Die Colonne drang bis ungefähr zur Mitte des durch die Biegung des Flusses gebildeten Hufeisens vor und würde die Brücke von Joinville erreicht haben, wenn nicht General Favé das Feuer einer kleinen Redoute, die er vor Joinville erbaut und das von vierzig Feldgeschützen, welche er rasch in Position gebracht, eröffnet hätte. Gleich darauf rückten auch Verstärkungen unter General Blanchard heran und die Colonne ward endlich unter heftigem Kampfe nach Champigny zurückgedrängt. Gestern Nachmittag ging der größte Theil der Truppen in dem Hufeisen über den Fluß und ist jetzt entweder in dem Wald von Vincennes oder an andern Stellen der Linie zwischen den Forts und der Enceinte.

General Trochu ist in den Louvre zurückgekehrt und General Ducrot sprach, wie ich höre, gestern sein Bedauern darüber aus, daß er jenes thörichte Manifest veröffentlicht, worin er erklärt, daß er siegen oder sterben wolle, denn da er keins von beiden gethan, so fühlt er das Peinliche des Wiederbetretens der Stadt. Er sowohl als Trochu haben übrigens in diesem Kampfe einen hohen Grad von persönlichem Muth bewiesen. Letzterer ward durch einen Granatsplitter leicht am Hinterkopfe verwundet. Alle Offiziere mußten sich gut vor der Front halten, um die Soldaten zu ermuthigen. Die Hauptkitze des Gefechts hatte die Linie auszuhalten. Die Mobilgardisten hielten sich leidlich gut, mit Ausnahme der Vendeer, trotzdem daß man von diesen viel erwartet hatte. Das einzige mitbetheiligte Bataillon Nationalgarde war das von Belleville und es wich sehr bald zurück.

Die Bevölkerung hat von dem wirklichen Stande der Dinge draußen nicht die mindeste Kenntniß. Sie glaubt immer noch, die preußischen Linien seien durchbrochen und die Belagerung werde in einigen Tagen vorüber sein. Wahrscheinlich wird Trochu einen zweiten großen Ausfall unternehmen, obschon derselbe höchst wahrscheinlich abermals kein anderes Resultat haben wird, als daß dadurch eine Menge Menschenleben nutzlos geopfert werden. Am Freitag betrug unser Verlust 600 Todte und 4500 Verwundete. Der der Preußen muß nach der großen Anzahl der auf den Feldern und in den Wäldern umherliegenden Leichen ebenfalls bedeutend gewesen sein.

Heute Morgen wurden die Ambulanzen herausbeordert

und um 7 Uhr waren wir etwa 300 Mann stark mit den Wagen auf dem Quai in der Nähe der Place de la Concorde versammelt. Nachdem wir hier zwei Stunden lang gefroren, schickten wir einen Boten zu General Trochu und ließen fragen, ob wir wirklich gebraucht würden. Die Antwort lautete, daß heute kein Angriff gemacht werden würde und wir begaben uns demzufolge nach Hause, um aufzuthauen. Wenn einmal Kriege geführt werden müssen, so wünschte ich, daß es nach dem alten System geschähe, nach welchem militärische Operationen nur im Sommer unternommen wurden. Wenn der Thermometer unter Null steht, so sickert mir der Heldenmuth zu den Fingerspitzen heraus. Die Aerzte sagen mir, daß bei vielen übrigens leichten Wunden in Folge der Kälte der Brand hinzugetreten ist und sie tödtlich gemacht hat. Wenn ein Kampf bis zum Abend dauert, so können die meisten Verwundeten erst am nächsten Morgen aufgehoben werden und ihre Leiden müssen während der Nacht furchtbar sein. Ich sah mehrere dieser armen Leute aufheben, die buchstäblich erfroren zu sein schienen.

Das „Journal Officiel" vom heutigen Tage enthält einen Brief von Monseigneur Bauer, welcher behauptet, daß die Preußen, als er sich mit einer Parlamentärfahne und einem Trompeter genähert, auf ihn geschossen haben. Es wird dies unter andern auch von einem Journalisten bestätigt, welcher während der Nacht nach dem Kampfe vor den Wällen draußen geblieben war. Wenn nur der zehnte Theil der Geschichten, die ich von den Verräthereien der Preußen höre, wahr ist, so müssen sie ausgerottet werden, wie Wölfe.

Dieser Monseigneur Bauer ist übrigens ein Original. Von Haus aus Deutscher und Jude ist er jetzt Franzose und christlicher Bischof. Während des Kaiserreiches war er Hofkaplan und Beichtvater der Kaiserin. Jetzt ist er Kaplan der Ambulances de la Presse und hat 800 Frères Chrétiens, die sich wie Priester kleiden, aber nicht wirklich ordinirt sind, unter seinen Befehlen. Er sowohl als auch diese „christlichen Brüder" entwickeln den größten Muth. Sie sind beim Aufheben der Verwundeten stets die Ersten und gehen schon vor, während das Feuer noch lange nicht vorüber ist. Der Bischof galoppirt in Soutane und hohen Stiefeln einher; auf der Brust trägt er das Großkreuz der Ehrenlegion, am Halse ein goldenes Crucifix und auf dem Zeigefinger über dem Handschuh einen riesigen Bischofsring. Zuweilen erscheint er auch in einem rothen Mantel, der wahrscheinlich mit zu seinem geistlichen Costüm gehört. Leute, welche ihn genau kennen, sagen mir, er sei ein vollendeter Charlatan, bei den Soldaten aber ist er sehr beliebt, denn er spricht mit ihnen in ihrer eigenen Ausdrucksweise und sein Muth läßt sich nicht bezweifeln. Er steht im dichtesten Kugelregen so ruhig wie auf der Kanzel und befand sich beispielsweise an Ducrot's Seite, als diesem das Pferd unter dem Leibe getödtet ward.

Die Ereignisse der vergangenen Woche beweisen, daß General Trochu dem Feinde keine andere Widerstandskraft entgegensetzen kann, als welche er in der Linie und in der Mobilgarde besitzt. Was die Bevölkerung von Paris betrifft, so ist sie in dieser Beziehung schlimmer als nutzlos. Sie zehrt die Lebensmittelvorräthe auf und besitzt ein Gemisch von Hartnäckigkeit und Dünkel, welches sie wahrscheinlich in den Stand setzen wird, eher bedeutende Entbehrungen zu ertragen, als sich zu ergeben. Kämpfen aber wird sie nicht, obschon ich überzeugt bin, daß sie sich bis an's Ende ihres Lebens ihrer heldenmüthigen Tapferkeit rühmen und ihren Enkeln erzählen wird, daß im Jahre 1870, als die französischen Truppen sämmtlich Kriegsgefangene waren, die Bürger der französischen Hauptstadt sich mit Ruhm bedeckten und mehrere Monate lang sich gegen die wüthenden Angriffe der siegreichen deutschen Armeen behaupteten. Die armen Soldaten und Mobilgardisten, welche allein den wirklichen Kampf aushalten müssen, werden die ewige Wahrheit von Virgil's „Sic vos non vobis" erfahren. Indessen, es kann nichts nützen, sich über etwas zu erzürnen, was in später Zukunft geschehen wird; Denen, welche jetzt in oder außer Paris leben, kann es ja einerlei sein.

5. December.

Die Regierung hat eine Proclamation erlassen, welche verkündet, daß die Truppen über die Marne zurückgegangen sind, weil der Feind Zeit gehabt hat, eine so bedeutende Streit=

macht vor Villiers und Champigny zusammenzuziehen, daß weitere Anstrengungen in dieser Richtung fruchtlos sein würden. „Der Verlust des Feindes," heißt es dann weiter, „ist während der glorreichen Tage des 29. und 30. November und des 2. December so groß gewesen, daß er sich gezwungen gesehen hat, eine Armee, die er den Tag vorher angegriffen, unter seinen Augen und am hellen Tage einen Fluß passiren zu lassen."

Wenn man aber erwägt, daß dieser Flußübergang bei Joinville stattfand und daß der Fluß an dieser Stelle von dem Feuer dreier Forts und zweier Redouten gedeckt ist, so könnte General Trochu sich ebenso gut rühmen, die Seine der Place de la Concorde gegenüber passirt zu haben. Es läßt sich nicht leugnen, daß es für die gegenwärtige Regierung eine schwere Aufgabe gewesen ist, ihre Vorgängerin an Lügenhaftigkeit zu übertreffen. Sie hat aber in dieser Beziehung keine Mühe gescheut und somit ist ihr auch die Lösung dieser Aufgabe vollständig gelungen.

Die militärischen Attachés, die noch hier sind, meinen, der französische Verlust während des dreitägigen Kampfes könne an Todten und Verwundeten nicht weniger als 10,000 Mann betragen. Es ist jedoch sehr unwahrscheinlich, daß die Regierung einen Verlust von mehr als 2000 bis 3000 zugeben werde. Der der Preußen ist, wie man uns sagt, weit größer als der unsrige. Ohne diese Versicherung als unbedingt war anzunehmen, kann man doch wohl nicht in Abrede stellen, daß der Verlust des Feindes in der That ein schwerer gewesen sein muß. Ein Freund von mir zählte selbst in einem einzigen Gehölz 500 Leichen. Eine Anzahl Gefangene haben wir auch gemacht. Oberst Claremont, der seine Abreise verschoben hat, schaute dem Gefecht von der Redoute aus zu, welche General Favé dem Dorfe Joinville gegenüber erbaut hat und war einige Mal nahe daran, durch vorzeitig explodirende Bomben getödtet zu werden.

Die Pariser sind durch den Sieg, der mit einem Rückzuge geendet hat, ein wenig entmuthigt. Sie scheinen in Bezug auf die Umgebung ihrer Hauptstadt ebenso unwissend zu sein, wie hinsichtlich fremder Länder, und sie nehmen sich nie die Mühe, eine Karte zu Rathe zu ziehen. Einige schütteln bedenklich die Köpfe, die meisten aber glauben,

Villiers und Champigny lägen weit außerhalb des Bereichs der Kanonen unserer Forts, und da das Terrain in der Nähe derselben noch von unseren Truppen besetzt ist, so sei etwas geschehen, was zum baldigen Rückzuge der Preußen führen müsse. „Wir sind zwei Millionen," sagen sie. „Wir wollen lieber Alle sterben, als uns ergeben," und sie meinen, wenn sie dies oft genug sagen, so könne Paris niemals genommen werden.

Die Ultrademokraten in den Clubs haben eine neue Theorie ersonnen, um ihre Weigerung, sich zu schlagen, zu rechtfertigen. „Wir sind," bemerkte ein Redner kürzlich, „die Kinder von Paris; die Stadt braucht uns; dürfen wir sie wohl in einem solchen Augenblick verlassen?"

Einige dieser Helden behaupten sogar, das Klügste wäre, die Preußen einziehen zu lassen und sie dann zu den Lehren des Republikanismus zu belehren. Ich glaube, es war der heilige Augustin, welcher nicht daran verzweifelte, daß selbst der Teufel schließlich zu anderen Gesinnungen belehrt werden könne, und auf dieselbe Weise hörte ich einen eifrigen Patrioten die Hoffnung aussprechen, daß er im Stande sein werde, selbst „Wilhelm" zum Glauben an die Universalrepublik zu belehren.

In dem Club, wo diese brüderlichen Ansichten ausgesprochen wurden, sieht man fast allemal eine Dame, die mit auf der Rednerbühne sitzt. So oft nun Einer nach ihrer Meinung eine gute Rede gehalten hat, küßt sie ihn auf beide Wangen. Sie ist keineswegs häßlich und ich hatte mehrmals nicht übel Lust, selbst einige Bemerkungen zu machen, um der Belohnung theilhaftig zu werden. Jene Schüchternheit aber, welche von jeher der Fluch meines Lebens gewesen, hielt mich zurück. Dann und wann spricht diese Dame auch selbst und giebt gern ihre eigenen Erfahrungen zum Besten. „Ich war," sagte sie, „neulich auf dem Wege hierher, als ich bemerkte, daß ein Mann mir folgte. „Was willst Du?" fragte ich, indem ich ihn finster anschaute. ‚Ich liebe Sie!' antwortete der elende Aristokrat. „Ich bin das Weib eines Bürgers," sagte ich, „und die Mutter der Gracchen." Der erbärmliche Wicht schlich sich beschämt hinweg, um eine andere Beute zu suchen. Wenn er sich an eine Prinzessin oder Herzogin wendet, so wird er wahrscheinlich eher Gehör finden."

Diese Mittheilung ward mit lautem Beifall aufgenommen und mehrere sehr unsauber aussehende Patrioten stürzten herbei, um die Mutter der Gracchen zu umarmen und ihr zu zeigen, wie hoch sie ihr edles Verhalten zu würdigen wußten.

Die Journale fangen schon an, zu fürchten, daß der Heroismus, den die Franzosen ihrer Meinung nach während der letzten Woche gezeigt, angezweifelt werden könne. Der „Figaro" enthält in dieser Beziehung Folgendes: „Auf das, was gewisse Correspondenten, die man besser kennt, als sie glauben, sagen, kommt nichts an, und obschon sie das Ausland durch ihre Correspondenzen irre leiten möchten, so steht doch fest, daß unsere Bretagner am Donnerstag nicht davongelaufen sind. Allerdings wurden sie, als die Sachsen mit lautem Hurrahgeschrei aus ihren Löchern hervorstürzten, durch diesen rohen, barbarischen Angriff im ersten Augenblick ein wenig zum Wanken gebracht, aber —" und nun folgt die Erklärung mehrerer der Helden selbst, daß sie gefochten haben wie Löwen. Die Mobilen schlugen sich aber, wie ich schon in meinem gestrigen Briefe gesagt, nur leidlich gut und von einigen ihrer Bataillone konnte man selbst das nicht sagen. Die Linie hielt sich, für junge Truppen, sehr gut und der Muth der Offiziere, sowohl von der Linie als von der Mobilgarde, war über alles Lob erhaben. Es ist jedoch ein militärischer Erfahrungssatz, daß, wenn in einem Kampfe eine übermäßige Zahl von Offizieren fällt, dann die Truppen nicht mehr vorwärts wollen.

Was nun geschehen wird, ist schwer zu errathen. Unsere Generale müssen einsehen, daß, wenn nicht eine der Armeen der Provinz den Preußen in den Rücken fällt, ein abermaliger Ausfall blos zu einem abermaligen Blutbad führen wird. Andrerseits aber werden die Pariser sich nicht eher zufrieden geben, als bis sämmtliche Linientruppen und Mobilgardisten draußen vor den Wällen gefallen sind, damit gesagt werden könne, der Widerstand von Paris sei heldenmüthig. Wenn ich Trochu wäre, so würde ich einen Ausfall ausschließlich mit Nationalgarden machen, um diesen Herren zu zeigen, daß wirklicher Kampf etwas ganz Anderes ist, als eine Parade in den Straßen der Hauptstadt.

Nachfolgend eine kleine Liste von Delikatessenpreisen: — Ein Huhn 26 Francs, ein Kaninchen 18 Francs, ein Truthahn 60 Francs, eine Gans 45 Francs, eine Taube Blumenkohl 3 Francs, ein Kohlkopf 4 Francs, Hundefleisch 4 Francs das Pfund, eine abgehäutete Katze 5 Fancs, eine Ratte 1 Franc, wenn fett aus der Schleuße 1 Franc 50 Cent. Fast alle Thiere im Jardin des Plantes sind gegessen worden. Man hat sie im Durchschnitt mit ungefähr 7 Francs das Pfund bezahlt. Känguruh ist jedoch mit 12 Francs das Pfund verkauft worden. Gestern dinirte ich mit dem Correspondenten eines Londoner Blattes. Es war ihm gelungen, ein großes Stück Mufflon aufzutreiben, ein Thier, welches, glaube ich, nur in Corsika vorkommt. Ich kann es blos beschreiben, indem ich sage, daß es nach Mufflon und nichts Anderem schmeckte. Es war nicht gerade schlecht, dennoch aber glaube ich nicht, daß ich blos um dieses Fleisch öfter zu genießen, eine Reise nach Corsika machen werde.

6. December.

Ob ich am Aequator ein Held wäre, weiß ich nicht gewiß; daß ich aber am Nordpol ein elender Feigling sein würde, davon bin ich fest überzeugt. Vor drei Tagen stand ich einmal zwei Stunden lang bei den Ambulanzen der „Presse", und seitdem habe ich nicht aufgehört, mit den Zähnen zu klappern. Ich bedaure die armen Schelme, welche die ganze Nacht auf dem Plateau von Villiers Wache stehen müssen, mehr als die, welche am Tage vorher allen ferneren Leiden überhoben wurden. Wenn warmes Wetter ist, so betrachtet man die preußischen Batterien mit verhältnißmäßiger Resignation und ist von einer Art fanatischen Glaubens beseelt, daß die Bomben nicht innerhalb Treffweite platzen werden. Steht der Thermometer dagegen unter Null, so bildet man sich ein, das Ziel jeder Kanone zu sein. Ich weiß nicht, wie es bei Anderen ist, auf mich aber äußert die Kälte eine höchst unheroische Wirkung. Meine Beine wollen mir dann nicht mehr gehorchen und nur mit Aufbietung der größten Gewalt, deren der Geist über die Materie fähig ist, kann ich sie abhalten, mich aus dem

Bereich von Kugeln, Bomben und Granaten hinauszutragen. Ich sehe mich dann schon mit Entsetzen die ganze Nacht mit zerschossenem Bein in einem Graben liegen und allmählich erfrieren. An einem warmen Sommertage schlage ich den Muth Derer, welche gut fechten, nicht sonderlich hoch an; an einem kalten Wintertage aber macht nach meiner Ansicht Jeder, der nicht fortläuft und sich in eine warme Stube flüchtet, sich um sein Vaterland wohlverdient.

Wir sind keineswegs eine sehr glückliche Familie. General Ducrot und General Blanchard haben sich verunelnigt. Letzterer sagte im Laufe des Wortwechsels zu dem Ersteren: „Wenn Ihr Degen so lang wäre wie Ihre Zunge, so wären Sie in der That ein bewunderungswürdiger Krieger!" Ducrot und Trochu sind die literarischen Generale, Vinoy und Blanchard dagegen die kämpfenden. Man erzählt auch, General Favé solle beseitigt werden, obschon ich mir nicht denken kann warum, denn seine Redoute hat die Armee vor einer noch schwereren Niederlage bewahrt.

Während jedoch die Militärs so untereinander selbst ihre Zwistigkeiten haben, sind sie alle darin einig, daß sie die Nationalgarden schmähen, welche sie unehrerbietiger Weise die „Wurstfabrikanten" nennen. Als La Gare aux Bœufs von Admiral Polhuan und dessen Matrosen genommen ward, bildeten zwei Bataillone Nationalgarde den Nachtrab. Der Admiral und seine Leute waren daher nicht wenig verwundert, daß in dem Tagesbefehl von denen, welche den ganzen Kampf durchgefochten, kaum ein Wort erwähnt war, während die „Wurstfabrikanten" bis in den Himmel erhoben wurden. General Trochu schrieb hierauf einen Brief an den Admiral und meldete ihm, es sei aus politischen Gründen nothwendig, die Nationalgarde zu ermuthigen. Während der Kampf bei Villiers und Champigny stattfand, standen die Marschbataillone der Nationalgarde beinahe außerhalb der Schußweite. Plötzlich kam Befehl, sie in Linie zu formiren. Ihr Commandant, General Clement Thomas, entgegnete, dies wäre unmöglich, weil sie glauben würden, daß man sie ins Gefecht führen wolle. Trotzdem lobt General Trochu sie wegen der „moralischen Unterstützung", die sie ihm gewährt haben. Man kann sich nicht wundern, daß die wirklichen Soldaten sich durch dieses Schwindelsystem

verletzt fühlen. Sie erklären deshalb auch, daß sie beim
nächsten Ausfall die Pariser zum Vorangehen zwingen und
sie, wenn sie davonzulaufen versuchen, niederschießen werden.
Man darf hierbei nicht vergessen, daß diese Marschbataillone
aus jungen, unverheiratheten Männern bestehen und wenn
Paris vertheidigt werden soll, so ist kein Grund vorhanden,
aus welchem diese Leute nicht auch der Gefahr ausgesetzt
werden sollten.

Gestern ward ein neuer Befehl erlassen, welcher alle
Ausgangspässe bis auf Weiteres für ungiltig erklärt. Ich
habe einen von General Vinoy in aller Form ausgestellten
Paß, aber selbst mit diesem ward ich das letzte Mal, wo ich
die Stadt verließ an zwei Thoren zurückgewiesen, ehe ich am
dritten durchkam. Die Correspondenten für auswärtige
Blätter sind nicht einig, ob es erlaubt sei, unter der Genfer
Fahne mit einer Ambulanz hinauszugehen. Ich für meine
Person kann nichts Unrechtes darin finden, dafern nur der
Correspondent sich nützlich macht und die Verwundeten aufheben hilft. Im preußischen Lager hat ein Correspondent
eine anerkannte Stellung. Hier ist es anders und er muß
daher alle erlaubten Mittel benutzen, um sich Kunde von dem
zu verschaffen, was vorgeht. Mein Paß bezeichnet mich z. B.
nicht als einen Correspondenten, sondern als einen bei der
Britischen Gesandtschaft accreditirten Engländer. Zu Anfang
der Belagerung bat ich Mr. Wodehouse, mir einen Em-
pfehlungsbrief an Jules Ferry, eins der Mitglieder der Regierung, zu geben. Diesen Brief gab ich nicht ab, sondern
zeigte ihn in General Vinoy's Hauptquartier vor, um zu beweisen, daß ich kein preußischer Spion, sondern meinem natürlichen Beschützer bekannt sei. Ein Adjutant gab mir hierauf einen Paß und da er nicht wußte, wie er mich nennen
sollte, so bezeichnete er mich als „bei der englischen Gesandtschaft accreditirt." Auf diese Weise wandle ich als geheimniß-
volles Wesen einher — vielleicht als Gesandter, vielleicht
als Kammerdiener eines Gesandten.

Ein Freund von mir, der bei der Ambulanz der „Presse"
eine Autorität ist und einen Wagen besitzt, hat mir ver-
sprochen, mich das nächste Mal, wo die Ambulanzen verlangt
werden, abzuholen. Ich habe aber schon gesagt, daß wenn
der Thermometer unter Null steht, von Energie keine Rede

mehr bei mir ist, und wenn die nächste Schlacht nicht an einem warmen Tage stattfindet, so werde ich ihr nicht beiwohnen. Uebrigens kann man auch, wenn man nicht mit dem Stabe des commandirenden Generals reitet, sich von dem, was vorgeht, keinen richtigen Begriff machen, und durch ein Fernrohr mit anzusehen, wie Menschen und Pferde niedergemetzelt werden, ist etwas Entsetzliches. Als die Ritter mit ihren Lanzen gegen einander losritten, hatte der Krieg noch etwas wirklich Ritterliches; dagegen kann ich weder etwas Nobles noch Erhebendes darin sehen, wenn eine Anzahl unglücklicher bretonischer Bauern, die nicht einmal französisch sprechen können und eine gleiche Anzahl Berliner Handelsleute, die wahrscheinlich nichts sehnlicher wünschen, als wieder daheim in ihrem Laden zu sitzen, einander aus einer Entfernung von einer halben Meile durch eiserne und bleierne Kugeln vernichten. Dabei gestehe ich, daß mich die Pferde fast eben so sehr dauern wie die Menschen. Ich finde es monströs, daß, um die Elsasser zu zwingen, Unterthanen des Königs Wilhelm von Preußen zu werden, ein Omnibuspferd, welches in den Straßen von Paris redlich seine Arbeit verrichtet hat, vor die Mauern der Stadt hinausgeführt werde, um sich von einer Kugel den Kopf wegreißen zu lassen, oder auf drei Beinen umherzuhinken, bis es erfriert oder verhungert. Die Pferde machen, wenn sie verwundet sind, verzweifelte Anstrengungen, sich emporzuarbeiten, und lassen dann, wenn ihnen dies nicht gelingt, den Kopf mit einem dumpfen Schlage, welcher schauerlich anzuhören ist, auf den Boden niederfallen.

In Bezug auf das Ende der Belagerung bestehen die verschiedensten Ansichten. Ich für meine Person kann nicht glauben, daß eine Stadt mit zwei Millionen Einwohnern, wenn sie auf solche Auskunftsmittel reducirt ist, wie Paris jetzt, sich noch lange halten kann. Die Rationen, welche abwechselnd aus Pferdefleisch und Salzfisch bestehen, werden noch ausgetheilt, reichen aber kaum noch, um Leib und Seele zusammenzuhalten. Wenn wir uns nicht entschließen, unsere Artilleriepferde zu schlachten, so werden wir mit unserem Proviant bald zu Ende sein.

Heute geht das Gerücht, die Preußen hätten Versailles geräumt und Prinz Friedrich Karl sei in einer Schlacht an der Loire geschlagen worden; ich messe aber diesen Geschichten, einer wie der andern, keinen großen Glauben bei. Wahrscheinlich infolge der Kälte ist seit drei Tagen keine Brieftaube angekommen und so lange wir nicht gewiß wissen, was General Aurelles de Paladine macht, können wir uns keine genaue Meinung über die Aussichten auf Aufhebung der Belagerung bilden. Jetzt läßt sich weiter nichts sagen, als daß wir, uns selbst überlassen, nicht im Stande sein werden, die Cernirungslinien zu durchbrechen und daß wir, wenn unsere Lebensmittel aufgezehrt sind, nothwendig capituliren müssen.

7. December.

Als dieser Krieg anfing, glaubten die Pariser an die Bulletins, welche ihre Regierung ausgab, denn sie fanden es nur natürlich, daß ihre Waffen siegreich wären, und waren mißtrauisch gegen jede fremde Zeitung, welche ihre Siege zu bestreiten wagte. Jetzt bezweifeln sie Alles, möge es von Freund oder Feind kommen. So behaupten jetzt neun Zehntheile, Graf Moltke habe sich durch Verkündung der Niederlage der Loire-Armee einer vorsätzlichen Lüge schuldig gemacht und ein Zehntel meint, er habe eine leichte Schlappe zur Ungebühr übertrieben und die Einnahme von Orleans beweise blos, daß diese Stadt nicht von einer bedeutenden Truppenmasse vertheidigt worden sei. Jede Kunde, welche mit den Wünschen dieser seltsamen Bevölkerung nicht übereinstimmt, braucht jetzt drei Tage, ehe sie Glauben findet, gleichviel welche Beweise für die Wahrheit vorliegen. Wenn die Loire-Armee kampfunfähig gemacht worden ist, so wird man früher oder später diese Thatsache zugestehen und sie wird ohne Zweifel einen gewissen Grad von Entmuthigung zur Folge haben, besonders da sie mit Ducrots Rückzug vom südlichen Ufer der Marne zusammentrifft.

Französische Politiker richten ihre Angaben stets so ein, daß sie dem Bedürfniß des Augenblicks entsprechen und scheinen dabei nie zu bedenken, daß, sobald der wirkliche Stand der Dinge an den Tag kommt, unvermeidlich eine Reaction eintreten muß, die weit unüberbrückender ist, als wenn man mit der Wahrheit sofort herausgegangen wäre. Als Graf Moltke's Brief eintraf, waren zwei Mitglieder der

Regierung für die Nationalvertheidigung bereit, sein Anerbieten, verbürgte Auskunft über die Vorgänge an der Loire zu geben, anzunehmen; General Trochu aber erklärte, er beabsichtige, Widerstand zu leisten bis aufs Aeußerste und es sei folglich für ihn ohne Bedeutung, ob Orleans gefallen sei oder nicht.

Tag für Tag haben wir uns mit der Hoffnung getragen, daß entweder die neutralen Mächte oder die Armeen der Provinzen uns unserer Bedrängniß entreißen werden oder daß durch einen Ausfall die Stadt wenigstens wieder verproviantirt werden könne. Gegenwärtig glaubt Niemand mehr an die Intervention der Neutralen oder an den Erfolg eines Ausfalls, Alles aber klammert sich, wie ein Ertrinkender an einen Strohhalm, an die Armeen der Provinzen. Um diesen Glauben zu vernichten, wird es nothwendig sein, daß die Preußen nicht blos bei Orleans, sondern auch über die Armeen Kératry's und Bourbaki's einen wesentlichen Vortheil erringen. Wenn wir einmal finden, daß wir gänzlich auf unsere eigenen Hülfsquellen angewiesen sind und daß es uns unmöglich ist, die Cernirungslinien zu durchbrechen, so werden wir nothgedrungen der Macht der Umstände nachgeben. Gegenwärtig sind alle Journale für eine Fortsetzung des Kampfes so lange wir noch eine Brodrinde haben; in der Regel aber ist eine belagerte Stadt ihrem Falle niemals näher, als wenn sie droht, den Ersten, der von Uebergabe spricht, aufzuhängen. Die Meisten würden selbst jetzt schon die Sache von der praktischen Seite ins Auge fassen, wenn sie es wagten; Trochu steht aber einmal an der Spitze und er will von Capitulation nichts hören.

Einige deutsche Offiziere, Kriegsgefangene auf Ehrenwort, sind in einem Restaurant insultirt worden, und man hat es um ihrer eigenen Sicherheit willen nöthig gefunden, sie in La Roquette einzusperren. Ich wundere mich darüber nicht. Es giebt unter der pariser Bevölkerung einen Abschaum, der unter dem Kaiserreich aus der Hand in den Mund lebte und sich in den Restaurants und an anderen öffentlichen Orten lästig macht. Einige dieser Bummler tragen die Uniform der Nationalgarde, andere haben sich den Ambulanzen zugesellt, alle aber tragen die größte Sorge, ihr kostbares Leben nicht auf's Spiel zu setzen. Gestern

Abend dinirte ich ganz friedlich in einem Restaurant. Ein Freund, mit welchem ich Englisch gesprochen, hatte mich so eben verlassen und ich sah mich allein mit vier dieser sauberen Subjecte, welche an einem Tisch in meiner Nähe saßen. Sie theilten einander absichtlich so laut, daß ich es hören mußte, mit, alle Ausländer seien aus ihrem Vaterlande verbannt und die Amerikaner und Italiener, welche Ambulanzen errichten, wären aller Wahrscheinlichkeit nach preußische Spione. Da ich von diesen Anzüglichkeiten keine Notiz nahm, so wendete sich einer der Sprechenden zu mir herum und sagte: „Sie mögen mich ansehen, wie Sie wollen, mein Herr, ich sage Ihnen aber in's Gesicht, daß Dr. Evans, der frühere Zahnarzt des Kaisers, ein Spion war." Ich entgegnete in aller Ruhe, daß ich nicht die Ehre hätte, Dr. Evans zu kennen und da ich selbst Engländer, der Genannte aber Amerikaner sei, so könne ich unmöglich für diesen verantwortlich gemacht werden. „Sie sind ein Grieche," bemerkte ein Anderer; „ich hörte Sie vorhin Griechisch sprechen." Ich machte dem Herrn in bescheidenem Tone bemerklich, daß seine Kenntniß fremder Sprachen vielleicht ein wenig beschränkt sei. „Wohlan," fuhr er fort, „wenn Sie kein Grieche sind, so habe ich Sie neulich Morgens bei der Ambulanz der Presse gesehen, zu welcher ich gehöre, und folglich sind Sie ein Spion." — „Wenn Sie ein Engländer sind, hob der, welcher zuerst gesprochen, wieder an, „warum kehren Sie nicht in Ihr Vaterland zurück und kämpfen gegen Rußland?" — Ich antwortete, diese Idee sei eine ganz vortreffliche, nur möchte es unter den obwaltenden Umständen schwierig sein, durch die preußischen Linien zu kommen. — „Der englische Gesandte ist ein Freund von mir und wird Ihnen auf meine Verwendung einen Paß ausfertigen," antwortete der Herr, welcher Englisch für Griechisch gehalten hatte. Ich dankte und versicherte ihm, daß ich es als eine große Gefälligkeit betrachten würde, wenn er mir bei seinem Freund Lord Lyons diesen Paß auswirkte. Er sagte, er würde es thun, denn es sei nothwendig, daß Paris von solchem Ungeziefer, wie ich und meine Landsleute seien, gesäubert werde. Bis jetzt jedoch hat er sein Versprechen noch nicht gehalten.

Dergleichen Scenen kommen in öffentlichen Localen sehr

häufig vor. Raufbold und Feigling sind in der Regel in einer Person vereinigt. Jeder Lump kann jetzt einen Ausländer mit vollkommener Straflosigkeit beleidigen, denn wenn der Ausländer sich vertheidigen will, so braucht Jener ihn nur für einen Spion zu erklären und sofort sammelt sich eine Rotte, die sich entweder auf ihn stürzt oder ihn in's Gefängniß schleppt. Während nichts artiger sein kann, als das Benehmen französischer Offiziere und das gebildeter Franzosen überhaupt, so wie auch das der ärmeren Klassen, wenn sie nicht gereizt werden, so ist dagegen nichts frecher und unverschämter, als das solcher Bummler, welche ihre Tapferkeit für die innere Stadt aufsparen oder, wenn sie sich jemals außerhalb der Festungswerke hinauswagen, dies nur unter dem Schutze des rothen Kreuzes thun.

Das „Journal Officiel" enthält ein Decret, durch welches das Bataillon von Belleville aufgelöst wird. Diese Krieger, sagt ihr eigener Commandant, liefen vor den Augen des Feindes davon, weigerten sich, den nächstfolgenden Tag vorzugehen, und kehrten ihre Waffen gegen ihre Nachbarn von La Villette. Gustav Flourens, welcher, obschon er keine officielle Charge bei dem Bataillon bekleidete, dennoch seine Wahl zum Anführer durchsetzte, soll vor ein Kriegsgericht gestellt werden.

Mein Nachbar Franchetti ist gestern gestorben und ward heute begraben. Er war ein schöner junger Mann, in guten Verhältnissen, glücklich verheirathet und hat als Commandant der Eclaireurs der Seine während der Belagerung gute Dienste geleistet. Da er Jude war, so folgten die Rothschilds und viele andere seiner Religionsgenossen seinem Sarge.

8. December.

Herr von Sarcey sucht in dem „Temps" vom heutigen Tage ausführlich zu beweisen, daß die Pariser heroisch seien. „Der Heroismus ist positiv und negativ," sagt er. „Wir haben um unseres Landes willen uns seit mehreren Monaten der Möglichkeit beraubt, Geld zu verdienen, und während dieser Zeit viele unserer gewohnten Bequemlichkeiten entbehrt." Mir kommt es nicht in den Sinn, die Opfer, welche die Pariser bringen, zu unterschätzen; Herois-

mus aber ist nicht der rechte Ausdruck dafür. So lange
als noch so viel Nahrungsmittel in der Stadt vorhanden
sind, daß Jeder leben kann, ohne die Qualen des Hungers
zu fühlen, haben sie gar nicht einmal Gelegenheit, negativen
Heroismus zu zeigen. So lange die Stadt nicht selbst an=
gegriffen wird und die Einwohner sich nicht bei Ausfällen
betheiligen, kann man von ihnen auch nicht sagen, daß sie
activ heroisch seien. Eine Blokade wie die, welche die
Preußen über Paris verhängt haben, ist den Einwohnern
natürlich sehr unangenehm. Wenn sie sich darein fügen, so
zeigen sie ohne Zweifel ihren Patriotismus und ihre Stand=
haftigkeit. Heroismus aber ist etwas mehr als Patriotismus
oder Standhaftigkeit. Er ist eine ausnahmsweise Eigen=
schaft, die in dieser Welt sehr selten gefunden wird.

Die Zeitungen haben nun zu ihrer eigenen vollständigen
Ueberzeugung bewiesen, daß Graf Moltke's Behauptung in
Bezug auf die Niederlage der Loire=Armee sich nur auf die
Arrièregarde beziehen kann, und obschon von auswärts seit
mehreren Tagen keine Nachrichten eingegangen sind, so be=
steht man doch darauf, daß der größere Theil dieser Armee
seine Vereinigung mit der Bourbaki's bewirkt habe. Fran=
zösische Journalisten erfinden, selbst wenn keine Nothwendig=
keit dazu vorliegt, ihre Thatsachen und ziehen dann mit
wunderbarem Scharfsinn ihre Schlußfolgerungen.

Ob die pariser Journale durch die preußischen Linien
hindurch bis zu Ihnen gelangen, weiß ich nicht; sollte es
nicht der Fall sein, so haben Sie keinen Begriff davon, wie
vieler vortrefflichen Rathschläge Sie verlustig gehen. Man
sollte meinen, daß ein Pariser jetzt für sich selbst genug zu
thun hätte und sich blos um sich bekümmerte. Dies fällt
ihm aber nicht ein. Er glaubt, er habe die Mission, die
Welt zu leiten und zu belehren, und diese Mission erfüllt
er mannhaft, trotz der Preußen und der preußischen Ka=
nonen. Allerdings versteht er von fremden Ländern noch
viel weniger als ein intelligenter Japanese von Tipperary,
in Folge eines seltsamen Naturgesetzes aber fühlt er sich, je
weniger er von einer Sache weiß, desto mehr getrieben,
darüber zu schreiben. So habe ich z. B. eben erst einen
sehr geistreichen Artikel gelesen, in welchem ausgeführt wird,
daß, wenn wir nicht auf unserer Hut sind, unserer Herr=

schaft in Indien sehr leicht durch eine russische Flotte, die es vom Kaspischen Meere aus angreifen wird, ein Ende gemacht werden kann, und wenn man bedenkt, wie leicht es für den Verfasser gewesen wäre, nicht über das Kaspische Meer zu schreiben, so ist man gleichzeitig überrascht und dankbar, daß er unsere Aufmerksamkeit auf die Gefahr gelenkt hat, die uns in jenem Theile des Erdballes droht.

Gustav Flourens ist festgenommen worden und befindet sich jetzt im Gefängniß. Die Clubs der Ultras sind sehr entrüstet darüber, daß die Regierung die Helden von Belleville der Feigheit angeklagt hat. Sie sind überzeugt, der „Jesuit" Trochu müsse in diese tapfere Schaar einige mouchards eingeschmuggelt haben, welche instruirt gewesen seien, Reißaus zu nehmen, um das ganze Bataillon in Mißcredit zu bringen.

Heute Abend war ich in dem „Club de la Délivrance". Er hält seine Sitzungen in dem Saal Valentino. Ich stimmte mit für einen Antrag, die Regierung aufzufordern, die Namen der Nationalgardisten, welche bei der Vertheidigung von Paris gefallen sind, auf Marmortafeln eingraben zu lassen. Dieser Antrag wurde einstimmig angenommen. Allerdings hat bis jetzt noch kein Nationalgardist die Güte gehabt, zu fallen, diese Thatsache aber ward natürlich als unerheblich betrachtet. Der nächste Antrag ging dahin, daß die Concubinen von Patrioten dasselbe Recht genießen sollten, wie rechtmäßige Ehefrauen. Da dieser Club sich jedoch auf die unerbittliche Strenge seiner Moralität viel einbildet, so ging dieser Antrag nicht durch. Dann schlug ein Redner vor, daß alle Ausländer aus Paris verbannt werden sollen. Er begründete diesen Antrag aber auf so weitschweifige und langweilige Weise, daß ich das Ende seiner Rede nicht abwartete. Deshalb kann ich auch nicht sagen, ob der Antrag angenommen ward. Dieser Club de la Délivrance ist bei weitem die anständigste öffentliche Versammlung in Paris. Die hier auftretenden Redner sind lauter solide Leute, leider aber auch eben so uninteressant und langweilig als solid.

Das Aufhören der Gasbeleuchtung ist für die Clubs ein schwerer Schlag. Der Pariser liebt das Gas wie der Lazzaroni den Sonnenschein. Die erhabensten Kundgebungen patriotischer Beredsamkeit finden keinen Anklang bei einem Publikum, welches dieselben beim trüben Schimmer eines halben Dutzend Petroleumlampen anhören muß. Es ist sonderbar, aber deswegen nicht weniger wahr, daß die Wirkung einer Rede in hohem Grade von dem Lichtquantum abhängt, welches in dem betreffenden Raume herrscht. Ich entsinne mich, daß ich einmal einen Freund von mir bei einer Wahlcampagne in einer kleinen Ortschaft unterstützte. Sein Gegencandidat war ein sehr würdiger und achtbarer Gutsbesitzer, der in der Nachbarschaft wohnte. Meine Aufgabe war natürlich, zu beweisen, daß er ein verächtlicher Dummkopf sei. Ich versuchte diese Beweisführung in einer öffentlichen Versammlung, die im Rathhause stattfand. Die Philippika eines Demosthenes war natürlich Milch und Wasser im Vergleich zu meinen Anklagen, als gerade im kritischen Augenblick, als ich auf der Höhe meiner Beredsamkeit stand, das Gas anfing zu flackern und gleich darauf völlig erlosch. Man brachte drei Talglichter herein. Ich begann wieder zu donnern, aber es nützte nichts. Die Talglichter vernichteten den Effekt vollständig und 2 Tage später ward der Gutsbesitzer Mitglied des Parlaments, dessen stumme Zierde er jetzt noch ist.

Ich hoffe zuversichtlich, daß England niemals eine feindliche Invasion erfahren wird. Wäre es aber der Fall, so werden wir wohlthun, wenn wir die Erfahrungen, die man hier macht, uns zur Lehre dienen lassen. Eine englische Streitmacht, deren Mannschaften halb Bürger, halb Soldaten sind, darf nicht existiren. Jeder, der sich bei der nationalen Vertheidigung betheiligt, muß sich der strengen, militärischen Disziplin unterwerfen. Man hat hier auf die Ausrüstung der Nationalgarde eine ungeheure Summe Geldes verwendet. Ihr Sold allein beläuft sich auf mehr als 200,000 Francs täglich und insoweit die Vertheidigung von Paris in Frage kommt, hätten diese Leute ganz ruhig zu Hause bleiben können. Ohne Zweifel giebt es tapfere Männer unter ihnen, da aber ihre Bataillone darauf bestehen, selbst unter den Waffen als Bürger betrachtet zu werden, so haben sie keine Disziplin und sind wenig besser als ein bewaffneter Volkshaufen.

Der nachstehende Auszug aus einem Artikel in der

letzten Nummer der „Revue des Deux Mondes" giebt einige interessante Einzelheiten in Bezug auf die Gewohnheiten dieser Leute, wenn sie hinter jenem nutzlosesten aller Vertheidigungswerke, den Pariser Fortificationen, in Dienst sind: „Nach Ankunft eines Bataillons bestimmt der Commandant des Postens die Stunden, während welcher Jeder in activem Dienst sein soll. Dann beschäftigen sich die Mannschaften nach Belieben. Einige spielen unendliche Partien „Bouchon"; Andere wenden, trotz entgegenstehender Befehle, ihre Aufmerksamkeit dem „Ecarté" und „Piquet" zu; Andere besprechen die Neuigkeiten des Tages mit den Artilleristen, welche neben ihren Kanonen Wache stehen. Manche entfernen sich mit Urlaub oder verschwinden ohne Urlaub, um Ausflüge jenseits der Wälle zu machen, oder sich in das Billardzimmer irgend eines Café einzuschließen. Viele machen im Laufe des Tages häufige Besuche in den unzähligen Cantinen oder Marketenderbuden, welche längs der ganzen Rue des Remparts fast ohne Unterbrechungen auf einander folgen. Hier haben einige alte Weiber Holzspähne unter einem Kessel angezündet und verkaufen für 2 Sous das Glas ein entsetzliches Gebräu unter dem Namen „petit noir", welches aus Zucker, Branntwein und Kaffee besteht. Dahinter steht eine Reihe Speisebuden, deren Besitzer verkünden, daß sie beauftragt sind, für warmes Essen zu sorgen. Hier kann man Suppe, gekochtes oder gebratenes Pferdefleisch und alle Arten spirituöser Getränke bekommen. Ueberdies hat jede Compagnie ihre besondere Marketenderin, um deren Karren stets eine zahlreiche Gruppe versammelt ist. Es geschieht selten, daß mehr als die Hälfte des Bataillons nüchtern ist. Zum Glück treibt ihnen die Kälte der Nachtluft den Rausch bald aus. Zwischen acht und neun Uhr Abends versammelt man sich im Zelt. Hier bildet sich ein Kreis um ein einziges Talglicht und während die Feldflaschen die Runde machen, plaudert und singt man, bis endlich Alle einschlafen und in ihrem Schlummer bis zum Morgen nur durch den Korporal unterbrochen werden, der einmal jede Stunde eintritt und die Namen Derjenigen aufruft, welche auf Posten ziehen müssen. Der übermäßige Genuß starker Getränke richtet in unseren Reihen schmachvolle Verheerungen an und erzeugt ernste Krankheiten. Wenige Nächte vergehen ohne blinden Lärm, ohne daß Schüsse thörichterweise auf imaginäre Feinde abgefeuert werden und ohne beklagenswerthe Unfälle. Alle Nächte kommen Zänkereien vor, die oft in Schlägereien ausarten, und des Morgens, wo dann gegenseitige Erklärungen stattfinden, sind eben diese Erklärungen ein Vorwand, mit dem Trinken wieder zu beginnen. Allerdings fehlt es nicht an Vorschriften, die allen diesen Unordnungen vorbeugen sollen, unglücklicherweise aber werden die Vorschriften nicht beachtet. Der Mangel an Disziplin der Nationalgarde bildet einen seltsamen Gegensatz zu dem Patriotismus ihrer Worte. Ein großer Theil der Insubordination kann auf Rechnung der Trunkenheit gebracht werden; die schlechte Haltung nur zu vieler Bataillone hat aber auch andere Ursachen. Gleich die erste Organisation der Nationalgarde war schlecht entworfen und schlecht ausgeführt, und als die Listen aufgestellt und die Bataillone formirt waren, erschien Tag für Tag eine neue Reihe von so verworrenen, unklaren und einander widersprechenden Befehlen, daß die Offiziere, welche selbst nicht klug daraus werden konnten, jeden Versuch, dieselben durchzusetzen, aufgaben."

Das Projekt, aus diesen Bürgersoldaten Marschbataillone zu bilden, indem man jedes sedentaire Bataillon nöthigt, 150 Mann zu stellen, hat keinen sonderlichen Erfolg gehabt. Die Marschbataillone sind allerdings gebildet worden, haben aber noch kein Treffen gehabt, und Militärs sind der Meinung, daß es im Interesse der französischen Waffenehre räthlich sei, diese Bataillone bei den Gefechten, welche künftig stattfinden können, in Reserve zu behalten. General Clement Thomas hat eine Reihe von Generalbefehlen erlassen, aus welchen hervorgeht, daß man in diesen Bataillonen das System der Ersatzmannschaft in großem Maßstabe angewendet hat. Die Schuld liegt jedoch an der Regierung. Als diese Bataillone gebildet wurden, sollten die Classen unverheiratheter und verheiratheter Männer zwischen 25 und 35 und zwischen 35 und 45 Jahren blos für den Fall einberufen werden, daß die Zahl der Freiwilligen nicht genügend wäre. Natürlich lag es nun im Interesse der diesen Kategorien angehörigen Leute, den Eintritt von Freiwilligen zu befördern, was in großartigem

Maßstabe geschah. Wenn die Regierung Leute brauchte, so hätte sie alle Männer zwischen 25 und 35 einberufen und keine Ausnahme gestatten sollen. In Bezug auf alle Operationen jenseits der Umwallung besteht General Trochu's Streitmacht blos aus der Linie und der Mobilgarde. Von den Parisern kann er weiter nichts erwarten, als „moralische Unterstützung".

9. December.

Nichts Neues. Wenn die Regierung Nachrichten von Außen erhält, so hält sie dieselben doch sorgfältig geheim. Ein Bauer, erzählen die Journale, hat sich durch die preußischen Linien geschlichen und die Meldung gebracht, daß die Loire-Armee und die Bourbaki's dicht vor Fontainebleau stehen. Man spricht immer noch vom Widerstand bis auf's Aeußerste und für den Augenblick scheint Jeder vergessen zu haben, daß in wenigen Wochen unsere Vorräthe aufgezehrt sein werden. Wenn wir nicht eher unterhandeln, als bis wir unsere letzte Brodrinde gegessen haben, so kommt die Hungersnoth nach der Capitulation, denn da die Eisenbahnen und Landstraßen ruinirt sind und die Umgegend verwüstet ist, so müssen wenigstens vierzehn Tage vergehen, ehe genügende Vorräthe in die Stadt gebracht werden können.

Die preußischen Offiziere, welche, wie das „Journal Officiel" sagt, in einem Café insultirt wurden, sind ausgewechselt worden. Ein Freund von mir, ein ehemaliger französischer Diplomat, war bei jenem Auftritt zugegen und sagt mir, daß die Offiziere, lauter junge Leute, sich, gelind gesagt, sehr indiscret benahmen. Anstatt ruhig ihr Diner zu sich zu nehmen, führten sie eine laute Conversation, die ganz geeignet war, die Franzosen, welche dieselbe mit anhörten, zu beleidigen und zu reizen.

15. December.

Immer noch keine Nachricht von der Außenwelt. Ich hoffe, daß der Astronom Jansen, der kürzlich in einem Ballon abreiste, um die Sonnenfinsterniß zu sehen, in seinen Bemühungen, zu entdecken, was in diesem Gestirn vorgeht, glücklicher sein wird, als wir in den unsrigen sind, zu erfahren, was innerhalb 20 Meilen von uns passirt. Man hat den Bauer ausfindig zu machen gesucht, welcher meldete, er habe eine französische Armee in Corbeil gesehen, aber dieser interessante Landwirth ist wieder verschwunden. Leute, welche draußen, bei den Vorposten gewesen sind, sagen, sie hätten, wenn sie sich mit dem Ohre auf der Erdboden gelegt, Kanonendonner in der Richtung von Fontainebleau gehört, es glaubt ihnen aber Niemand. Vier französische Offiziere, welche am 12. dieses Monats bei Orleans gefangen genommen wurden, sind zum Austausch für die preußischen Offiziere, die man in einem Café insultirt, hereingeschickt worden; sie sind aber so dumm, daß es unmöglich gewesen ist, von ihnen etwas weiter zu erfahren, als daß, während sie gefangen wurden, ihre Division im Gefecht war.

Ein gewisser Grad von Erstarrung und Apathie hat sich der Stadt bemächtigt. Selbst die Clubs sind verödet. Auf den Straßen sieht man keine plaudernden Gruppen. Niemand schreit nach einem Ausfall und Niemand tadelt oder lobt Trochu. Die Journale verkünden immer noch jeden Morgen, daß der Sieg nicht mehr fern sei, aber dies zieht nicht mehr. Der Glaube, daß die schlimmen Tage nun rasch heranrücken, gewinnt immer mehr Boden und wer in der Lage ist, den wirklichen Stand der Dinge genauer zu kennen hat eine noch hoffnungslosere Ansicht davon als die Massen. Das Programm der Regierung scheint zu sein, in einigen Tagen einen neuen Ausfall zu machen und sich hierauf unter die Forts zurückzuziehen, dann auszuhalten, bis die Vorräthe aufgezehrt sind und schließlich nach einem letzten Ausfall zu capituliren.

Trochu befindet sich ganz in den Händen Ducrot's, der mit den unternehmendsten Officieren darauf besteht, die militärische Ehre der französischen Waffen verlange, daß noch weiter gekämpft werde, selbst wenn der Erfolg nicht blos unwahrscheinlich, sondern sogar unmöglich sein sollte. Neulich begann in einem Kriegsrathe Trochu von den Armeen der Provinzen zu sprechen. „Ich frage nichts nach Ihren Provinz-Armeen", entgegnete Ducrot. Der arme Trochu muß, wie so viele schwache Menschen, sich immer auf Jemanden

verlassen. Erst waren es die Neutralen, dann waren es die
Armeen der Provinzen und jetzt ist es Ducrot. Was seinen
famosen Plan betrifft, so ist dieser gänzlich durchgefallen.
Er basirte, wie ich höre, auf gewissen unmöglichen Manö=
vres nördlich von der Marne. Die Mitglieder der Regierung
für die Nationalvertheidigung befassen sich nur wenig mit
der Leitung der Staatsangelegenheiten. Picard erklärt sich
unverhohlen für sofortige Unterhandlungen. Jules Favre
ist sehr niedergeschlagen; er wünscht ebenfalls zu unterhandeln,
kann sich aber immer noch nicht überwinden, in eine Gebiets=
abtretung zu willigen. Ein anderes Regierungsmitglied sprach
gestern mit einem Freunde von mir. Er schien zu fürchten,
daß wenn die Einwohner erfahren, daß der Lebensmittelvor=
rath zu Ende geht, Tumulte entstehen werden. Die Re=
gierung wagt nicht die Wahrheit zu sagen. Mehrere andere
Regierungsmitglieder haben, wie ich höre, die Absicht, näch=
stens in Ballons abzureisen und Trochu ist dann als militärischer Gouverneur von Paris auf sich selbst angewiesen.
Er sagt selbst, er werde niemals eine Capitulation unter=
zeichnen und man glaubt, wenn keine Lebensmittel mehr
vorhanden sind, so werde man die Preußen ohne Widerstand
und ohne daß vorher Bedingungen festgestellt worden wären,
einrücken lassen. Die Pariser kämpfen jetzt um ihr Uebergewicht über die Provinzen und scheinen zu glauben, wenn
sie nur aushalten, bis der Hunger sie zwingt, sich zu ergeben,
so werde dann diese Oberherrschaft später nicht mehr streitig
gemacht werden.

In Bezug auf den eigentlichen Umfang der jetzt in
Paris noch vorhandenen Proviantvorräthe ist es mir un=
möglich, genaue Angaben zu machen und wenn ich es auch
könnte, so wäre es nicht recht von mir, wenn ich es thäte.
Soviel kann ich indessen sagen, daß es nach meiner Ansicht
nicht möglich sein wird, den Widerstand bis über die erste
Woche des Januar hinaus zu verlängern.

Vorigen Sonntag hatten wir schon einen Anfang von
Brodunruhen. Gegen ein Uhr schlossen sämmtliche Bäcker
in den äußeren Vorstädten ihre Läden. Sie waren vom Pu=
blikum bestürmt worden, weil am Morgen ein Decret erlassen
worden war, welches den Verkauf von Mehl verbot und
sämmtliche Vorräthe von Zwieback requirirte. Die Regie=

rung ließ sogleich eine Erklärung anschlagen, das Brod werde
nicht requirirt werden und es sei auch noch kein Mangel an
Mehl und Getreide vorhanden, nur müsse man sich einige
Tage einschränken; bis eine Anzahl neuer Dampfmühlen in
Betrieb gesetzt sei. Die „Verité", ein in der Regel gut
unterrichtetes Blatt, sagt, seit einigen Tagen seien die von
Clement Duvernois eingebrachten Mehlvorräthe erschöpft und
wir lebten jetzt von dem Getreide und Mehl, welches im
letzten Augenblick aus den benachbarten Departements her-
beigeholt worden. Ueber unsere Hülfsquellen wird dabei
folgende Berechnung aufgestellt: Mehl reicht noch drei Wochen, Getreide 3 Monate, Salzfleisch 14 Tage, Pferdefleisch
2 Monate. Alle diese Berechnungen leiden jedoch an dem
Fehler, daß sie nicht die Thatsache in Anschlag bringen, daß
sobald Brod und Getreide die einzigen Ernährungsmittel
werden, dann davon weit mehr gegessen wird. Die Franzosen, besonders die ärmeren Classen, können mit weit weniger Nahrung existiren als die Engländer, dennoch aber ist die
Aussicht für einen Jeden, der mit gutem Appetit gesegnet
ist, keineswegs beruhigend.

In der Rue Blanche giebt es einen Fleischer, welcher
Hunde, Katzen und Ratten verkauft. Er hat viel Kunden,
es ist aber amüsant, zu sehen, wie sie sich verstohlen in
seinen Laden schleichen, nachdem sie sich sorgfältig umgeschaut,
um sich zu überzeugen, daß Niemand von ihren Bekannten
in der Nähe ist. Gegen die Ratten hegt man jetzt ein Vor-
urtheil, weil die Aerzte sagen, ihr Fleisch sei voll Trichinen.
Wenn ich Hund, den Freund des Menschen, esse, so kann
ich mich eines gewissen Schuldbewußtseins nicht erwehren.
Kürzlich aß ich ein Stück Wachtelhundbraten. Er war keineswegs schlecht und schmeckte beinahe wie Lamm, ich gestehe
aber, daß ich mir vorkam wie ein Cannibale. Gutschmecker
sagen mir, Pudel sei am besten und empfehlen mir, Bull-
dogge zu vermeiden, weil dieser grob und unschmackhaft sei.
Ich glaube wirklich, die Hunde haben eine Methode, sich mit-
einander zu verständigen und haben entdeckt, daß ihre alten
Freunde ihnen nach dem Leben trachten, um sie zu verzehren.
Der elendeste Gassenköter knurrt, wenn man ihn nur an-
sieht. Der „Figaro" erzählt, ein Mann sei eine halbe Stunde
weit von einer Meute Hunde verfolgt worden, welche wüthend

hinter ihm hergebellt hätten. Anfangs konnte er sich nicht erklären, welchem Umstande er diese Aufmerksamkeit verdankte, bis ihm einfiel, daß er eine Ratte zum Frühstück verzehrt hatte. Der Freund eines anderen Journalisten hatte einen Hund verzehrt, welcher „Fuchs" hieß und sagt, so oft Jemand „Fuchs" riefe, fühle er einen unwiderstehlichen Impuls, der ihn nöthige aufzuspringen. Da jede Weihnachten eine Anzahl Bücher erscheinen, welche ebenso wunderbare als abgedroschene Hundegeschichten enthalten, so mache ich die Verfasser solcher Bücher auf diese beiden wahren Geschichten aufmerksam. Sie werden von Pariser Journalisten verbürgt und eine bessere Garantie kann man nicht verlangen.

Wir erörtern schon, wer nach Deutschland geschickt werden wird. Wir glauben, daß die Armeen und die Mobilen und vielleicht die Offiziere der Nationalgarde die Reise zu machen haben werden. Vor allen Dingen hoffe ich, daß die Preußen sämmtliche Pariser Journalisten mit über den Rhein nehmen und so lange drüben behalten, bis dieselben im Stande sind, ein leichtes Examen in der Literatur, der Politik, der Geographie und der Gesetzgebung Deutschlands zu bestehen. Einige Reisen im Auslande würden diesen blinden Führern der Blinden ungemein nützlich sein und nach ihrer Rückkehr würden sie vielleicht der Täuschung entsagt haben, daß die Civilisation nicht weiter reiche als die Grenzen Frankreichs.

Wie Picard den finanziellen Ansprüchen seiner Collegen genügt, ist mir ein Räthsel. Die Kosten der Belagerung belaufen sich an baarem Geld auf 500 Millionen Francs. Um den täglichen Anforderungen an die Staatskasse zu entsprechen, ist übrigens keine öffentliche Anleihe abgeschlossen und ebenso wenig eine außerordentliche Steuer ausgeschrieben worden. Die monatlichen Termine, welche auf die September-Anleihe bezahlt worden, können sich zusammengenommen nicht sehr hoch belaufen und folglich kann der größere Theil dieser ungeheuren Summe nur durch eine Anleihe bei der Bank und durch Schatzkammerscheine erlangt worden sein. Wie das Verhältniß zwischen der Bankanleihe und den circulirenden Schatzkammerscheinen ist, habe ich nicht ermitteln können. Picard seufzt wie alle Finanzminister täglich über die Kosten der verlängerten Belagerung und es scheint allerdings eine sehr zweifelhafte Frage, ob Frankreich von Paris wirklich einen Nutzen hat, wenn es diese Kosten auch nur noch einen Monat tragen soll.

Die militärischen Angelegenheiten stehen immer noch auf demselben Punkte. Die Armee campirt im Walde von Vincennes. Die Forts feuern dann und wann. Die Preußen scheinen der Meinung zu sein, daß unser nächster Ausfall in der Ebene von Genevilliers erfolgen werde, denn sie arbeiten angestrengt an ihren Befestigungen längs ihrer Linie zwischen St. Denis und St. Cloud. Unsere Ingenieuroffiziere sagen, die Preußen hätten drei Cernirungslinien. Die erste sei verhältnißmäßig schwach, die zweite bestehe aus strategischen Linien, mittelst deren eine Streitmacht von 40,000 Mann innerhalb zweier Stunden auf jeden beliebigen Punkt gebracht werden könne, und die dritte werde durch Redouten gebildet, um die feindliche Artillerie im Schach zu halten. Eine große Stadt zu cerniren, sagen unsere Offiziere, ist keine so schwierige Aufgabe, wie es auf den ersten Anblick scheint. Die Artillerie kann sich nur auf gebahnten Straßen bewegen und es ist folglich weiter nichts nothwendig, als die Landstraßen gut zu besetzen.

General Blanchard ist seines Commandos enthoben worden und soll bei der dritten Armee unter Vinoy verwendet werden. Sein Streit mit Ducrot hatte seinen Grund in einer Bemerkung, welche Letzterer hinsichtlich der Offiziere machte, die nach einer Schlacht nicht bei ihren Leuten blieben, und da Blanchard am Tage vorher in Paris gewesen war, so bezog er diesen allgemeinen Tadel auf sich selbst. Es kam zwischen den beiden Kriegern zu einigen sehr starken Persönlichkeiten und man fand es deshalb räthlich, sie für die Zukunft möglichst auseinander zu halten.

Auch General Favé, der die Redoute bei Joinville commandirte, welche in dem zweiten Kampfe bei Villiers das Vorrücken der Preußen aufhielt, hat einen Wortwechsel gehabt. Er weigerte sich nämlich, einem ihm zugesandten Befehle, den er für geradezu abgeschmackt und widersinnig erklärte, zu gehorchen und sagte, er sei seinem Gewissen verantwortlich.

Der Mangel an Disziplin ist von Anfang des Krieges an der Fluch der französischen Armee gewesen und wird dies auch bleiben bis an's Ende. Es sind während der Belagerung wohl einzelne Züge von Heroismus vorgekommen, die bewaffnete Macht ist aber wenig besser gewesen als ein Pöbelhaufen und Trochu hat nicht den moralischen Muth gehabt, seinen Willen seinen Generalen aufzuzwingen. Ducrot sagt, er sei entschlossen, die Marschbataillone der Nationalgarde beim nächsten Ausfall ins Feuer zu führen, ob ihm dies aber auch gelingen wird, muß sich erst zeigen.

Ich glaube nicht, daß Graf Bismarck's Meinung, welcher zufolge die Pariser auf viele Jahre hinaus an nichts anders denken werden als Rache zu nehmen, richtig ist. Der Pariser Bourgeois will vor allen Dingen Geld verdienen. So lange als der Krieg weiter nichts bedeutete als eine militärische Promenade der Armee den Rhein entlang und einen siegreichen Wiedereinzug in Paris, war er durchaus nicht dagegen, denn er meinte, ein französischer Sieg gereiche auch ihm zum Ruhme und stempele ihn in den Augen der Welt zum Helden. Jetzt jedoch, wo er entdeckt, daß das Bild auch eine Kehrseite hat und daß er selbst dadurch zu Grunde gehen kann, wird er sich wohl bedenken, ehe er sich auf diese Weise zum zweiten Male riskirt.

Sollten die Unfälle Frankreichs die Emancipation der Provinzen von der Herrschaft von Paris zur Folge haben, so werden sie der Nation zur wirklichen Wohlthat gereichen. Wenn die acht und dreißig Millionen Franzosen außerhalb Paris solche Narren sind, daß sie sich von zwei Millionen liebenswürdigen, aber unwissenden Prahlhänsen beherrschen lassen, so verdient Frankreich nichts Besseres, als daß es aufhört, eine Macht in Europa zu sein. Paris muß, wenn Frankreich sich wieder aufraffen soll, aufhören, die politische Hauptstadt zu sein und die Pariser dürfen an der Gestaltung der künftigen Politik keinen größern Antheil haben, als zu welchem sie numerisch berechtigt sind.

Dreizehntes Capitel.

18. December

Man liest von Gefangenen, welche sich die langen Stunden der Gefangenschaft dadurch zu verkürzen suchten, daß sie Spinnen bei Fertigung ihres Gewebes beobachteten. Ich kann mir dies recht gut denken. In der langweiligen Monotonie dieser langweiligsten aller Belagerungen wäre eine Spinne ein Ereigniß. Leider aber ist eine Spinne draußen und wir sind die Fliege, die sich in dem Gewebe gefangen hat. Der Tag scheint jetzt noch einmal soviel Stunden zu haben als sonst. Schon seit vielen Wochen ziehe ich meine Uhr nicht mehr auf, denn ob es zehn Uhr Vormittags oder zwei Uhr Nachmittags ist, das ist mir ganz gleich. Fast Niemand rasirt sich mehr, denn man sagt, ein Rasirmesser so nahe an der Kehle sei eine große Verlockung.

Manche haben geheirathet, um sich dem activen Waffendienst zu entziehen, oder um einen Zeitvertreib zu haben. Ein häßliches altes Weib, welches große Aehnlichkeit mit einer von Macbeth's Hexen hat, macht mir das Bett und schon stieg zuweilen in mir der furchtbare Gedanke auf, daß ich früher oder später diese alte Frau noch würde heirathen. Es fiel mir daher kein kleiner Stein vom Herzen, als ich neulich hörte, daß sie schon einen Mann und mehrere Kinder hat.

Meine Tagesordnung ist folgende: Früh kommt der Hausknecht, um mich zu wecken. Er meldet mir die Zahl der Todesfälle, die während der Nacht im Hotel stattgefunden haben. Wenn es viele sind, so freut er sich darüber, denn er glaubt, das Renommé des Etablissements könne dadurch nur gewinnen. Dann macht er seinem Herzen dadurch Luft, daß er mit der Faust eine drohende Bewegung in der Richtung von Versailles macht und „Canaille de Bismarck!" murmelt. Ich stehe auf. Ich bekomme mein Frühstück — Pferdefleisch und Kaffee mit Milch, welche letztere aus Kreide und Wasser besteht. Dann laufe ich ein Dutzend Zeitungen und nachdem ich sie gelesen, entdecke ich, daß sie nichts Neues enthalten. Auf diese Weise kommt elf Uhr heran. Freunde besuchen mich oder ich gehe aus und besuche Freunde. Wir discutiren, wie lange es wohl noch dauern werde; sind die Freunde Franzosen, so kommen wir dahin überein, daß wir erhaben sind. Um ein Uhr gehe ich nach der Gürteleisenbahn und fahre nach einem oder dem andern der Stadtthore. Nach einem kleinen freundschaftlichen Wortwechsel mit den diensthabenden Nationalgardisten läßt man mich passiren. Ich schlendere ein paar Stunden an den Vorposten hin und her, versuche mit einem Glase, Preußen zu erspähen, sehe Bomben platzen, krieche an den Laufgräben hin und wate im Schmutz bis an die Knie durch die Felder. Die französischen Soldaten kochen ihre Mahlzeit und wollen gern etwas Neues wissen. Selbst zu erzählen wissen sie ihrerseits in der Regel weiter nichts als eine Episode, die bei irgend einem combat d'avant poste vorgekommen und immer dieselbe ist. Um fünf Uhr komme ich wieder nach Hause, spreche mit den Aerzten über interessante chirurgische Operationen und gehe dann zu irgend einem mir bekannten Officianten, um zu hören, was vorgeht. Anfänglich ist er gewöhnlich sehr zurückhaltend, dann wird er mittheilsam, zuletzt geschwätzig und schimpft auf Alle, außer auf sich selbst. Um sieben Uhr dinire ich in einem Restaurant. Die Conversation ist allgemein, fast Jeder in Uniform. Immer noch das alte Thema — Wie lange wird es noch dauern? Warum schreibt Gambetta nicht deutlicher? Wie erhaben sind wir und was für Narren alle Nichtpariser. Die Nahrungsmittel sind knapp, aber eigenthümlich. Bei Boisin war der Speisezettel heute: Esel, Pferd und englischer Wolf aus dem zoologischen Garten. Ein Schotte versicherte, dieser angebliche englische Wolf sei eigentlich schottischer Fuchs und sprach demselben aus Patriotismus tüchtig zu. Ich versuchte es auch, fand dieses Gericht aber ganz abscheulich und kehrte deshalb zu dem geduldigen Esel zurück. Nach dem Diner schlendere ich auf den mit Petroleum trüb beleuchteten Boulevards herum, gehe nach Hause und lese ein Buch. Um zwölf Uhr zu Bett. In dem Zimmer über mir werden Särge zugenagelt und diese angenehme Musik lullt mich in Schlaf. So geht es Tag für Tag seit drei Monaten. O, wie seufze ich nach einer Revolution, einem Bombardement oder sonst etwas, was uns in Aufregung setzen würde.

Ich lege hier Gambetta's letzte Brieftaubendepesche bei. Sein Styl ist so hochtrabend und unklar, daß wir gar nicht daraus klug werden. Eben so wenig wissen wir, was aus Aurelles de Palardine oder der Armee Kératry's geworden ist. Die Optimisten sagen, Bourbaki und Chanzy hätten Friedrich Carl umzingelt, die Pessimisten dagegen meinen, Friedrich Carl habe sich zwischen die beiden geschoben. Einige der Journale verlangen, daß Trochu einen neuen Ausfall mache, damit dem Prinzen Friedrich Carl keine Verstärkungen zugesandt werden können, andere sehen darin blos ein nutzloses Opfer von Menschenleben.

General Clement Thomas, der neue Commandant der Nationalgarde, scheint der rechte Mann am rechten Orte zu sein. Er giebt sich viel Mühe, diese Bürger in Soldaten zu verwandeln und läßt nicht mit sich spaßen. Es vergeht fast kein Tag, ohne daß irgend ein patriotischer Capitän wegen Trunkenheit oder Ungehorsam vor dem Kriegsgericht stünde. Wenn ein Bataillon sich schlecht beträgt, so wird es in dem Tagesbefehl sofort an den Pranger gestellt. Die Journale wollen das aber nicht dulden. Sie sagen, Clement Thomas vergesse, daß die Nationalgardisten seine Kinder seien und daß schmutzige Wäsche nicht vor den Augen des Publikums gewaschen werden dürfe. „Wenn dies so fortgeht", sagen sie, „so wird die Nachwelt sagen, wir seien wenig besser als ein betrunkener Pöbelhaufen ohne Mannszucht gewesen." Ich fürchte nur, daß Clement Thomas nicht Zeit haben wird, seine Reformen in Ausführung zu bringen. Hätten dieselben früher beginnen können, so würde Paris allerdings jetzt höchstwahrscheinlich 100,000 Mann gute Truppen auf den Füßen haben.

Mr. Herbert sagt mir, es seien jetzt über 1000 Personen auf den englischen Fond angewiesen und alle Wochen melbeten sich gegen 30 neue Unterstützungsbedürftige. Jeden

Tag kommen unbekannte mysteriöse Engländer aus Winkeln und Löchern hervor. Mr. Herbert glaubt, es müsse deren wenigstens 3000 in Paris geben, die alle mittellos sind. Die französische Regierung verkaufte ihm kürzlich 30,000 Pfund Reis und damit so wie mit seinem Vorrath an Chocolade und Fleischextract reicht er noch ungefähr drei Wochen. Selbst wenn noch Geld da wäre, würde es doch zweifelhaft sein, ob man dafür etwas anderes als Brod oder auch nur dieses kaufen könnte.

Es ist mir unbegreiflich, daß wir seit Jahren außer einer Gesandtschaft auch einen Consul hier gehabt haben und daß man ihm gerade in dem Augenblick, wo seine Dienste am nothwendigsten sind, Urlaub zu einer Badereise gegeben hat. Heinrich Heine sagt von seinen Landsleuten: „Sie sind dumm geboren und die bureaukratische Erziehung macht sie schlecht." Wäre er, anstatt ein Preuße, ein Engländer gewesen, so würde er mit einem noch höheren Grade von Wahrheit dasselbe von gewissen Personen gesagt haben, welche ich um keinen Preis nennen mag, die aber nicht 100 Meilen weit von London entfernt wohnen.

21. December.

Wenn die Fenier in den Vereinigten Staaten einen Einfall in Canada beabsichtigen, so sorgen sie gewöhnlich dafür, daß ihre Absichten vorher bekannt werden. Wir machen es mit unseren Ausfällen fast eben so. Wenn die Preußen nicht wissen, wann wir angreifen wollen, so können sie wenigstens nicht sagen, daß dies unsere Schuld sei. Das „Après vous, Messieurs les Anglais," bildet immer noch die ritterliche, aber etwas naive Taktik der Gallier. Am Sonntag ward der Anfang der militärischen Operationen damit gemacht, daß Niemand die Stadtthore passiren durfte, der nicht mit einem Paß versehen war. Am Montag fand ein großer Kriegsrath von Generalen und Admiralen statt. Gestern und die ganze vergangene Nacht wirbelten die Trommeln, schmetterten die Trompeten und marschirten Truppen durch die Straßen. Die Marschbataillone der Nationalgarde in ihren nagelneuen Uniformen wurden mit lautem Jubel begrüßt, den sie durch das Singen eines Liedes

beantworteten, dessen Refrain: „Vive la guerre, piff—
paff!" lautet und welches die Marseillaise verdrängt hat.
Da die Ambulanzen Befehl erhalten hatten, sich um sechs
Uhr Morgens zum Aufbruch bereit zu halten, so setzte ich
voraus, daß die Affaire sehr früh losgehen werde, und be-
stellte, daß man mich halb sechs Uhr wecke. Man weckte
mich und ich stand auch auf, aber — so ist es mit edeln
Entschlüssen! — ich legte mich wieder nieder und überließ
mich nochmals dem Schlafe, welchen der Besitz eines guten
Gewissens und einer noch bessern Verdauung giebt, bis es
Neun schlug.

Erst nach elf Uhr sah ich mich daher außerhalb des
Thores La Villette und ging, wie Grouchy bei Waterloo
hätte thun sollen, in der Richtung des Kanonendonners
weiter. Von dem Thore geht eine gerade Straße nach Le
Bourget; rechts liegt das Fort Aubervilliers, links St.
Denis. Zwischen dem Fort und dem Thor hielten mehrere
hundert Ambulanzwagen und über tausend brancardiers oder
Bahrtträger, die mit den Füßen stampften und sich in die
Finger bliesen, um sich warm zu erhalten. Auf den Feldern
zu beiden Seiten der Straße standen zahlreiche Regimenter
Mobilgarde bereit, da nöthig, vorzurücken. Le Bourget war,
wie es allgemein hieß, am Morgen genommen worden, unsere
Artillerie war voran und wir warfen Alles vor uns nieder;
demgemäß ging ich weiter auf Bourget zu. Ungefähr eine
Viertelmeile von Bourget kommt man an einen Kreuzweg,
der über Courneuve nach St. Denis führt. Hier fand ich
die Barrikade, welche unseren am weitesten vorgeschobenen
Posten gebildet, beseitigt. Le Bourget schien in Flammen
zu stehen. Die preußischen Batterien bombardirten es und,
so viel ich ermitteln konnte, thaten unsere Forts dasselbe.
Unsere Artillerie stand auf einer kleinen Anhöhe rechts von
Bourget vor Drancy und auf den Feldern zwischen Drancy
und dieser Anhöhe waren bedeutende Truppenmassen als
Reserve aufgestellt. Mehrere Offiziere versicherten mir, Le
Bourget sei noch in unserem Besitz und wenn ich Lust hätte,
hinzugehen, so stünde mir nichts im Wege. Ich gestehe, daß
ich nicht zu Denen gehöre, welche einen unwiderstehlichen
Drang fühlen, sich mitten in eine Schlacht hineinzustürzen.
Sich, blos um seine Neugier zu befriedigen, der Gefahr

auszusetzen, von einer Bombe getroffen zu werden, ist nach meiner Ansicht die größte Thorheit und ich beschloß daher, meinen Besuch dieses interessanten Dorfes zu verschieben, bis die Frage, ob es den Galliern oder den Teutonen gehören solle, definitiv entschieden wäre. Deshalb bog ich links ab und ging nach St. Denis.

Hier wimmelten alle Straßen von Menschen und jeder wollte etwas Neues wissen. Die Forts ringsumher unterhielten ein furchtbares Feuer. Auf dem Platz vor der Kathedrale war ein großer Haufen Männer, Frauen und Kinder versammelt. Die Seeleute, welche hier in großer Anzahl einquartirt sind, sagten, sie hätten Le Bourget am frühen Morgen genommen, sich aber dann mit Verlust von ungefähr einem Drittel ihrer Zahl wieder zurückziehen müssen. Viele trugen Beile an der Seite und sie greifen eine Position ziemlich auf dieselbe Weise an, als ob sie ein Schiff enterten.

Von dem, was wirklich verging, schien man wenig zu wissen. „In einer Stunde sind die Preußen hier," schrie Einer. „Das ist nicht wahr!" rief ein Anderer; „sie werden vertilgt bis auf den letzten Mann." — „Was ist das?" rief die Menge, als Monseigneur Bauer, der Bischof in partibus infidelium, mit seinem Stabe geritten kam. Er hielt zwei Finger empor und drehte die Hand rechts und links. Sein priesterlicher Segen war jedoch nur ein halber Erfolg. Die Frauen bekreuzten sich und die Männer murmelten: „Komödiant!"

Der jetzt wüthende Krieg hat manche seltsame Dinge erzeugt, keins aber kommt meiner Ansicht nach diesem Bischof gleich. Sein Hauptzweck ist, zu sehen und gesehen zu werden, und in der Regel erreicht er denselben auch. Er ist ein kurzer, dicker Mann und trägt einen Priesterrock, ein Paar Reiterstiefel mit großen Sporen und einen Hut, wie man dergleichen nur auf dem Theater sieht. Auf seiner Brust trägt er einen großen Stern, um den Hals eine goldene Kette mit einem großen goldenen Stern und an den Fingern, über den Handschuhen, prachtvolle Ringe. Das Geschirr seines Pferdes ist dicht mit Genfer Kreuzen besäet. Neben ihm reitet ein Fahnenträger, der eine hohe Fahne mit einem rothen Kreuz trägt. Acht Adjutanten in einer

Art Phantasieuniform mit Purpur und Gold folgen ihm und zwei Reitknechte in Stulpenstiefeln schließen den Zug, der große Aehnlichkeit mit einer Gesellschaft Kunstreiter hat. Der Bischof spielt den Gönner von Generalen und Admiralen, Aerzten und Commissariatsbeamten und sie suchen seine Gunst. Halb Priester, halb Charlatan, etwas von einem Bruder Tuck und etwas von einem Abbé unter Ludwig XV. ist er eine Art privilegirte Persönlichkeit, welche nur durch ihre Unverschämtheit sich in der Welt vorwärts gebracht hat. Die meisten englischen Mädchen im Backfischalter verlieben sich in einen jungen Prediger und einen Cavallerieoffizier. Monseigneur Bauer, welcher den salbungsvollen Prediger und den flotten Dragoner in sich vereinigt, wird in Paris vom schönen Geschlecht geradezu angebetet. Er versteht seine Conversation Jedem, wer er auch sein möge, anzupassen und ich würde mich nicht wundern, wenn er es noch zum Cardinal brächte.

Die Ankunft des Dr. Ricord war das nächste Ereigniß. Er saß in einem Korbwagen, mit zwei Ponies bespannt, die nicht viel größer waren als Ratten. Eine gegen zwölf Fuß hohe Stange mit der Flagge des Genfer Kreuzes war neben ihm befestigt und schlug fortwährend an die längs der Straße hinlaufenden Telegraphendrähte an. Der berühmte Chirurg trug einen langen bis an's Kinn herauf zugeknöpften und bis auf die Füße herunter reichenden Rock und auf dem Kopf ein Käppi, welches viel zu groß für ihn war.

Nachdem ich den Bischof und den Doctor mit ehrerbietiger Bewunderung beaugenscheinigt und etwas Brod und Wein aufzutreiben gesucht, glaubte ich, es sei nun Zeit, zu sehen, was draußen vorginge. Als ich aus St. Denis herauskam, schien Alles ruhig zu sein bis auf die Kanonen der Forts. Ich war jedoch in der Richtung von Le Bourget, welches noch brannte, nicht weit gekommen, als ein nach St. Denis marschirendes Regiment mir den Weg versperrte. Einige der Offiziere sagten mir, das Dorf sei von den Preußen wieder genommen worden. Die Artillerie, welche ich vorher auf der Höhe vor Drancy gesehen, war verschwunden.

In einem Gehöfte nahe bei Drancy sah ich Ducrot und seinen Stab. Der General hatte seine Kapuze über den Kopf gezogen und sowohl er als sein Adjutant sahen so finster aus, daß ich es gerathen fand, ihm zu den Operationen dieses Tages nicht Glück zu wünschen. In und hinter Drancy standen eine große Anzahl Truppen, die, wie ich hörte, während der Nacht hier campiren sollten. Niemand schien genau zu wissen, was geschehen war. Die Offiziere und Soldaten waren nicht bei guter Laune. Bei meiner Rückkehr nach Paris fand ich folgende Proclamation der Regierung an den Ecken angeschlagen: „Zwei Uhr Nachmittags. Der Angriff begann diesen Morgen durch einen großen Ausfall vom Mont Valerien nach Nogent. Der Kampf hat mit günstigen Aussichten für uns begonnen und dauert in derselben Weise überall fort. — Schmitz."

Die Leute auf den Boulevards scheinen zu glauben, es sei ein großer Sieg gewonnen worden. Wenn man sie fragt: „wo?" so antworten sie: „überall". Ich kann blos das verbürgen, was in Le Bourget geschehen ist. Vinoy hat, wie ich höre, Nogent nördlich von der Marne besetzt; der Widerstand, den er hier gefunden, kann jedoch nicht sehr groß gewesen sein, denn es sind nur sieben Verwundete in mein Hotel und nur einer in die amerikanische Ambulanz eingebracht worden. General Trochu machte heute Morgen bekannt, daß 100 Bataillone Nationalgarde außerhalb der Mauern stehen, und ich bin neugierig, zu hören, wie sie sich im Feuer halten. Ihr General Clement Thomas thut sein Möglichstes, ich fürchte aber, es ist zu spät.

Offiziere, die in Folge ihrer Stellung gut unterrichtet sind, versichern mir, daß kein wirklich ernsthafter Ausfall gemacht worden, sondern daß nach einem Scheingefecht, wie das am gestrigen Tage, die Truppen ganz ruhig nach Paris zurückkehren werden. General Trochu's Zweck, sagen sie, ist, die Pariser hinzuhalten und die Nationalgarde einmal in ein ganz gelindes Feuer zu bringen, damit dann der Heroismus, mit dem sie so oft geprahlt, außer Zweifel stehe. Ich glaube jedoch nicht, daß wirklich kein Versuch gemacht werden sollte, eine Schlacht zu liefern. Die Truppen stehen jetzt in großen Massen von St. Denis bis zur Marne. Innerhalb zwei Stunden können sie alle nach irgend einem Punkt längst dieser Linie gebracht werden und ich glaube deshalb, daß morgen oder übermorgen in der Richtung des Waldes von Bondy etwas geschehen wird.

Trochu ist blos darauf bedacht, sich bei der National=
garde beliebt zu machen, und schreibt ihr daher einen Muth
zu, von welchem sie bis jetzt noch keinen Beweis gegeben
hat. Dies schadet ihm bei der Linie und den Mobilen,
welche natürlich sehr unzufrieden damit sind, daß sie die
ganze Arbeit verrichten müssen, während die Andern das
Lob davon tragen. In der verzweifelten Lage, in welcher
Paris sich befindet, ist etwas mehr nöthig als ein Mann,
der wegen seiner persönlichen Tugenden und seiner literarischen Leistungen geschätzt wird. Trochu hat, wie man
häufig erwähnen hört, seine Equipage abgeschafft, um seine
Neffen zu adoptiren. Richard III. ließ dagegen die seinigen
ermorden; dies sind aber häusliche Fragen und es folgt
daraus nicht, daß Richard III. kein besserer Vertheidiger von
Paris gewesen wäre, als Trochu.

Um mir eine Meinung in Bezug auf die Lage der
ärmeren Klassen zu bilden, besuchte ich gestern einige der
Hintergassen in der Nachbarschaft des Boulevard de Clichy.
Das Elend ist hier fürchterlich. Halbverhungerte Weiber
und Kinder saßen vor ihren Thüren in Kleidern, die kaum
die Blöße bedeckten. Sie sagten, da sie weder Holz noch
Kohlen hätten, so säßen sie im Freien wärmer als in ihren
Wohnungen. Viele der Nationalgardisten vertrinken ihre
Löhnung, anstatt sie ihren Familien zu bringen, und es giebt
viele blos aus Frauen und Kindern bestehende Familien,
die man in diesem Lande der Bureaukratie darben läßt,
weil man in Zweifel ist, welcher Kategorie sie angehören.
Der Bürger Mottu, der ultrademokratische Maire, macht
bekannt, daß in seinem Arrondissement alle wilde Ehen als
gültig betrachtet und die betreffenden Frauen dieselbe Unterstützung erhalten sollen wie rechtmäßige Gattinnen. Dabei
hat sich aber eine neue Schwierigkeit herausgestellt. Unter
Bürger Mottu's Bewunderern ist nicht blos die wilde Ehe,
sondern auch die Polygamie im Schwunge und es fragt sich
nun, ob eine Frau, die fünf Männer hat, zu fünf Rationen
berechtigt ist, und ob eine andere, die blos ein Fünftel von
einem Nationalgardisten besitzt, auch nur eine Fünftelration
bekommen soll. Was die Zukunft betrifft, so hat Bürger

Mottu die Ehefrage dadurch gelöst, daß er sich weigert, neue Trauungen zu vollziehen, denn er sagt, dieser Bund sei eine Beleidigung für Die, welche nichts davon wissen wollen. In dieser — aber auch nur in dieser — Beziehung gleicht sein Arrondissement dem Himmelreich.

Gestern ging ich in die Avenue de l'Impératrice, um zu sehen, wie es in dem Hause eines Freundes stünde, welcher Paris verlassen hat. Der Diener, den er zurückgelassen, sagte mir, er sei seit drei Tagen nicht im Stande gewesen, sich ein Stück Brod zu verschaffen. Das letzte Mal, als er sein Rationsbillet vorgezeigt, habe man ihm ungefähr einen halben Zoll Käse gegeben. „Aber", fragte ich, „wovon lebt Ihr dann?" Nachdem der Diener sich ängstlich umgesehen, ob uns etwa Jemand belausche, führte er mich in den Keller hinunter und zeigte mir einige große Stücke Fleisch in einem Fasse. „Es ist ein halbes Pferd," sagte er in dem Ton eines Mörders, der Jemandem den Leichnam seines gemordeten Schlachtopfers zeigt. „Ein benachbarter Kutscher hat es geschlachtet und wir haben es dann eingesalzen und getheilt." Dann öffnete er einen Schrank, in welchem eine riesige Katze saß. „Diese mäste ich für das Weihnachtsfest; wir gedenken sie mit Mäusen wie mit Bratwürsten garnirt, zu serviren," bemerkte er.

Viele Engländer halten es für eine religiöse Pflicht, zu Weihnachten Truthahn zu essen, was aber würden sie sagen, wenn sie, statt Truthahn, Katze essen sollten! Es wäre dies beinahe wie mit dem Araber in der Wüste, der sich, wenn er sein Abendgebet verrichtet, die Hände waschen soll und sich aus Mangel an Wasser mit Sand behilft. Dabei fällt mir ein, daß wir, der Entdeckung eines Alterthumsforschers zufolge, durch den Genuß von Pferdefleisch blos zu den Gewohnheiten der alten Gallier zurückgekehrt sind. Vor Einführung des Christenthums pflegten die Druiden Pferde zu opfern, die dann gegessen wurden. Das Christenthum machte diesen Opfern ein Ende und das Pferdefleisch kam aus der Mode.

Ueber Gambetta's letzte Depesche sagt die France: Endlich haben wir officielle Nachricht von Tours. Wir lesen die Depesche fieberhaft, dann lesen wir sie zum zweiten Mal mit Ehrerbietung, mit Bewunderung, mit Enthusiasmus.

Man befragt uns um unsere Meinung darüber. Ehe wir antworten, fühlen wir einen unwiderstehlichen Drang, den Hut abzunehmen und zu rufen: „Vive la France!" Der „Electeur Libre" ist über die Situation noch mehr entzückt. Ganz besonders bewundert er die Petroleumlaterne, die, wie er sagt, so verschieden ist von jenen „Orgien von Licht", welche unter dem Tyrannen in Form von Gas der Stadt Paris ein künstliches Leben verliehen. Der „Combat" macht auf die Thatsache aufmerksam, daß seit dem 4. September keine Feuersbrünste vorgekommen sind — ein Zusammentreffen, welches man dem Umstand zuschreibt, daß seit jenem Tage die republikanische Regierungsform eingeführt ist. Ich empfehle diese merkwürdige Erscheinung der Beachtung der Versicherungsgesellschaften.

Die Journale sind sammt und sonders wüthend, weil sie hören, daß die Preußen unsere beiden Siege bei Villiers streitig machen. „Wie eigenthümlich", bemerkt der „Figaro" mit weinerlicher Salbung, „ist diese Manie, diese Nothwendigkeit des Lügens." Es steht ja außer allem Zweifel, daß wir, nachdem wir zwei glänzende Siege erfochten, nach Paris zurückkehrten, um auf unseren Lorbeeren auszuruhen, und ich muß die Preußen bitten, nicht so gemein zu sein, diese Thatsache zu bestreiten.

23. December.

Seit Mittwoch sind die Truppen — Linie, Mobilgardisten und Marschbataillone der Nationalgarde — außerhalb der Enceinte geblieben. Die Kälte ist sehr streng. Heute Nachmittag war ich draußen in der Richtung von Le Bourget. Die Soldaten hatten große Feuer angezündet, um sich zu wärmen. Einige hatten sich in leere Häuser einquartirt, die meisten aber hatten weiter kein Schutzdach, als ihre kleinen Zelte. Die Schildwachen stampften mit den Füßen und versuchten dadurch, wie wohl fast vergeblich, ihr Blut in Umlauf zu erhalten. Wenn man bedenkt, daß fast alle diese Truppen ohne Gefahr für die Vertheidigung und ohne die Offensivoperationen zu gefährden, nach Paris hätten zurückgeführt und in die Baracken einquartirt werden können, welche längst der äußern Linie der Boulevards errichtet worden sind, so muß man es geradezu für Grausamkeit erklären, sie draußen stehen und frieren zu lassen. General Trochu wagt aber bei dem jetzigen Stande der öffentlichen Meinung nicht, die Truppen nach Paris zurückzubringen und auf diese Weise zu gestehen, daß sein letztes Unternehmen fehlgeschlagen ist. Die Ambulanzen sind auf morgen früh bestellt, ich glaube aber, daß die Reihe von Operationen, welche schon vergangenen Mittwoch beginnen sollte, gar nicht zur Ausführung kommt.

Die Nationalgarde campirt jetzt in der Nachbarschaft von Bondy und Rosny. Sie ist zum großen Aerger der Mobilen und der Linie in einem Tagesbefehl wegen ihrer angeblich tapfern Haltung abermals gewaltig herausgestrichen worden, während doch allgemein bekannt ist, daß mehrere Bataillone, als es nur erst hieß, daß die Preußen angreifen würden, die Flucht ergriffen und eins davon nicht eher Halt machte, als bis es innerhalb der Mauern der Stadt Schutz gefunden. Die Erfahrung lehrt, daß im Kriege bewaffnete Bürger, welche sich nicht der militärischen Disciplin unterwerfen wollen, schlimmer als nutzlos sind. An den Parisern jedoch scheint diese Lehre verloren zu sein.

Der „Combat" bringt folgenden Brief, welcher von dem „Adjunct" des dreizehnten Arrondissements unterzeichnet ist. Diese von einem Municipalbeamten versuchte Vertheidigung eines Marschbataillons, welches bei den Vorposten in eine Kirche eindrang und hier das Hochamt parodirte, ist einzig in ihrer Art.

„Die Marschcompagnien dieses Bataillons verließen am 16. früh Paris, um bei Issy auf Vorposten zu ziehen. Der Abmarsch war von der Art, wie er bei allen Marschbataillonen zu sein pflegt. Es ward beim Scheiden von Freunden viel getrunken, man drückte sich in Wirthshäusern noch einmal die Hand, man sang patriotische, mitunter auch wohl lockere und unanständige Lieder — kurz, man entwickelte jene ganze Fülle von Heiterkeit und Muth, welche die alten Gallier auf uns vererbt haben. Die alten Soldaten, welche uns mit dem Säbel regieren möchten, sind mit dieser heitern Art und Weise, dem Tod ins Antlitz zu schauen, nicht einverstanden und alle Schriftsteller, die ihre Feder in die Dinte der Reaction und des Jesuitismus tauchen, sind eifrig bedacht, jede Ausschreitung an's Licht zu ziehen, deren Soldaten, die zum ersten Mal in's Feuer gehen, sich schuldig machen. Die Intendanz hatte mit jener Klugheit, welche unsere militärischen Anordnungen charakterisirt, den Abmarsch des Bataillons um mehrere Stunden verschoben. Was sollten die Leute, während man sie so warten ließ, wohl weiter thun, als trinken? Wenn der Gott des Weines den Gott des Krieges etwas zu kräftig unterstützte, so können sich nur Wassertrinker darüber beklagen; uns als Republikaner der Vergangenheit und der Zukunft kommt es nicht zu, Steine auf gute Bürger zu werfen, um die Mißgriffe der alten bonapartistischen Administration zu verdecken, welcher die Führung unserer Armeen immer noch anvertraut ist."

General Blaise ist bei Villa Evrard gefallen. Die unter diesem Namen bekannten Gebäude wurden am Mittwoch von General Vinoy's Truppen besetzt. In der Nacht brach eine Anzahl Preußen, die sich in den Kellern versteckt, hervor und es fand ein blutiges Handgemenge statt. Einige der Preußen entkamen in der Verwirrung, einige aber wurden getödtet. Mehrere französische Offiziere, welche davon liefen und dem General Vinoy, der im Fort Rosny war, meldeten, es sei Alles verloren, sollen vor das Kriegsgericht gestellt werden. Als die Truppen dies hörten, waren sie sehr entrüstet darüber, der alte Vinoy aber ritt die Linie entlang und sagte ihnen, sie möchten denken, was sie wollten, er aber werde niemals dulden, daß Feiglinge unter ihm dienten. Schade, daß er nicht Obergeneral ist.

In Paris ist eine seltsame neue Industrie entstanden. Briefe, die angeblich in den Taschen gefallener Deutschen gefunden worden, sind sehr gesucht. Es sind dies Briefe von Müttern, von Schwestern und von den „Gretchens", die, wie man allgemein voraussetzt, für Krieger schwärmen.

Wenn aber nicht jeder Gefallene wenigstens ein halbes Dutzend Mütter und eben so viele Liebchen hat, so müssen viele dieser Briefe gefälscht sein. Dem Style nach unterscheiden sie sich von einander sehr wenig. Die deutschen Mütter machen allerhand kleine Mittheilungen über das Leben zu Hause und schweben in der größten Angst, daß ihre Söhne der Tapferkeit der Pariser, welche das deutsche

Vaterland mit Schrecken und Bewunderung erfüllen, zum Opfer fallen. Die „Gretchens" sind alle sentimental. Sie sprechen von ihren Gefühlen wie die Heldinnen in Romanen, dritten Ranges, schicken dem Gegenstand ihrer Neigung Cigarren und von ihren eigenen schönen Händen gestrickte Strümpfe, indem sie ihn zugleich inständig bitten, treu zu bleiben und nicht in den Netzen einer französischen Sirene das arme Gretchen zu vergessen. Noch seltsamer aber ist, daß in der Tasche eines jeden Gefallenen auch eine Antwort gefunden wird, die er vergessen hat, zur Post zu geben. In dieser Antwort erzählt der Krieger eine furchtbare Geschichte von seinen Leiden und Entbehrungen und sagt, der Sieg sei unmöglich, weil die Nationalgardisten geradezu unüberwindlich wären.

Die Zahl der Verwundeten in meinem Hotel hat sich infolge der eingetretenen Todesfälle bedeutend vermindert. Die Societé internationale hat einen großen Mißgriff begangen, indem sie ihre Centralambulanz hierher verlegt hat. Infolge des Mangels an Ventilation nehmen die einfachsten Operationen meistens einen tödtlichen Ausgang und von fünf Amputirten sterben gewöhnlich vier an Eitervergiftung. In den amerikanischen Krankenzelten werden dagegen von fünf Patienten vier wiederhergestellt und da die französischen Aerzte eben so geschickt sind als die amerikanischen, so ist die durchschnittliche Sterblichkeit in den beiden Ambulanzen ein schlagender Beweis des Vorzuges des amerikanischen Zeltsystems. Wenn dieses System in allen Hospitälern angewendet würde, so würde eine weit größere Anzahl von Patienten wiederhergestellt werden, als jetzt der Fall ist. „Unser Krieg," sagte neulich ein amerikanischer Chirurg zu mir, „hat uns gelehrt, daß eine große Anzahl Kubikzoll Luft für einen Kranken noch nicht genug ist, sondern, daß auch diese Luft durch Ventilation immerwährend erneut werden muß."

24. December.

Die Journale veröffentlichen Auszüge aus deutschen Zeitungen, die man in den Taschen der Gefangenen gefunden, welche am Mittwoch gemacht wurden. Die Nachrichten aus den Provinzen werden nicht als ermuthigend betrachtet. Großes Gewicht legt man auf eine Proclamation, welche König Wilhelm unterm 6. December an seine Truppen gerichtet und aus welcher man schließen will, daß die Preußen des Krieges allmälig müde werden. Eben so hören wir zum ersten Mal, daß Preußen in Bezug auf Luxemburg mit gewissen Absichten umgeht, welche England durchaus als einen casus belli betrachten muß. „Sobald das Parlament zusammentritt," sagt die „Verité", „wird Disraeli, dieser große Staatsmann, Mr. Gladstone zum Rücktritt nöthigen und dann haben wir unsern alten Bundesgenossen wieder." Der „Gaulois" bemerkt, daß „die in Paris sich aufhaltenden englischen Journalisten in der Täuschung befangen sind, Paris müsse fallen, wenn sie ihren Journalen falsche Berichte einsenden, die dann in den Organen Preußens wieder abgedruckt werden." Diese Journalisten," setzt der „Gaulois" hinzu, „sind unsere Gäste. Sie erfüllen aber nicht die Pflichten, welche ihnen durch die Umstände geboten sind." Jeder im Ausland sich aufhaltende Correspondent ist nothwendig in gewissem Sinne der Gast des Landes, über welches er schreibt; daß aber diese Stellung ihm die Pflicht auflege, so zu schreiben, wie seine Wirthe es wünschen, dies scheint mir eine sonderbare Theorie zu sein. Ich gestehe, wäre ich Jules Favre gewesen, so hätte ich gleich bei Beginn der Belagerung sämmtliche fremde Journalisten ausgewiesen. Er gab aber im Gegentheil den Wunsch zu erkennen, daß sie in Paris bleiben möchten, und seine Mitbürger dürfen sich nun nicht darüber beschweren, daß diese Ausländer nicht mit in das Mährchen einstimmen, welches den künftigen Generationen der Franzosen wahrscheinlich als die Geschichte der Belagerung von Paris überliefert werden wird. Die Preußen werden wegen dessen, was französische oder englische Journalisten sagen, die Belagerung sicherlich nicht aufheben, und die Pariser müssen nun selbst einsehen, daß ihre Versuche, den Feind durch Trommelwirbel und Trompetengeschmetter zu verscheuchen, vollständig fehlgeschlagen sind. Wir leben eben nicht mehr in den Zeiten Jericho's.

Was mich betrifft, so würde mir nichts größeres Vergnügen machen, als wenn ich eines Morgens hörte, daß die deutschen Armeen um Paris herum dasselbe Schicksal erfahren hätten, welches Sanherib und seine Heerschaaren ereilte. Es würde mich freuen, hoffen zu können, daß die Stadt nicht gezwungen sein würde, zu capituliren. Dennoch aber kann ich mir nicht verhehlen, daß sie, wenn keine Hülfe von außen kommt, zuletzt doch noch fallen muß.

Ich gebe gern zu, daß die Pariser einen hohen Grad von Hartnäckigkeit und Zähigkeit an den Tag gelegt und die Hoffnung ihrer Feinde, daß sie sich unter einander selbst die Kehlen abschneiden würden, gründlich getäuscht haben, aber dies ist noch kein Grund, sie für erhaben zu erklären. Was ist im Grunde genommen Patriotismus? Die jeder Nation innewohnende Idee, daß sie braver, besser und klüger sei als alle anderen. Glaubt nicht jeder Engländer dies von seinen eigenen Landsleuten? Und ist es folglich nicht abgeschmackt, daß die Franzosen von sich dasselbe denken? Die Franzosen sind durch und durch patriotisch; das Vaterland ist für sie kein abstracter Begriff. Sie beklagen seinen Ruin, als ob es ein menschliches Wesen wäre, und fern sei es von mir, sie deswegen zu verlachen. Wenn ich dagegen Leute finde, die sich kriegerisch costümiren, Grabmäler und Statuen besuchen und dieselben zu Zeugen ihres Gelübdes anrufen, daß sie lieber sterben, als sich ergeben wollen, und wenn nach all diesem Gaukelspiel diese selben Leute sich weigern, die gemeinsame Gefahr zu theilen, weil sie eine Mutter, oder eine Schwester, oder ein Weib, oder ein Kind haben, wenn sie einen Monat nach dem andern unter Trommelschlag die Boulevards auf- und abmarschiren, dann finde ich diese Leute lächerlich und sage es auch. Wenn Jemand etwas Albernes thut, so ist es seine eigene Schuld, nicht die Dessen, der darüber schreibt.

Kürzlich beschlossen die Mitglieder eines Ultra-Clubs bei einer Discussion über das Dasein einer Gottheit, die Frage durch eine allgemeine Abstimmung zu entscheiden. Nach meiner Ansicht hätten diese Patrioten die Zeit besser anwenden können. Die Belagerung von Paris liegt in den Händen des Generals Moltke und der „Gaulois" kann sich darauf verlassen, daß dieser schlaue Stratege seiner Aufgabe nicht entsagen wird, sollten auch noch so viele Journalisten behaupten, er werde dieselbe nicht lösen.

Ich habe mich erkältet und bin deshalb heute Morgen nicht ausgegangen. Wie ich höre, sind einige der Truppen von Aubervilliers wieder eingerückt; mehrere Regimenter sind an meinen Fenstern vorübermarschirt. In Neuilly-sur-Marne und Bondy werden, wie man sagt, Erdwerke aufgeworfen und man glaubt, daß Chelles der Zielpunkt der Bewegung sein werde, welche vielleicht in dieser Richtung stattfindet. Die „Patrie" ist auf drei Tage suspendirt worden, weil sie militärische Operationen besprochen, hauptsächlich aber wohl deshalb, weil sie zugleich die Weisheit unserer Generale zu bezweifeln gewagt hat. Da viele andere Journale dasselbe gethan, so begreife ich nicht, warum man gerade die „Patrie" herausgegriffen und an ihr Rache genommen hat.

25. December.

Aechtes Weihnachtswetter — das heißt, die Erde ist so hart wie Stein und der Wind geht einem durch Mark und Bein. Für den reichen Mann mit einem guten Kohlenfeuer in seinem Kamin, Truthahn, Plumpudding und Fleischpastete auf dem Tische, an welchem er es sich mit seiner Familie wohlschmecken läßt, sind kalte Weihnachten sehr angenehm. Arme Leute dagegen, die nothdürftig mit Lumpen bedeckt, frierend, hungrig und verlassen in einer ungeheizten Höhle ihr trockenes Brod kauen oder selbst dies nicht haben, finden die Weihnachtskälte vielleicht nicht so angenehm; es ist aber eine bekannte Sache, daß arme Leute niemals zufrieden sind. Hier in Paris beklagen die draußen im freien Felde liegenden halberstarrten Soldaten und die Weiber und Kinder, die kein Feuer und kaum etwas zu essen haben, sich bitterlich über den strengen Winter. Was mich betrifft, so gestehe ich, daß ich niemals einen behäbigen Familienvater, der sich behaglich an seinem Kaminfeuer wärmt und von den Freuden des Winters schwatzt, gesehen habe, ohne den unwiderstehlichen Wunsch zu empfinden, ihn splitterfasernackt auf die höchste Spitze des Montblanc zu versetzen, um ihn durch Erfahrung zu lehren, was der Winter für Tausende seiner Mitmenschen zu bedeuten hat. Wir haben hier kein fröhliches Weihnachtsfest und wir werden wahrscheinlich auch kein fröhliches Neujahr haben. Weihnachten ist hier nicht das Hauptfest des Jahres wie in England. Dennoch aber sucht in gewöhnlichen Zeiten ein Jeder an diesem Tage ein besseres Mittagsmahl zu beschaffen, als sonst bei ihm üblich ist, und wo Kinder da sind, pflegt man denselben einen kleinen Spaß zu machen. Gewöhnlich werden sie aufgefordert, am Weihnachtsabend ihre Schuhe auf den Rost des Kamins zu stellen, und den nächstfolgenden Morgen finden sie ein Geschenk darin, von welchem man annimmt, daß es während der Nacht von dem Christkind gebracht worden.

Seitdem das Kaiserreich hier englische Gebräuche eingeführt hat, sind zu Weihnachten Plumpudding und Fleischpasteten gegessen worden und auch Christbäume haben geleuchtet. Letztere hat man dieses Jahr als eine Erfindung des verabscheuten Feindes streng verbannt. Auch Plumpuddings und Pasteten werden auf nur wenigen Tischen zu sehen sein. Um die Kinder zu amüsiren, bekommen die Mädchen Suppenbillets zum Vertheilen an arme Leute und die Knaben haben die Wahl zwischen französischen und deutschen hölzernen Soldaten. Die ersteren werden sorgfältig aufgehoben, die letzteren fürchterlichen Martern unterworfen. Selbst die Mitternachtsmesse, welche gewöhnlich am Weihnachtsabend abgehalten wird, hat vergangene Nacht in nur wenigen Kirchen stattgefunden. Wir haben viel zu viel zu thun, um auf Fasten oder Feste achten zu können, obschon nach der Meinung des „Univers" der letzte Ausfall weit erfolgreicher gewesen wäre, wenn er am 7. des Monats, dem Jahrestage der Verkündung der unbefleckten Empfängniß, stattgefunden hätte.

Unter seinen Leuten wird der Neujahrstag hier mehr gefeiert als Weihnachten. Man erwartet dann, daß Jeder den Damen seiner Bekanntschaft einen Besuch mache und ihnen wenigstens eine Schachtel Bonbons schenke. Es ist dies eine schwere Besteuerung Derer, die mehr Freundinnen als Geld haben, denn 300 Francs werden als die gewöhnliche Summe betrachtet, die man für solche Bonbonnièren ausgiebt. Ein Freund von mir versicherte sogar, er verausgabe jährlich 1000 Francs zu diesem Zwecke, ich glaube ihm aber nicht, denn er nimmt es in der Regel mit der Wahrheit nicht sehr genau. „Dem Himmel sei Dank," sagen die

Männer, „heuer sind wir wenigstens der Bonbontaxe überhoben." Die Damen wollen sich aber nicht auf diese Weise um ihre Rechte bringen lassen und geben zu verstehen, daß, wenn auch Bonbons nicht an der Zeit seien, doch irgend ein solides Nahrungsmittel sehr angenehm sein werde. Ein Stutzer, von welchem man weiß, daß er sich einen tüchtigen Vorrath von Bratwürsten zugelegt hat, wird von seinen schönen Freundinnen mit Complimenten überhäuft. Eine gute Hammelkeule würde, wie ich fest überzeugt bin, das Herz der stolzesten Schönheit erobern und durch das Geschenk eines halben Dutzends Kartoffeln könnte man eine Freundin auf Lebenszeit gewinnen.

Die hier noch anwesenden Engländer machen einige schwache Versuche, Weihnachten in correcter Weise zu feiern. In einem englischen Restaurant hatte man zwei Truthähne für diese wichtige Gelegenheit aufgehoben, unglücklicherweise aber kamen sie vor einigen Tagen ihrem Schicksal zuvor und krepirten. Ein gewisser glücklicher Brite hat sich zehn Pfund Kameelfleisch zu verschaffen gewußt und etwa zwanzig seiner Landsleute eingeladen, ihm dieses eigenthümliche Ersatzmittel für Truthahn verspeisen zu helfen. Ich selbst werde heute bei einem meiner Collegen diniren. Mit ihm in derselben Etage wohnte eine Familie, welche Paris vor Beginn der Belagerung verlassen hat. Noth kennt kein Gebot; deshalb öffnete er kürzlich die fremde Thür mit einem gewissen Grade von sanfter Gewalt und entdeckte nach fleißigem Suchen in der Speisekammer zwei Zwiebeln, einige Kartoffeln und einen Schinken. Diese sollen nebst einem Huhn, welches er sich, wie ich glaube, auf ehrliche Weise verschafft hat, unser Weihnachtsmahl ausmachen.

Es ist sonderbar, was für entgegengesetzte Meinungen man über die Lage der Armen hört. Manche sagen, sie litten keine Noth, Andere, die Noth könne nicht größer sein. Das Wahre an der Sache ist, daß die Männer niemals besser, die Frauen und Kinder dagegen niemals so schlimm daran waren. Jeder Mann braucht, wenn er genug zu essen und mehr als genug zu trinken haben will, blos mit einer Flinte auf der Schulter herumzubummeln. Da es bei ihm zu Hause kalt und schauerlich ist, so lebt er, wenn er keinen Dienst hat, im Wirthshause. Geld bringt er den

Seinigen nicht und diese können sich blos dadurch vor dem Verhungern schützen, daß sie in die National-Speiseanstalten, wo sie Suppe bekommen, und auf die Mairien gehen, wo man ihnen dann und wann eine Anweisung auf Brot giebt. Fast alle Kleider haben sie versetzt und daß sie nicht geradezu vor Kälte umkommen, ist mir unbegreiflich. Was Heizungsmaterial betrifft, so finden selbst reiche Leute es schwer, sich dieses zu verschaffen. Die Regierung spricht davon, alle Bäume umhauen und sämmtliche verpfändete Kleidungsstücke zurückgeben zu lassen, mit ihrer gewöhnlichen Nachlässigkeit aber verschiebt sie diese beiden Maßregeln von einem Tage zum andern. Heute Morgen wurde sämmtliches Feuerholz requirirt. Bei einer Versammlung sämmtlicher Maires von Paris, die vor zwei Tagen stattfand, stellte sich heraus, daß jetzt über 400,000 Personen öffentliche Unterstützung erhalten.

Die vor Paris liegenden Truppen werden allmälig zurückgezogen. Von Drancy nach Aubervilliers hat man eine Tranchée aufgeworfen und ebenso ist ein Versuch gemacht worden, sich Le Bourget auf dieselbe Weise zu nähern. Der Erdboden ist jedoch so hart, als ob man es mit einem Felsen zu thun hätte. Nach meiner Ansicht wird die ganze Sache blos unternommen, um den Parisern weiß zu machen, daß etwas geschehe. Für den Augenblick sind sie auch befriedigt und sagen: „Die Preußen haben uns belagert, jetzt belagern wir die Preußen." Was sie aber sagen werden, wenn sie finden, daß selbst diese Operationen eingestellt werden, weiß ich nicht. Die Truppen haben während der letztvergangenen Tage von der Kälte furchtbar gelitten. Ich sprach mit einigen Zuavenoffizieren, welche zwanzig Stunden auf Vorposten gewesen waren. Sie sagten, sie hätten während dieser ganzen Zeit nicht gewagt, ein Feuer anzuzünden und diesen Morgen sei ihr Wein und Brod gefroren gewesen. In den Zelten hat man kleine Oefen, dieselben geben aber wenig Wärme. Auch innerhalb der verlassenen Häuser ist es fast eben so kalt als außerhalb derselben. Die Fensterrahmen und die Thüren sind als Feuerholz verwendet worden und der Wind pfeift durch die Oeffnungen.

Die Batterien in Bondy und Avron feuern sehr lebhaft, um die Preußen zu nöthigen, sich innerhalb des

Waldes zu halten. Die Hochebene des Mont Avron ist eine sehr wichtige Position, benn sie beherrscht die ganze Umgegend. Das nach Paris zu gelegene Ende von Le Bourget scheint gänzlich verlassen zu sein. Ein Ambulanzwagen näherte sich heute Morgen einer die Hauptstraße sperrenden Barrikade, als plötzlich eine preußische Schildwache zum Vorschein kam und dem Wagenführer befahl, sofort umzukehren. Hinter Le Bourget, ein wenig rechts bei Le Blanc Mesnel, steht eine schwere preußische Batterie, welche es gänzlich beherrscht.

Die Linien und die Mobilen beklagen sich bitter, daß sie und nicht auch die Marschbataillone der Gefahr ausgesetzt werden. Diese Marschbataillone taugen freilich als Soldaten geradezu gar nichts. Die Idee, daß sie eine mit Artillerie besetzte Position mit einiger Aussicht auf Erfolg angreifen sollten, ist geradezu lächerlich. Das System, eine Armee in verschiedene Kategorien zu theilen, die nicht alle einer und derselben Disciplin unterworfen sind, macht jede Offensivoperation fast unausführbar. Es steht zu hoffen, daß Trochu dies endlich einsehen und seine Anstrengungen darauf beschränken wird, die Preußen von Paris abzuhalten und sie durch häufige kleinere Ausfälle zu beunruhigen. Wie ich höre, wollte General Ducrot einen zweiten Angriff auf Le Bourget versuchen, ward aber in dem am Donnerstage deshalb abgehaltenen Kriegsrathe überstimmt.

26. December.

Das „Journal Officiel" meldet, die militärischen Operationen seien infolge der Kälte vor der Hand eingestellt, die Truppen würden nach Paris zurückgeführt und blos so viel draußen gelassen, als zur Vertheidigung nothwendig seien. Es ist dies eine weise Maßregel, die man freilich schon früher hätte ergreifen sollen. Die Pariser werden ohne Zweifel darüber sehr entrüstet sein, denn wenn sie auch nicht selbst in den Kampf ziehen wollen, so bestehen sie doch darauf, daß Linie und Mobilgarde keine Ruhe habe.

Von der Feier des Weihnachtsfestes in England entwirft Felix Pyat folgende Schilderung: — „Weihnachten ist das große englische Fest — der protestantische Carneval — eine angelsächsische Gala — eine rohe, heidnische, monströse Orgie — ein römisches Gelag, bei welchem selbst das Vomitorium nicht fehlt. Und diese Beafvertilger lachen über uns, weil wir Frösche essen! Eigenthümliche Nation! die biblischste und materiellste in Europa — die besten Christen und die größten Vielfräße. Ohne zu schmausen können sie kein religiöses Fest feiern. Am Charfreitag essen sie Pfannkuchen und nennen diesen Tag aus diesem Grunde den „guten" Freitag. Für sie allerdings ist er gut, wenn auch nicht für Gott. Ihr Pudding besteht aus Talg, Zucker, Johannisbeeren und Thee. Diese Mischung wird vierzehn Tage, zuweilen auch sechs Monate lang gekocht; dann betrachtet man sie als delicat. Kein Pudding, kein Weihnachten. Diese Mahlzeit ist geheiligt und die Engländer denken schon sechs Monate vorher darüber nach — sie sind das einzige Volk, welches um eines Schmauses willen Geld auf die Sparkasse giebt. Arme Familien sparen monatelang und tragen an jedem Sonnabend des Jahres einen Schilling zu einem Speisewirth, bei dem sie sich dann am Weihnachtstage vollstopfen und auf eine ganze Woche krank machen. Dies ist ihre Religion — so beten sie zu Gott." Phat fährt dann fort, die Fleischerläden vor Weihnachten zu beschreiben. Einer davon, sagt er, befindet sich im Besitz eines Geistlichen und über der Thür steht ein Bibelspruch.

Der „Gaulois" giebt einen einem deutschen Blatt entlehnten Auszug aus einem Briefe von mir, worin ich zu behaupten wage, daß die Pariser nicht wissen, daß Champigny sich innerhalb des Bereichs der Kanonen ihrer Forts befindet, und knüpft darin folgende Bemerkung: „Das Blatt, welches in unsere Hände fiel, war zerrissen und wir sind folglich nicht im Stande, den Rest dieses Briefes mitzutheilen. Was wir mitgetheilt haben, ist ein ausreichender Beweis, daß die Regierung innerhalb unserer Mauern Correspondenten duldet, welche dem Feinde tägliche Nachrichten zugehen lassen. Was sie sagen, ist vielleicht abgeschmackt, aber es sollte nicht geduldet werden." Bildet sich der „Gaulois" wirklich ein, daß die deutschen Generale schon längst die Belagerung aufgegeben haben würden, wenn sie nicht erfahren hätten, daß die meisten Pariser der Karte ihrer Umgegend kein eingehendes Studium zuwenden?

Der alte Vinoy hat einen Tagesbefehl erlassen, worin er das Verhalten der Soldaten und Offiziere brandmarkt, welche davonliefen, als die Preußen in Villa Evrard aus den Kellern herauskamen. Es gehört jetzt viel Muth dazu, die Linie zu loben und die Nationalgarde zu tadeln. General Vinoy ist aber Soldat durch und durch und läßt nicht mit sich spaßen. Wenn vielleicht Trochu etwas zustößt und Vinoy den Oberbefehl übernimmt, so glaube ich, die Schwankenden unter der Nationalgarde werden dann die Wahl haben, ob sie kämpfen oder die Uniform auszuziehen wollen. Der General ist über siebzig Jahre alt, aber noch ungemein rüstig. Er hat ein sehr strenges Gesicht und ich glaube nicht, daß er den Parisern eitle Hoffnungen machen oder ihrer Eitelkeit schmeicheln würde. Er würde ihnen die Wahrheit sagen und zwar ohne Rücksicht auf die Folgen. Er ist bei den Soldaten sowohl als auch bei den Offizieren sehr beliebt und macht aus seiner Verachtung gegen die militärische Fähigkeit Trochu's oder die militärischen Eigenschaften seiner Bürgerhelden kein Hehl.

28. December.

Die sprüchwörtliche Hartnäckigkeit des Esels hat sich in Folge der großen Anzahl dieser langohrigen Vierfüßler, die wir gegessen, uns selbst mitgetheilt. Wir fragen nach nichts mehr; uns ist Alles gleich. Wir fragen nicht darnach, ob die Armeen der Provinz geschlagen werden; wir fragen nicht, ob wir gezwungen werden, die Offensivoperationen einzustellen; wir fragen nicht darnach, ob die Preußen uns bombardiren; wir fragen nicht darnach, ob wir endlich capituliren müssen. Wir haben aufgehört, zu folgern oder zu berechnen. Wie lange dies dauern wird, läßt sich bei einem so leicht erregbaren Volke nicht wohl sagen!

Unser Magen gleicht jetzt dem des Straußes, denn er verdaut Alles. Die Kälte ist furchtbar und der Mangel an Brennmaterial erzeugt entsetzliche Leiden. Die Regierung fängt jetzt an, Bäume fällen zu lassen und wenn es anfängt zu thauen, werden wir wahrscheinlich Ueberfluß an Feuerholz haben. Mittlerweile beschwert sie sich in dem „Journal Officiel", daß ganze Schaaren von Einwohnern ausrücken und Bäume, Parkbänke und Gartenzäune abbrechen und nach Hause schleppen. Ich gestehe, daß ich diese Leute nicht tadeln kann. Wenn der Thermometer so tief steht wie jetzt und wenn kein Feuer im Kamin ist, dann wird die Heiligkeit des Eigenthums in Bezug auf Brennmaterial ein bloßer Begriff.

Gestern demaskirten die Preußen mehrere Batterien und eröffneten das Feuer auf das Plateau Avron und die östlichen Forts. Sie thaten über 3000 Schüsse, richteten aber wenig Schaden an. Wir hatten blos achtunddreißig Todte und Verwundete. Eine Bombe schlug in ein Haus, wo acht Personen zu Tische saßen, und tödtete sechs davon. Auch heute hat das Feuer seinen Fortgang, obschon nicht so heftig. Die Journale scheinen der Ansicht zu sein, daß wir uns über diese Kanonade eigentlich freuen sollten. Manche sagen, sie beweise, daß die Preußen die Hoffnung, uns durch Hunger zu bezwingen, aufgegeben haben; andere sehen darin einen unwiderleglichen Beweis, daß Prinz Friedrich Carl von General Chanzy geschlagen worden ist. Vergangenen Montag erhielt Admiral La Roncière von einem General, dessen Name nicht entziffert werden konnte, einen Brief wegen Auswechselung von Gefangenen; in diesem Briefe fand sich eine Hindeutung auf eine Niederlage, welche unsere Truppen im Norden erlitten haben. Die betrachten wir aber blos als eine List unseres schlauen Feindes.

Der „Gaulois" setzt seinen Kreuzzug gegen die englischen Correspondenten in Paris fort. Sie sind alle, sagt er, von feindseliger Gesinnung gegen Frankreich beseelt. „Wir warnen sie hiermit und hoffen, daß sie dies beachten werden." Wir wissen recht wohl, was französische Journalisten eine feindselige Gesinnung gegen ihr Land nennen. Beim Beginn des Krieges sagte man uns, die englische Presse sei an Preußen verkauft, weil sie nicht an die kaiserlichen Siegesbulletins glauben wollte. Daß ein Correspondent ohne Furcht oder Gunst einfach die Wahrheit sage, dies kann ein Gallier sich gar nicht denken. Trotz der Denunciationen des „Gaulois" soll es mir aber nicht einfallen, die Nationalgarde für eine Streitmacht zu erklären, welche für Offensiv-

Operationen vom geringsten Werthe sei. Wenn sie, wie der „Gaulois" behauptet, zahlreicher und besser bewaffnet ist, als die Preußen, wenn die französische Artillerie mehr leistet, als die der Preußen, nun dann werden Letztere sich genöthigt sehen, die Belagerung aufzuheben, und dann werde auch ich gern gestehen, daß ich die französische Streitmacht nicht richtig beurtheilt habe. Der „Gaulois" wünscht den historischen Roman zu anticipiren, welcher künftigen Generationen überliefert werden wird. Die Nachwelt mag, wenn sie Lust hat, glauben, daß die Pariser Spartaner waren und mit verzweifelter Tapferkeit außerhalb ihrer Mauern fochten. Ich, der ich zufällig selbst sehe, was vorgeht, weiß, daß nur die Linie und Mobilgarde wirklich kämpfen und daß die Pariser keine Spartaner sind. Daß General Trochu ihrer Eitelkeit schmeichelt und ihnen sagt, sie seien den Preußen in offenem Feldkampf ebenbürtig, das ist seine Sache und Niemand kann von mir verlangen, daß ich seinem Beispiele folge.

Die Verkaufsbuden, welche zu dieser Zeit des Jahres auf den Boulevards aufgeschlagen zu werden pflegen, sind auch diesmal da. Man kann darin Spielsachen und allerhand andere Neujahrsgeschenke kaufen. Ein wolliges Schaaf ist aber eine bittere Ironie und ein „vollständiger Bauernhof mit Vieh und Geflügel" erinnert nur allzu peinlich an das, was man nicht in Holz, sondern im Fleische sehen möchte. Käufer sind nur wenige zu sehen. Ich sah heute eine hübsche Kirche von Gyps mit wirklichen Glasfenstern. Sie sollte blos 6 Fr. kosten, aber man müßte geradezu den Verstand verloren haben, wenn man unter den gegenwärtigen Umständen so etwas kaufen und nach Hause tragen wollte. Viele der Budeninhaber haben daher auch aus Verzweiflung das Spielwaarengeschäft aufgegeben und bieten dagegen Shawls, Käppis und Haarsohlen feil.

So lange das Wetter nicht so furchtbar kalt war, sah man ältere Herren, die nicht wußten, was sie vor Langeweile beginnen sollten, vom Morgen bis zum Abend am Ufer der Seine sitzen und der edlen Beschäftigung des Angelns obliegen. Ein Jeder von ihnen war stets von einer Zuschauermenge umringt, die sich für diesen Sport lebhaft interessirte. Wenn ein Fisch anbiß, so rief dies eben so viel Aufregung hervor, als wenn in nördlicheren Breitengraden ein Wallfisch harpunirt wird. Der Angler spielte etwa fünf Minuten lang damit und schleuderte dann, unter dem feierlichen Schweigen der Zuschauer den kostbaren Fang an's Land. Nun klopfte Alles den glücklichen Besitzer auf den Rücken und rief: „Bravo!" Da es jetzt mit dem Fischfang in der Seine nichts mehr ist, so haben die Angler sich in die Schleußen zurückgezogen, um hier ein neues Wild zu verfolgen, in Bezug auf welches das „Paris Journal" ihnen folgende Anleitung giebt: „Man nehme eine lange Schnur und einen großen Haken, stecke ein Stück Talg daran und bewege die Ruthe langsam hin und her. Binnen wenigen Minuten wird eine Ratte herbeikommen und den Köder beschnuppern. Es wird einige Zeit dauern, ehe sie sich entschließt, anzubeißen, denn sie ist von Natur schlau und vorsichtig. Hat sie den Bissen verschluckt, so lasse man ihr fünf Minuten Zeit, darüber nachzudenken. Dann ziehe man fest und stetig an. Sie wird krampfhafte Sprünge machen, aber man bleibe ruhig und lasse sich nicht zu gleicher Aufregung hinreißen. Wenn das Thier sich auf diese Weise abgemattet hat, ziehe man es mit einem raschen Ruck in die Höhe et voilà votre diner."

29. December.

Also, von dem Plateau Avron haben wir uns zurückgezogen. „Unsere Artillerie," sagt das „Journal Officiel", „konnte es den Krupp'schen Kanonen nicht gleichthun und deshalb fand man es gerathen, sie zurückzuziehen." Das Feuer, welches die Preußen während der letzten zwei Tage auf diese Position unterhielten, hat jedoch nicht viel Menschenleben vernichtet. Man berechnet, daß jeder dadurch Getödtete den Preußen 24,000 Pfund Eisen gekostet hat. Wir stellen noch immer Vermuthungen über die Gründe an, welche die Preußen bewogen haben, endlich zum Angriff überzugehen. Daß sie uns von diesem Plateau, welches viele ihrer Positionen beherrscht, zu vertreiben wünschten, ist eine viel zu einfache Erklärung, als daß sie günstig aufgenommen werden könnte.

Die „Verité" von heute Morgen meldet, eine Weihnachtssitzung des Unterhauses habe durch ein kriegerisches Votum Mr. Gladstone zum Rücktritt genöthigt und sein Nachfolger werde „ein Minister des Krieges" sein. Wir sind deshalb geneigt, zu glauben, daß die Preußen, hiervon unterrichtet, uns zu schrecken versucht haben, damit wir uns ergeben, ehe Sir Benjamin Disraeli und Mylord J. Pabington uns zu Hülfe kommen. So intelligent und gewandt die Pariser auch sind, so fehlt es ihnen doch an gesundem Menschenverstand und ich bin überzeugt, wenn man fünfhundert von ihnen in einem Kessel kochte, so würde man aus dem Dampfe von dieser gewöhnlichen aber sehr nützlichen Eigenschaft nicht so viel extrahiren können, als in dem Schädel des dümmsten Londoner Ladenschwengels vorhanden ist.

Die Lebensfrage hinsichtlich der Nahrungsmittelvorräthe wird in den Journalen jetzt selten berührt. Dennoch wird die Regierung getadelt, daß sie nicht größere Energie entwickelt, und die Abneigung gegen den unglücklichen Trochu wird immer stärker. Man macht ihn für Alles verantwortlich — die Kälte, den Mangel an Proviant, das Mißlingen der Ausfälle und die Niederlagen der Hülfsarmeen. Er thut mir leid, denn er will nur das Beste, ist aber hier und in solchen Zeiten nicht an seinem Platze und hat viele der Vorwürfe, die man ihm macht, auch wirklich verdient.

Mittlerweile zieht Niemand in Erwägung, was geschehen soll, wenn unsere Lebensmittelvorräthe zu Ende sind. Die Mitglieder der Regierung halten noch fest an der Theorie, daß eine Capitulation ein Ding der Unmöglichkeit sei. Je näher der verhängnißvolle Augenblick heranrückt, desto weniger spricht man davon, gerade so wie der Mensch, wenn er alt wird, sich scheut, vom Tode zu sprechen. Die Franzosen besitzen weit mehr physischen als bürgerlichen Muth. Sie schließen vor dem, was ihnen unangenehm ist, lieber die Augen, als daß sie es zu beseitigen suchten. Wenn unsere Regenten mit dem Unterhandeln warten, bis alle Vorräthe erschöpft sind, so werden sie dann auf jede Bedingung eingehen müssen und dabei noch obendrein die Ursache sein, daß Viele hungern müssen, ehe die Stadt wieder verproviantirt werden kann. Man nennt dies hier erhaben. Ich nenne es Narrheit.

Wie bei einem Kranken, den die Aerzte aufgegeben haben, finden sich auch bei uns die Quacksalber mit ihren Wundermitteln ein. Die Ultra-Journale z. B. empfehlen, daß die Regierung in die Hände einer „Commune" gelegt werde. Die Ultra-Clubs verlangen, daß alle Generale und Obersten cassirt und andere an deren Stelle gewählt werden. Ein Club hat 1600 Fr. zu griechischem Feuer gesammelt; ein anderer Club schlägt vor, das Stadthaus in die Luft zu sprengen; ein dritter, eine weißgekleidete Deputation an den König von Preußen abzusenden und ihm die Präsidentschaft der Universalrepublik anzubieten; ein vierter — und dies betrifft auch mich — faßte gestern einen Beschluß, welcher die sofortige Verhaftung sämmtlicher englischen Correspondenten verlangt.

Mit bangen Ahnungen sehe ich dem Augenblick entgegen, wo ich kein Geld mehr haben werde, so daß ich vielleicht ganz dankbar dafür bin, wenn man mich auf öffentliche Kosten beherbergt und beköstigt. Mein Banquier hat Paris verlassen und sein Stellvertreter will mir nichts vorstrecken, obschon ich ihm übertriebene Zinsen biete. Was Freunde betrifft, so befinden sie sich alle in derselben Lage, da Niemand erwartete, daß die Belagerung so lange dauern werde. In meinem Hotel bezahle ich, wie ich wohl kaum zu sagen brauche, meine Rechnung nicht, aber in Hotels klingeln die Gäste, wenn sie etwas zu essen haben wollen, jetzt vergebens. Ich, ein armer Mann, schlafe auf Credit in einem üppigen Bett. Das Zimmer ist groß. Ich wollte, es wäre kleiner, denn das Feuerholz ist von frischgefällten Bäumen; man braucht eine Stunde Zeit, um die Scheite in Brand zu setzen und selbst dann glimmen sie blos und geben keine Hitze. Der Thermometer steht in meinem prachtvollen Zimmer mit seinen seidenen Vorhängen gewöhnlich auf dem Gefrierpunkt.

Was meine Kleidung betrifft, so bin ich in dieser Beziehung ganz herunter. Wenn ich einen Freund besuche, so betrachtet der Portier mich mit mißtrauischem Blick. Auf den Straßen verlangen die Bettler kein Almosen von mir, sondern schielen mich, wenn ich mich ihnen nähere, arg-

wöhnisch an, weil sie einen möglichen Concurrenten in mir
vermuthen. Kürzlich hatte ich einige Zeitungen in der Hand;
ein alter Herr nahm mir eine ab und bezahlte mich dafür.
Ich hatte sie gelesen und steckte deshalb den Sou ein.
Meine Garderobe ist so zusammengeschmolzen, daß ich wie
jener Weise sagen kann: Omnia mea mecum porto. Ich
war vor der Belagerung abwesend von Paris gewesen und
mit nur wenig zurückgekommen. Es ist schwer, einen
Schneider zu finden, der arbeiten will, und wenn er es
auch wollte, so könnte ich ihm doch nicht meinen einzigen
Anzug zum Ausbessern schicken, denn was sollte ich mittlerweile tragen? Mein Jaquet ist zerrissen und fadenscheinig,
meine Beinkleider sind unten befranzt und bunt — wie
Joseph's Rock. Was meine Wäsche betrifft, so will ich blos
sagen, daß die Wäscherinnen die Arbeit eingestellt haben,
denn sie haben kein Brennmaterial. Mein Hemd war,
glaube ich, einmal weiß, gewiß aber weiß ich's nicht. Vor
einigen Wochen kaufte ich mir ein Paar wohlfeile Stiefel.
Diese sind jetzt meine Qual. Sie sind an verschiedenen
Stellen geplatzt und ich trage ein Paar Gamaschen — pur-
purne, wie die eines hochgestellten Geistlichen, — um die Risse
zu verdecken. Ich kaufte sie auf dem Boulevard und in
derselben Bude auch noch ein hellblaues Taschentuch, welches ich spottbillig bekam; dieses trage ich jetzt um den Hals.
Mein oberer Mensch gleicht dem eines Hundediebes, mein
unterer dem eines Bischofs. Ueber meine Knöpfe ärgere
ich mich noch zu Schanden. Als ich mehr als einen Anzug
hatte, hielten diese Anhängsel unverbrüchlich fest, jetzt fallen
sie ab wie die Federn eines sich mausernden Vogels. Ich
muß mich mühsam mit Stecknadeln zusammenbauen und so
oft ich etwas aus der Tasche holen will, dieselbe eben so
mühsam zugänglich machen, auf die Gefahr hin, vor meinen
eigenen Augen in Stücke zu fallen.

Was meine Kost betrifft, so habe ich mich selbst auf
knappe Rationen gesetzt, um mit meinen Hülfsmitteln so
weit als möglich zu reichen. Ich frühstücke und dinire in
einem Restaurant zweiter Klasse. Katze, Hund, Ratte und
Pferd sind als Neuigkeiten ganz gut, dennoch aber finde ich,
nachdem ich sie längere Zeit genossen, daß sie sich mit meinem
inneren Menschen nicht recht assimiliren. Pferdefleisch, sagen

die Aerzte, erhitzt das Blut, ich wünschte nur, daß es das meinige erhitzte.

Wenn ich auf diese Weise meine Existenz schildere, so schildere ich zugleich die vieler Anderer. Wer Mittel hat, befindet sich, wenn diese Mittel nicht in Paris sind, ganz in derselben Lage wie Der, welcher keine hat.

Die Gesellschaft in meinem Restaurant zweiter Klasse ist gemischt. Viele sind Stammgäste und wir kennen alle einander. Theils sind es Offiziere, welche sich einfinden, so oft sie Urlaub von draußen erhalten — muntere hübsche Männer, welche die Dinge philosophisch und handwerksmäßig nehmen. Sie benutzen ihre freie Zeit nach Kräften und amüsiren sich, ohne viel an den morgenden Tag zu denken. Theils sind es Geschäftsleute, welche Käppis tragen, weil sie zur Nationalgarde gehören. Diese sind nicht bei so guter Laune. Ihr Vermögen schmilzt zusammen und in ihren Herzen wären sie, glaube ich, obschon sie immer noch rufen: „Wir ergeben uns nicht!" froh, wenn Alles vorüber wäre. Sie sprechen leise mit einander und stecken ein Stück von dem Zucker ein, den sie zu ihrem Kaffee bekommen. Dann und wann tritt ein ehemaliger Dandy oder Stutzer ein. Ich sehe, wie er sich ängstlich umschaut, um sich zu überzeugen, daß ihn kein anderer Dandy an einem so unfeinen Orte sieht. Er setzt sich für sich allein und betrachtet uns mit hochmüthigem Blick, denn wir sind für ihn und seines Gleichen viel zu ordinair.

Auch an Traviatas fehlt es in dem Restaurant zweiter Klasse nicht. Nur erst gestern saß neben mir eine, welche ich in früheren Zeiten oft in einer glänzenden Equipage fahren sah. Ihre Seiden- und Atlaskleider, ihre Juwelen und ihre Equipagen sind jetzt verschwunden. Es giebt jetzt keine russischen Fürsten mehr, keine Bojaren, keine Mylords, welche ihr die Mittel gewährten, ihrer Verschwendungssucht zu fröhnen. Sie verzehrte jetzt ihr Pferdefleisch, als ob sie ihr ganzes Leben lang „arm aber rechtschaffen" gewesen wäre, und während ich ihr zusah, wie sie das edle Roß mit einem Maß ordinairen Weins hinunterspielte, vergegenwärtigte ich mir die Veränderung, welche diese Belagerung in den Umständen aller Klassen herbeiführt.

Die seltsamsten Stammgäste dieses Restaurants aber

sind gewisse rüstige, in mittlern Lebensjahren stehende Männer, welche der Meinung zu sein scheinen, ihre Lebensaufgabe sei, ihr Vaterland zu betrauern, aber sonst nichts weiter dafür zu thun. Sie treten ein, als ob sie die Soldaten des Leonidas auf dem Wege nach Thermopylä wären; sie setzen sich, als wären ihre Stühle curulische Sessel, sie schielen Jeden an, der zu lächeln wagt, als ob er sich eines Verbrechens schuldig machte, und sie sprechen mit einander im Tone düsterer Entschlossenheit. Wenn Jemand auf eine Capitulation hinzudeuten wagt, so hüpfen sie auf ihren Stühlen empor und rufen: „On verra." Auf ihren Appetit scheint übrigens der Kummer bis jetzt noch keine störende Einwirkung geäußert zu haben und so viel ich ermitteln kann, ist es ihnen gelungen, sich bis jetzt allen militärischen Dienstleistungen zu entziehen. Dennoch kann kein Mensch unglücklicher aussehen als sie. Sie erinnern mich an den Erben beim Leichenbegängniß eines reichen Verwandten. Da ich gerade von Leichenbegängnissen spreche, so fällt mir ein, daß die Journale verlangen, man solle den Leichenbestattern, eben so wie den Fleischern, einen festen Tarif setzen. Sie verdienen bei der Belagerung zu viel und haben ihre Preise so über alle Maßen gesteigert, daß die Armen klagen, es werde ihnen selbst das Sterben unmöglich gemacht.

Heute lese ich in einem Journal einen Brief, der angeblich in der Tasche eines todten Deutschen gefunden worden und von seinem Gretchen herrührt. „Wenn du vielleicht einen Juwelierladen plünderst, schreibt diese praktische junge Dame, „so vergiß mich nicht, sondern bringe mir ein Paar hübsche Ohrringe mit." Die Familie dieses Kriegers scheint überhaupt geneigt zu sein, das Gewisse für's Ungewisse zu nehmen, denn in den Briefe heißt es weiter, die Mutter des Adressaten habe ihm eine Jacke gestrickt, dieselbe aber, anstatt sie ihm zu schicken, selbst angezogen. Gretchen wird nie ihre Ohrringe bekommen und die Mutter kann ihre Jacke nun tragen, ohne fürchten zu müssen, ihren Sohn derselben zu berauben, denn der arme Kerl liegt bei Le Bourget drei Fuß tief unter der Erde."

30. December.

Die Geschichte in Bezug auf eine Berathung, welche vor einigen Tagen stattfand, und bei welcher Trochu aufgefordert ward, zu resigniren, ist vollkommen wahr. Picard und Jules Favre sagten, wenn er resignirte, so würden sie dasselbe thun und die Discussion schloß damit, daß der General selbst sagte: „Ich fühle mich der Situation gewachsen und ich werde bleiben." Gestern Abend bildeten sich Gruppen, welche die Zurückziehung der Truppen von Mont Avron besprachen. Es war jedoch so bitterlich kalt, daß diese Gruppen sich bald wieder zerstreuten. Heute Morgen schimpfen alle Journale auf Trochu. Alles, was er unternimmt, schlägt fehl. Von Militärs höre ich, daß er bei der Armee immer unbeliebter wird. Während der Mont Avron bombardirt ward, setzte er sich muthig dem Feuer aus; anstatt aber die Operationen zu überwachen, hielt er Reden. General Ducrot, der auch da war, und zwischen welchem und Trochu eine gewisse Kälte entstanden ist, erklärte, er sei stets jedem Versuche diese Position zu behaupten, entgegen gewesen. Vinoy's Benehmen war das eines Soldaten. Er war überall und feuerte seine Leute an.

Unbegreiflich ist es mir, warum man, wenn man den Mont Avron halten wollte, denselben nicht befestigte. Man mußte doch wissen, daß die Preußen ein concentrisches Feuer aus schwerem Belagerungsgeschütz darauf richten konnten. Man hätte Casematten und starke Erdwerke anlegen können, aber es war nichts derart geschehen. Ich war kürzlich oben und fragte einen Ingenieurofficier, warum man nicht angemessene Vorsichtsmaßregeln getroffen habe. Er zuckte aber blos die Achseln. General Vinoy, der mit in der Krim war, sagt, Alles, was die Franzosen, Engländer und Russen dort ausgeführt, sei Kinderspiel im Vergleich mit der preußischen Artillerie. Nach der Größe nicht geplatzter Bomben, die man aufgehoben, zu urtheilen, muß ihr Geschütz von ungeheurem Kaliber sein. Die Frage ist jetzt, ob die Forts dagegen werden Stand halten können. Der folgende Bericht über die fragliche Affaire ist der „Vérité" entlehnt und bei weitem der beste von allen, die mir zu Gesicht gekommen:

„Trotzdem, daß das Feuer des Preußen am 26. matter ward, waren sie doch nicht unthätig. Durch die Härte des Bodens und den Nebel begünstigt, hatten sie in allen ihren Batterien von Lillenomble bis Montfermeil ihre Geschütze in Position gebracht. Der durch unser wohlgezieltes Feuer von

Fort Nogent dem Park von Drancy zugefügte Schaden ward wieder gut gemacht. In die Tranchéen bei Villa Evrard, die wir den Tag zuvor occupirt, wurden Geschütze gebracht und zwölf neue Batterien weittragender Kanonen demaskirt. Den ganzen 28. hindurch dauerte das Feuer fort und die Bomben schlugen dicht in unsere Batterien und in das Dorf Rosny ein. Das Dach des Bahnhofs ward zertrümmert und mehrere Mobilgarden wurden in der Hauptstraße getödtet. Die Räumung der in eine Ambulanz verwandelten Kirche ward räthlich gefunden. Alles dies war jedoch nichts im Vergleich mit dem Feuer, welches während der Nacht losgelassen wurde. Das Plateau Avron ward buchstäblich mit Bomben überschwemmt, darunter welche von ungeheurer Größe. Dabei zielten die Preußen viel besser als früher, denn ihre Geschosse explodirten fast alle dicht in der Nähe der Tranchéen. Jeden Augenblick wurden die Räder eines Munitionswagens getroffen oder eins der Pferde getödtet. Mehrere Soldaten wurden in den Tranchéen verwundet, denn diese waren so seicht, daß sie nur wenig Schutz gewährten. Zwei Bomben, die in einem und demselben Augenblick platzten, tödteten einen Seeofficier und drei Mann an einer der Kanonen. Alle, die so unklug waren, das Plateau überschreiten zu wollen, wurden niedergeschmettert. Es war ein trauriges und furchtbares Schauspiel, zu sehen, wie diese Seeleute kaltblütig ihre Kanonen richteten, ohne sich durch den feurigen Hagel stören zu lassen, während ihre Officiere, die sie ermuthigten jeden Augenblick fielen und ihre Umgebung mit ihrem Blut bespritzten. Die Infanterie und die Mobilgardisten waren auch ohne Schutz, denn der Theil des Plateaus, auf welchem sie aufgestellt waren, ward ebenfalls von den preußischen Kanonen bestrichen. Manche lachten, wenn sie die Bomben über ihren Köpfen hinwegsausen hörten und in ihrer Nähe platzen sahen, Viele aber wichen erschrocken zurück.

Die Nationalgarde stand auf den Höhen vor dem Dorfe Rosny und wurde ebenfalls von einigen Bomben erreicht. Ein Officier und ein Gardist vom 114. Bataillon wurden leicht verwundet. Die preußische Kanonade ward mit jeder Stunde heftiger. Auf unserer Seite ward das Feuer matter und hörte endlich ganz auf. Eine Stafette brachte den Befehl, das Plateau zu räumen und die Artillerie zu retten.

Man verlor keine Zeit. Zum Glück ward in diesem Augenblick das Feuer des Feindes ebenfalls matter und man traf eiligst Anstalten zum Rückzuge. Die Kanonen wurden von ihren Lafetten genommen, die Bagage auf die Karren und die Munition auf die Wagen geladen. Die Soldaten luden sich ihre Tornister auf, brachen die Zelte ab und schirrten die Pferde an. Alles dies geschah nicht ohne Schwierigkeit, denn es mußte geräuschlos und im Finstern geschehen, weil alle Feuer ausgelöscht worden waren. General Trochu ertheilte zu Pferde sitzend seine Befehle und erhielt jeden Augenblick Meldung von dem, was vorging. Trotz der Vorstellungen seines Stabes weigerte er sich, diesen exponirten Punkt zu verlassen. „Nein," meine Herren," sagte er, „ich werde nicht eher von hier weichen, als bis das letzte Geschütz in Sicherheit ist." Um zwei Uhr war Alles fertig und der lange Zug begann sich in Bewegung zu setzen. Die Mitrailleusen eröffneten denselben, dann folgten die schweren Schiffskanonen, die Munitions- und Bagagewagen. Die Linientruppen, die Seesoldaten und die Nationalgarde hatten Befehl, den Rückzug zu decken. Es war keine leichte Aufgabe, von dem Plateau nach Rosny hinunterzukommen. Der Frost hatte die Straße buchstäblich zu einer Eisbahn gemacht. Die Wagenführer gingen neben den Pferden her, hielten sie kurz am Zügel und rissen sie, wenn sie stolperten, wieder in die Höhe. Bis vier Uhr ging jedoch Alles gut. Der Marsch wurde langsam fortgesetzt und die preußischen Batterien waren verhältnißmäßig ruhig. Ihre Bomben fielen noch dann und wann dahin, wo unsere Geschütze gestanden hatten. Das Knarren der Räder jedoch und der Mangel an jeder Kanonade von unserer Seite erweckte endlich den Argwohn des Feindes und er richtete sein Feuer nun auf das Fort Rosny und die von dem Plateau dahinführende Straße. Der Zug der Kanonen und Wagen passirte in diesem Augenblick das Dorf und nur Karren mit Bagage waren noch auf dem Plateau. Anfangs fielen die Bomben weit ab, dann tödteten sie einige Pferde, einige Führer wurden getroffen und es trat eine gewisse Verwirrung ein. Der Theil unserer Marschlinie, welcher sich in Rosny befand, schwebte in drohender Gefahr. Zum Glück verloren unsere Anführer nicht den Kopf. Die Kanonen, deren

Pferde unverletzt waren, überholten die, welche Halt machen
mußten. Einige schlugen sich seitwärts in die Felder, die
Mannschaften schoben und Dank diesen Anstrengungen ward
unsere Artillerie gerettet. Sobald als die Kanonen den
dem Plateau gegenüberliegenden Hügel hinaufgeschleppt
waren, setzten sich die Pferde in Galopp und blieben nicht
eher stehen, als bis sie aus dem Bereich des feindlichen
Feuers waren. Es dauerte nun nicht lange, so waren die
Kanonen in Vincennes und Montreuil in Sicherheit. Die
Truppen hielten sich gut. Sie legten sich platt auf die
Erde nieder, die Offiziere dagegen blieben stehen und rauch-
ten ihre Cigarren, bis der letzte Wagen vorüber war. Der
Tag war bereits angebrochen, als sie Befehl erhielten, ab-
zutreten. Die Nationalgarde kehrte nach Paris zurück und
die Linie campirte nach kurzem Aufenthalte in Montreuil in
den Baracken von St. Maur. Um acht Uhr war die Räumung des Plateaus vollständig, die preußischen Bomben
fielen aber immer noch auf die verlassenen Häuser und
einige der zurückgelassenen Lafetten. Nun lenkte der Feind
seine Aufmerksamkeit auf die Forts Rosny und Noisy, die
ein furchtbares Bombardement auszuhalten hatten. Das
Getöse dieser Kanonade war so laut, daß man es in der
Mitte von Paris hören konnte. Um das Fort Noisy herum
schlugen die Geschosse bis britthalb Meter tief in den ge-
frorenen Boden und schleuderten Erdklumpen von dreißig
Pfund Gewicht in die Höhe. In Romainville, in der Rue
de Pantin, ward einem Tambour der Kopf weggerissen.
Seine Kameraden begruben ihn an Ort und Stelle. Im
Hofe des Fort Noisy warfen drei Mann, welche das Zischen
einer Bombe hörten, sich auf die Erde nieder. Die Idee
war keine glückliche, denn die Bombe fiel auf den in der
Mitte liegenden und tödtete alle drei. Dies waren die einzigen Fälle dieser Art, die sich in dem Fort ereigneten. Um
zehn Uhr hörten die Batterien des Feindes auf, dagegen zu
spielen, und richteten nun ihre ganzen Anstrengungen gegen
das Fort Rosny. Die Bomben bestrichen den offenen Hof,
schlugen das Dach der Kaserne ein und rissen die Pfirsich-
bäume nieder, deren Früchte den Parisern so theuer sind.
Von elf Uhr an war es unmöglich, die Straße nach Montreuil sicher zu passiren. In diesem Dorfe suchten die

wenigen noch zurückgebliebenen Personen Zuflucht in ihren
Kellern. Um drei Uhr kam die Sonne heraus und ich ging
die strategische Straße nach Noisy entlang. Ich begegnete
mehreren Regimentern — Zuaven, Infanterie und Marinesoldaten — die von Noisy und Bondy kamen. Ich sah die
Batterien des Feindes ganz deutlich. Die von der französischen Artillerie in Bondy begonnene Zerstörung ist von
den Preußen vollständig gemacht worden. Mittelst dreier
Batterien im Park von Rancy haben sie die Kirchhofmauer,
hinter welcher eine Batterie postirt war, und ein Erdwerk
zerstört. Was von der Kirche noch übrig geblieben, ist buchstäblich in Staub verwandelt worden. Mit Ausnahme von
in dem Innern der Häuser versteckten Schildwachen sind alle
unsere Truppen zurückgezogen worden. Einige Personen
hatten sich aus Neugierde auf den Marktplatz begeben; ihre
Neugierde wäre ihnen aber beinahe theuer zu stehen gekommen und sie mußten sich schleunigst wieder davonmachen.
Um drei Uhr verdoppelte sich das feindliche Feuer; einige
unserer Mobilgardisten wurden beim Ablösen getödtet und
von dieser Stunde an wagte sich Niemand mehr auf die
Straße. — 9 Uhr Abends. Der Mond ist aufgegangen
und scheint hell. Der Boden ist mit Schnee bedeckt und
es ist fast tageshell. Die preußischen Positionen sind deutlich
zu sehen. Das Geschütz kann man nicht unterscheiden.
Längs der ganzen Linie zwischen Villenomble und Gagny
aber zucken feurige Zungen, auf welche lange Rauchsäulen
folgen. Das Feuer auf Rosny nimmt an Heftigkeit zu,
das Dorf Noisy wird bombardirt."

Laboudière, Tagebuch.

Vierzehntes Capitel.

Paris, 1. Januar 1871.

Unsere Forts halten immer noch, wie die Fluthbrecher vor einer Küste, den Sturm zurück, den die Preußen gegen uns richten. Ich ging gestern zu dem Thor von Vincennes hinaus, um zu sehen, wie die Dinge stünden. In dem Walde von Vincennes sahen wir Truppen aller Art und eine große Anzahl Kanonen. Es fanden die gewöhnlichen Auftritte des Lagerlebens statt, obschon infolge der Kälte Jeder düster gestimmt und niedergedrückt zu sein schien. Ich gestehe, müßte ich bei dieser Witterung unter einem Zelte campiren und bekäme blos kaum glimmendes, grünes Holz, um mich zu wärmen, so würde ich nicht ganz so tapfer sein, wie ich zu sein wünschen würde. Durch den Wald, der sich immer rascher in eine baumlose Wüste verwandelt, hindurch ging ich in der Richtung von Fontenay weiter. Da die preußischen Bomben jedoch sehr dicht in das Dorf fielen, so führte ich eine strategische Bewegung nach links aus und zog mich auf einem Querwege nach Montreuil zurück. In diesem Dorfe standen mehrere Regimenter. Es liegt gleich hinter Fort Rosny und in den obern Theil, nach dem Fort zu, fielen die preußischen Bomben.

Es ist seltsam, wie wenig wirkliche Gefahr für Leib und Leben mit einem Bombardement verbunden ist. Die Bomben machen, wenn sie durch die Luft geflogen kommen, ein pfeifendes Geräusch. So bald als man dieses warnende Geräusch hört, wirft sich Jeder auf den Boden nieder. Die Bombe fliegt über ihn hinweg, schlägt in der Nähe etwa zwei Fuß tief in den harten Boden ein und platzt dann, wobei sie große Erdwolken emporwirft wie eine kleine Mine.

Die Preußen demaskiren jeden Tag frische Batterien und rücken den Forts immer näher. Ihr Feuer erstreckt sich jetzt von Le Bourget bis zur Marne und reicht an einigen Punkten bis auf eine Viertelmeile an die Wälle heran.

Bondy ist jetzt wenig mehr als ein Trümmerhaufen. Was die Forts betrifft, so sagt man uns, daß ihnen, ab= gesehen davon, daß die Kasernen unhaltbar geworden sind, kein Schaden zugefügt worden ist. Wenn man dahinter steht und sieht, wie die Bomben hineinfallen, so kommen sie einem aber durchaus nicht vor wie Plätze, an welchen man sein möchte, wenn man nicht muß, und sie schienen gestern das Feuer des Feindes nur schwach zu erwiedern. Ich glaube, die Preußen verstehen ihr Geschäft und haben wirklich die Absicht, Fort Rosny gänzlich zu zerstören.

Ehe Sie diesen Brief bekommen, wird das Duell zwischen Erde und Eisen entschieden sein, und es wäre daher zwecklos, wenn ich Vermuthungen über das Resultat anstellen wollte. Wenn Rosny oder Nogent fallen, so steht dann dem Bombardement von Belleville kein Hinderniß mehr entgegen. Viele militärische Sachverständige glauben, dieses Bombardement sei nur das Vorspiel eines Angriffes auf den Mont Valérien. Gegen 3,500 Meter von diesem Fort befindet sich ein sehr anstößiges Plateau, La Bergerie genannt. Es ist etwas höher als das, auf welchem das Fort Valérien steht. Die Preußen haben dort, wie man weiß, Batterien errichtet und da das Fort Valérien von Granit erbaut ist, so wird, wenn es bombardirt wird, der Werth des Granits als Material zu Festungswerken auf die Probe gestellt werden.

Seitdem die Preußen ihr Feuer eröffnet, haben zahl= reiche Kriegsrathssitzungen stattgefunden und sind noch zahl= reichere Proclamationen erlassen worden. General Trochu fordert die Stadt auf, ruhig zu sein und nicht zu glauben, daß Meinungsverschiedenheiten zwischen den Mitgliedern der Regierung bestehen. General Clement Thomas hat eine Adresse an die Nationalgarden erlassen, worin er ihnen sagt, daß das Land im Begriff stehe, große Opfer von ihnen zu verlangen. „Toujours des proclamations et rien que cela," sagt das Volk, welches dieses Unsinns endlich müde wird. Gestern fand wieder eine große Berathung aller Generale und Commandanten statt. General Trochu, sagt man, war zu Gunsten eines Versuchs, die preußischen Linien zu durchbrechen, die Majorität dagegen erklärte sich zu Gunsten einer Anzahl kleiner Ausfälle. Was geschehen wird, scheint Niemand zu wissen und ich bezweifle, daß unsere Regenten selbst einen sehr bestimmten Begriff davon haben. Es hängt so sehr vom Zufall ab, ob der Mensch von der Nachwelt als Weiser oder als Narr betrachtet wird, daß es keineswegs leicht ist, zu sagen, wie ihr Urtheil über General Trochu lauten wird. Wenn er einfach gewünscht hat, die Preußen von Paris ab- und im Innern der Stadt die Ordnung so lange aufrecht zu halten, bis die Lebensmittelvorräthe erschöpft sind, so ist ihm dies gelungen; hat er dagegen gewünscht, den Feind zu zwingen, die Belagerung aufzuheben, so hat er eine Niederlage erlitten.

Seit den letzten achtzehn Tagen ist keine Brieftaube angekommen und die Sehnsucht nach Neuigkeiten von außen ist sehr stark. Vor einigen Tagen erzählte man, ein Bote habe sich mit der Nachricht von einem französischen Siege durch die preußischen Linien geschlichen. Den nächstfolgenden Tag hieß es, ein schwer verwundeter sächsischer Offizier habe mit seinem letzten Athemzuge seinem Arzt anvertraut, Prinz Friedrich Karl sei geschlagen worden. Gestern sagte Jules Favre dem Maire, es gehe das Gerücht, daß General Chanzy einen Sieg erfochten habe. Alles kommt jetzt darauf an, was Chanzy macht; so viel wir aber wissen, kann er schon seit einer Woche aufgehört haben, zu existiren.

Nach einer soeben stattgehabten Zählung der Bevölkerung innerhalb der Linien stellt sich diese Zahl, mit Ausschluß der Linientruppen, der Mobilgarde und der Seeleute, auf 2,000,500. Bis jetzt ist noch kein Versuch gemacht worden, das Brod zu rationiren, doch soll es von nun an mit Hafer und Reis gemischt werden. Der Maire unseres Quartiers sagt, daß in diesem Arrondissement — dem reichsten in Paris — ganz gewiß noch auf zwei Monate Nahrungsmittel vorhanden seien. Sollten sehr gute Nachrichten aus der Provinz eintreffen und sich herausstellen, daß, wenn wir noch zwei Monate aushalten, die Nothwendigkeit einer Capitulation vermieden werden würde, so glaube ich, wir würden uns noch halten bis Ende Februar, selbst wenn wir die Sohlen unserer Stiefel essen sollten. Kommen dagegen schlimme Nachrichten, so werden wir nicht zu diesem Nahrungsmittel greifen, sondern uns, wenn wir blos noch Brod haben, ergeben und uns mit dem Gedanken trösten, daß, wenn nichts Anderes, doch wenigstens die Ehre gerettet sei. Louis Blanc veröffentlicht heute einen Brief an Victor Hugo, worin er den Parisern sagt, daß sie, wenn sie auch capituliren, doch dabei nichts gewinnen werden, denn die Preußen werden ihnen weder erlauben, Paris zu verlassen, noch wenn der Krieg fortdauert, die Verproviantirung gestatten.

Spuren von bevorstehenden Unruhen zeigen sich bis jetzt noch nicht und sollten dergleichen doch vorkommen, so ist die Schwäche der Regierung daran schuld, denn an ausreichenden Mitteln, sie zu unterdrücken, fehlt es ihr nicht. Die pariser Presse beschwört fortwährend die Arbeiter, nicht einander oder ihren Nachbarn die Kehlen abzuschneiden und lobt sie, daß sie es noch nicht gethan haben. Diese Art Lob kommt mir fast vor wie eine Beleidigung. Ich sehe keinen Grund, weshalb die Arbeiter für weniger patriotisch gehalten werden sollen als Andere. Daß sie mit Trochu nicht zufrieden sind und daß sie andere politische und sociale Meinungen hegen als die Bourgeosie, ist sehr möglich. Meinungen aber sind frei und bis jetzt haben diese Leute bewiesen, daß sie den Ausdruck der ihrigen den Forderungen der Nationalvertheidigung unterzuordnen bereit sind. Ich bewege mich häufig unter ihnen und während viele ein allgemeines Rationirungssystem wünschen, weil sie glauben, daß dann die Proviantvorräthe länger reichen werden, so ist es doch durchaus nicht ihre Absicht, zu plündern oder einen Conflict mit der Regierung herbeizuführen. Ich betrachte sie in Bezug auf die Eigenschaften, welche einen guten Bürger machen, als unendlich hoch über den Journalisten stehend, welche ihnen Moral predigen, aber weit besser thun würden, wenn sie die Muskete auf die Schulter nähmen und sich in Reih und Glied stellten, anstatt mit Schimpfereien auf die Preußen und mit dem Herausstreichen ihres eigenen angeblichen Heldenmuthes Papier zu verschwenden.

Als Soldaten haben die Arbeiter blos den Fehler, daß

sie von keiner Disziplin etwas wissen wollen, dies ist aber nicht sowohl ihr Fehler, als vielmehr der der Regierung. Sich mit einem dieser Leute zu unterhalten, nachdem man den Leitartikel eines Journals gelesen, ist ein wahrer Genuß. Ein französischer Journalist drapirt sich in seine Toga, stellt sich auf ein Piedestal und ergeht sich in bedeutungslosen, hochtrabenden Redensarten. Ein französischer Arbeiter ist vielleicht allzu sehr geneigt, jeden andern Menschen als sich selbst und irgend einen besonderen Abgott, den er sich erkoren, als einen Narren zu betrachten; dennoch aber fehlt es ihm keineswegs an der Fähigkeit, sich einen richtigen praktischen Begriff von seinen eigenen Interessen sowohl als von denen seines Landes zu machen.

Seit Beginn der Belagerung sind neunundvierzig neue Journale erschienen. Viele davon haben schon wieder aufgehört zu existiren, alte und neue zusammengerechnet müssen aber wenigstens sechzig täglich erscheinen. Wo sie alle das Papier hernehmen, ist mir ein Räthsel. Einige davon sind auf so dickes gedruckt, daß dieses wahrscheinlich von Haus aus zum Verpacken von Zucker und dergleichen bestimmt gewesen ist. Die Journale, welche sich früher am stärksten zu Gunsten des Kaiserreiches aussprachen, thun jetzt dasselbe zu Gunsten der Republik. Redacteure und Schriftsteller, die noch vor wenigen Monaten keinen höheren Wunsch kannten, als eine Einladung in die Tuilerien oder ins Palais Royal zu erhalten, oder durch die niedrigsten Schmeicheleien den Orden der Ehrenlegion zu erwerben, sind jetzt vollkommene Catos geworden und schimpfen auf Hof und Höflinge, Bonapartisten und Orleanisten. Den Krieg betrachten sie als das ruchloseste Verbrechen und scheinen ganz vergessen zu haben, daß sie im letztvergangenen Juli den Beginn des Siegeszuges nach Berlin mit Freudengeschrei begrüßten.

2. Januar.

Gestern Abend gab es, trotz der Kälte, auf den Boulevards Gruppen, welche „à bas Trochu!" riefen. Wie man sagt, soll künftig keine militärische Operation stattfinden, bevor sie durch einen aus Generalen und Admiralen zusammengesetzten Kriegsrath discutirt worden. Da der Augenblick, wo wir, wenn nicht Hülfe kommt, capituliren müssen, immer näher rückt, so sucht jeder die Verantwortlichkeit von sich abzuwälzen. Es ist dies die Folge des Sündenbock=systems, welches so lange in Frankreich vorherrschend gewesen ist.

Die Commandanten draußen erlassen belobende Adressen an die Nationalgarden, die unter ihren Befehlen gestanden haben. Die „Verité" thut in Bezug hierauf folgende Fragen: „Warum werden Bataillone, die von General Thomas, ihrem unmittelbaren Vorgesetzten, chronischer Trunkenheit beschuldigt werden, von wirklichen Militärs auf solche Weise gerühmt? Warum erklären ausgezeichnete Generale, wenn sie nicht durch Umstände gezwungen werden, es für eine Heldenthat, vier oder fünf kalte Nächte in den Tranchéen zugebracht zu haben? Warum giebt man so widersprechenden Tagesbefehlen so große Publicität?"

Das „Journal Officiel" enthält eine lange Adresse an die Pariser. Außer der Angabe, daß seit dem 14. v. M. keine Nachrichten eingegangen sind, findet man aber in diesem Document weiter nichts als leere Worte. Zwischen den Zeilen kann man allerdings vielleicht den Wunsch lesen, der Bevölkerung die furchtbaren Wirklichkeiten der Situation vor Augen zu halten.

Die Todesfälle in der vergangenen Woche belaufen sich auf 3280, also 552 mehr als in der vorigen. Wie man mir sagt, sind dabei Die, welche in den öffentlichen Spitälern sterben, noch gar nicht mitgerechnet.

Draußen nichts Neues. Das Bombardement der östlichen Forts dauert noch an, jedoch mit Unterbrechungen. Dann und wann hört es beinahe auf, dann bricht es mit neuer Wuth wieder los. Die Rationen werden in einigen Arrondissements immer kleiner und niedlicher. Im 18. (Montmartre) erhalten die Bewohner blos für zwei Sous Pferdefleisch täglich. Die Rationen sind in jedem Arrondissement verschieden, denn der Maire eines jeden sucht so viel zusammenzubringen als er nur kann, und der eine hat dabei mehr Glück als der andere. Diese Verschiedenheiten geben Anlaß zu großer Unzufriedenheit. Heute scheint man der Ansicht zu sein, daß Trochu, wenn er Unruhen vorbeugen will, sehr bald einen Ausfall machen muß.

Der „Gaulois" sagt:

„Wie traurig ist unser Neujahrstag gewesen! Unter uns können wir dies gestehen, obschon wir es muthig wie vernünftige Menschen ertragen haben, die entschlossen sind, dem Unglück die Spitze zu bieten und dem Elend ins Gesicht zu lachen. Es ist hart, daß wir nicht am Morgen unsere Lieben beschenken, sie umarmen und zu ihnen sagen konnten: „Das Jahr, welches vergangen, hatte seine Freuden und Leiden, seinen Sonnenschein und seinen Schatten — aber was thut das? Wir haben ja Alles mit einander getheilt. Das Jahr, welches beginnt, kann ebenfalls keine Leiden bringen, die wir, wenn wir vereint bleiben, nicht im Stande wären, zu ertragen?" Die Meisten von uns haben heute allein und einsam gefrühstückt und einige qualmende Holzscheite sind unsere einzigen Gefährten gewesen. Es giebt Kümmernisse, über welche keine Philosophie trösten kann. An andern Tagen vergißt man sie vielleicht, am Neujahrstage aber macht sich unsere Vereinsamung doppelt fühlbar und wir können nicht umhin, traurig und schweigsam zu sein. „Wo sind sie jetzt? Was machen sie?" denkt Jeder im Stillen. Die Gedanken des Vaters sind bei seinen Kindern; er sieht sie im Geiste mit ihren rosigen Gesichtern und ihre Mutter, die sie ankleidet. Wie ermüdend müssen die langen Tage auch für sie, die von ihrem Gatten getrennte, sein! Voriges Jahr hatte sie ihren Kleinsten eine Fabel auswendig lernen lassen und brachte den zitternden Knaben, damit er das Gedicht seinem Vater vorbeclamirte. Auch sie zittert eben so wie der Kleine. Sie folgt ihm mit ihren Blicken, sie flüstert ihm das fehlende Wort zu, wenn er stockt, aber so leise, daß er es ihr von den Lippen abliest und der Vater nichts hört. Seit vierzehn Tagen hat sie den Knaben alle Abende auf den Schoos genommen und gesagt: „Nun, sag Deine Fabel her." Sie hat ihm Vers für Vers mit Engelsgeduld eingelernt und seinen Fleiß durch Bonbons belohnt und angespornt. „Er kann seine Fabel nun bald," hat sie hundertmal zu ihrem Gatten gesagt. „Wirklich?" antwortete er mit zweifelnder Miene. Er interessirte sich dafür eben so lebhaft wie seine Gattin und schien blos ihre Mittheilung zu bezweifeln, um ihren Triumph dann um so größer zu machen. Er wußte, daß der Kleine am Neujahrsmorgen die Fabel können würde.

Ihr preußischen Bettler, Ihr preußischen Schurken, Ihr Banditen, Ihr Vandalen, Ihr habt uns Alles genommen. Ihr habt uns ruinirt, Ihr nehmt uns den letzten Bissen Brod, Ihr bombardirt uns und wir haben das Recht, Euch mit einem königlichen Hasse zu hassen. Eure Raub- und Mordthaten hätten wir Euch vielleicht bereinst vergessen; wir hätten Euch vielleicht vergeben, daß Ihr unsere Städte verwüstet, daß Ihr uns auf schändliche Weise verrathen habt. Das französische Volk ist so leichtherzig und gut, daß wir mit der Zeit unsern Groll vielleicht vergessen hätten. Was wir Euch aber niemals vergessen werden, ist dieser Neujahrstag, den wir ohne Nachricht von unseren Familien haben verleben müssen. Ihr habt wenigstens Briefe von Euren Gretchens gehabt, ohne Zweifel ganz erstaunliche Briefe, in welchen sich das Melancholische mit blauen Augen mischt und die einen in seiner Art einzigen literarischen Salat repräsentiren, der aus Sauerkraut, Zephyrwolle, Vergißmeinnicht, Plünderung, Bombardement, reiner Liebe und Metaphysik zusammengesetzt ist. Ihr habt, was Euch gefällt. Eure häßlichen Gesichter empfangen Küsse durch die Post. Ihr tödtet aber unsere Brieftauben, Ihr fangt unsere Briefe auf, Ihr schießt auf unsere Ballons und Ihr schmunzelt in Eurer plumpen deutschen Weise, wenn Ihr Euch eines unserer Briefbeutel bemächtigt, welche Denen, die wir lieben, unsere Wünsche, unsere Hoffnungen, unsere Erinnerungen und unsere Herzen bringen. Es ist eine lustige Posse, nicht wahr? Ihr bildet Euch abgeschmackter Weise ein, das einzige Volk in der Welt zu sein, welches zu lieben verstehe und bei welchem man das ächte Familienleben antreffe. An dem Haß aber, den wir für alle Zeiten gegen Euch hegen werden, sollt Ihr sehen, daß auch wir zu lieben wissen — unsere Zeit wird kommen — dessen seid versichert. Mit dem 1. Januar 1871 beginnt eine furchtbare Aera blutiger Rache. Arme Philosophen des Weltfriedens! Nun, seht Ihr den Werth Eurer hochtrabenden Phrasen und Eurer Humanitätsträume! Vergebens bildet Ihr Euch ein, die Welt stehe schon im Begriff, in eine Periode ewigen Friedens und Fortschrittes einzutreten. Einen schönen Fortschritt in der That hat das Jahr 1870 uns gebracht! Ihr hattet vergessen, die Existenz dieser Hunnen in Anschlag zu bringen. Wir sind wieder mitten in das Elend des 13. und 14. Jahrhunderts zurückversetzt. Die Erinnerung an den heutigen Tag wird den Herzen unserer Kinder eingegraben bleiben. „Es war das Jahr," werden sie sagen, „wo wir keine Geschenke bekamen und wo wir unsern Vater nicht küßten. Daran waren die Preußen schuld und sie sollen dafür bezahlen!" Wir wollen hoffen, daß die Bezahlung noch heute beginne. Sollten wir aber noch weiter besiegt werden, so wollen wir unsern Kindern die Erinnerung an das uns widerfahrene Unrecht hinterlassen und sie mögen es rächen."

Der nachstehende Artikel ist der „Verité" entlehnt:

„Welche Leiden wären unserm unglücklichen Lande erspart worden, wenn man ihm nur die Wahrheit gesagt hätte. Hätte Jemand den Muth gehabt, uns zu sagen, wie es eigentlich mit unsern Hülfsquellen stand, als Gramont seine berüchtigte Erklärung auf der Tribüne gab, so hätte der Krieg nicht stattgefunden. Am 4. September waren viele Mitglieder der neuen Regierung in keiner Täuschung befangen, da es aber, um populair zu sein, für sie nothwendig war, zu sagen, wir wären stark, so zögerten sie nicht, zu verkünden, die Republik werde Frankreich retten. Auch heute ist die Situation noch dieselbe. Auf die Versicherungen ihrer Regenten hin glaubt die Bevölkerung von Paris, der endliche Sieg sei gewiß und unser Lebensmittelvorrath unerschöpflich. Man hat keinen Begriff davon, daß wir, wenn uns Niemand zu Hülfe kommt, endlich erliegen müssen. Welch' eine Ueberraschung und vielleicht welch eine Katastrophe wird es sein, wenn das Volk erfährt, daß kein Brod und auch keine Aussicht auf Sieg mehr vorhanden ist. Es wird sich beklagen, daß es hintergangen worden, und es wird Recht haben. Es wird „Verrath!" schreien und sich rächen wollen. Kann man es ihm verdenken? Wenn die Regierung sich vertheidigt, welche Zukunft erwartet uns dann! Und vertheidigt sie sich nicht, was werden wir dann noch durchzumachen haben, ehe wir in die Hände der Preußen fallen. Die Republik hat eben so wie das Kaiserreich die Lüge zum herrschenden Regierungssystem gemacht. Die Presse hat denselben Weg eingeschlagen. Große Anstrengungen werden gemacht, um die einträchtige, vertrauensvolle Gesinnung zu erschüttern, welcher wir es verdanken, daß Paris nach einer hunderttägigen Belagerung immer noch Widerstand leistet. Der Feind gesellt jetzt das Bombardement unserer Vorposten und unserer Forts zu den anderen Einschüchterungsmitteln, wodurch er versucht hat, die Vertheidigung lahm zu legen. Freilich sagt man, die Mitglieder der Regierung seien getheilt in ihren Ansichten hinsichtlich der großen Interessen, deren Leitung ihnen anvertraut ist. Die Armee hat schwer gelitten und bedarf einer kurzen Ruhe, die ihr aber der Feind durch sein Bombardement streitig macht. Sie rüstet sich jetzt mit Hülfe der Nationalgarde wieder zum Kampfe und wir werden Alle unsere Pflicht thun. Wir sind Alle eins im Angesicht der Gefahren des Landes und in der Hoffnung auf seine Befreiung."

Die „Patrie" vom 2. Januar sagt:

„Vielleicht ist Bourbaki nun mit General von Werder zusammengetroffen. Wenn er siegt, so ist die Straße nach Paris durch das Seinethal ihm offen, eben so wie die Straße nach Süddeutschland über Besançon und Belfort und die Brücke von Basel, deren Neutralität wir eben so wenig zu respectiren brauchen als die Belgiens, seitdem Europa dem Grafen Bismarck gestattet hat, die Neutralität Luxemburg's zu verletzen. Ha! wenn Bourbaki ein Torstenson, ein Wrangel oder ein Turenne wäre — vielleicht ist er es — welch einen großartigen Feldzug könnten wir dann in wenigen Wochen an der Donau, am Lech und an der Saar haben!"

Die „Liberté" vom 2. Januar sagt:

„Man organisirt eine große Kundgebung gegen die Regierung. Der Zweck ist, letztere durch das Collegium der Maires von Paris und ihrer Adjuncten zu ersetzen. Diese Kundgebung wird, wenn sie wirklich erfolgt, nicht weitergehen als die Boulevards. General Trochu fürchtet sich vor dem Maire Mottu nicht, aber er muß einsehen, daß der Augenblick zum Handeln da ist. Seine Proclamation hat die Befürchtungen von Paris nur unvollkommen beantwortet. Eine Capitulation würde nur möglich sein, wenn Kälte, Hunger und Bombardement ferneren Widerstand unmöglich gemacht haben. So denkt das Volk und

Trochu sollte nicht immer noch mehr Proclamationen erlassen, sondern handeln."

4. Januar.

Man sagt, obschon ich nicht weiß, ob es wahr ist, daß durchschnittlich stets 5000 Familien sich in bedrängten Verhältnissen befinden, weil ihre Häupter beim Whist ihre Trümpfe nicht eher ausspielen, als bis es zu spät ist, sie wirksam zu verwenden. Wenn Trochu wirklich der Meinung war, er habe Trümpfe in der Hand, die ihn in den Stand setzten, das Spiel, welches er gegen die Preußen spielt, zu gewinnen, so hat er sie doch so lange zurückgehalten, daß sie nun werthlos geworden sind. Wenn er vor einem Monat, wo er doch der Stärkere war, nicht durch die preußischen Linien brechen konnte, so wird er jetzt noch viel weniger im Stande sein, es zu thun. Jetzt sind die Preußen stärker und er ist schwächer, denn die Unthätigkeit der letztvergangenen Wochen und die Räumung des Avron wären hinreichend gewesen, den Eifer selbst viel älterer Truppen zu dämpfen, als welche er unter seinem Commando hat. Die Unbeliebtheit dieses vortrefflichen aber eiteln Mannes steigert sich mit jedem Tage und er hat jedenfalls schon oft bereut, eine so schwere Verantwortlichkeit auf sich genommen zu haben. „Handeln, rasches Handeln!" schreien die Journale, aber die Generale wissen wohl, was geschen würde, wenn sie diesem Rufe folgten. Die Situation läßt sich überhaupt in wenigen Worten zusammenfassen. Die Generale haben kein Vertrauen zu ihren Truppen und die Truppen haben keins zu ihren Generalen.

Man gehe nur hinaus vor die Wälle und spreche mit den Offizieren und Soldaten, welche den wirklichen Kampf besorgen, die am Tage den Bomben ausweichen und des Nachts in ihren Zelten halb erfrieren müssen. Sie werden sagen, daß sie bereit sind, ihre Pflicht zu thun, aber dennoch an dem endlichen Erfolge verzweifeln. Man komme in die Stadt und spreche mit einem Helden, der nie über die Wälle hinausgekommen ist — Cato von Utica ist ein Narr gegen ihn, Palafox von Saragossa ein elender Feigling. Seitdem die Forts bombardirt werden, bildet unser Held sich ein, daß er unter dem Feuer des Feindes esse, trinke und schlafe: „Die menschliche Natur ist ein närrisches Ding," sagt Richard Swiveller, und ganz vorzüglich gilt dies von der französischen Natur. Jenen wirklichen Bürgermuth und Geist der Selbstverleugnung, welchen die Pariser dadurch gezeigt, daß sie lieber Drangsalen aller Art ertragen, als in die Zerstückelung ihres Landes gewilligt haben, betrachten sie als keinen Anspruch auf Achtung. Was nicht auf die Phantasie einwirkt, hat in ihren Augen keinen Werth. Die Uniform macht nicht den Soldaten und obschon sie fast Alle Uniform tragen, so sind sie doch weit schlechtere Soldaten als die Bauernburschen, die man zur Mobilgarde ausgehoben hat. Wollte man ihnen dies aber sagen, so würden sie darüber sehr entrüstet sein. Militärischer Ruhm ist ihre Passion und es ist eine sehr unglückliche. Die Bewunderung kriegerischen Pompes macht eben so wenig einen Krieger, als die Bewunderung eines Gedichts einen Dichter macht. Der Pariser ist nicht geradezu ein Feigling, seine Individualität ist aber so stark entwickelt, daß er sie nicht gern der Gefahr aussetzt, durch eine zufällige Kugel vernichtet zu werden. Sterben, während Tausende zusehen, ist etwas ganz Anderes, als in Verborgenheit und ohne Zeugen sterben. Der französische Muth ist nicht derselbe, wie der vieler Zweige der großen angelsächsischen Familie. Der Angelsachse besitzt einen angeborenen, hartnäckigen Muth, der ihm keinen Tag und keine Stunde untreu wird. Der des Franzosen hängt mehr von äußeren Umständen ab. Er muß Vertrauen zu seinem Anführer haben, er muß durch Erfolg angefeuert und mit einem Gemisch von Strenge und kluger Schmeichelei behandelt werden. Man gebe ihm einen Säbel und lasse ihn umhergaloppiren wie ein Kunstreiter und er wird, so bald eine genügende Anzahl Zuschauer zur Stelle ist, Wunder thun; in obscurer Weise aber für irgend etwas oder irgend Jemanden sterben, davon mag er nichts wissen.

Trochu hat nicht verstanden, den Enthusiasmus seiner Untergebenen zu wecken. Er erläßt viele Proclamationen, aber sie schlagen nicht die rechte Saite an. Anstatt die Disziplin durch kluge Strenge aufrecht zu erhalten, bemüht er sich, dies dadurch zu thun, daß er Vorlesungen hält wie ein Schulmeister. Uebrigens sind auch seit Beginn der

Belagerung alle seine Offensivbewegungen erfolglos gewesen. Ich bin nicht Militär, obschon ich aber die Gründe gegen einen Ausfall en masse verstehe, so erscheint es mir doch sonderbar, daß die Preußen nicht häufiger durch Angriffe beunruhigt werden, die sie wenigstens zu vielen ermüdenden Märschen um den äußeren Cirkel herum nöthigen und abhalten würden, Truppen zu anderweiten Dienst zu detachiren.

Es vergeht keine Stunde, ohne daß ein neues Gerücht in Bezug auf die Armeen der Provinzen in Umlauf gesetzt wurde. Ein Brief, welcher Mr. Odo Russell, dem englischen Unterstaatssecretair und Correspondenten der „Times", zugeschrieben wird und worin es heißt, General Chanzy spiele mit dem Prinzen Friedrich Carl wie die Katze mit der Maus, ist von Jemandem gelesen worden und heute Morgen jubiliren alle Journale darüber. Eine Nummer des „Moniteur de Versailles" vom 1. Januar, welche, ich weiß nicht wie, zu uns hereingelangt ist, erwähnt allerdings nichts über den Prinzen Friedrich Carl, gerade dies aber betrachten wir als einen Beweis, daß er eine Niederlage erlitten hat. Ferner hat Jemand in der Seine eine Flasche mit einem Briefe darin gefunden und dieser Brief spricht ebenfalls von einem großen französischen Siege. Mr. Washburne hat die englischen Blätter bis zum 22. December, hält sie aber streng geheim und läßt Niemand einen Blick hineinthun, seitdem unser würdiger Freund Otto von Bismarck ihm einen Auszug aus einem meiner Briefe übersendet, in welchem ich auf den Inhalt einiger uns zugegangenen Zeitungsblätter hingedeutet hatte. Mr. Washburne kann sich demzufolge vor hinterlistigen Fragen kaum retten. Sogar sein Mienenspiel wird beobachtet und besprochen. „Wir sahen ihn heute," heißt es in dem Abendjournal, welches ich so eben gekauft habe. „Er lächelte! Das ist ein gutes Zeichen! Unser Sieg muß ein großartiger gewesen sein, wenn selbst John Bull genöthigt ist, es einzugestehen." Ein anderes Blatt fragt ihn, ob er es in Erwägung der Umstände nicht für seine Pflicht halte, sein dem Grafen Bismarck gegebenes Versprechen nicht weiter zu beachten, sondern seine Zeitungen der Regierung mitzutheilen. „Auf diese Weise", meint dieser Versucher, „würde die Schuld abgezahlt, welche Amerika an

Frankreich abzutragen hat, weil es ihm während seiner Revolution Beistand geleistet. „Wir gaben Euch Lafayette und Rochambeau und verlangen dafür weiter nichts, als ein einziges Exemplar von einer englischen Zeitung ███████ ████████ an Neuigkeiten la████████████ der Bevölker███████ die Kälte oder der ███████████████mitteln. ████ Tag und den ganze████████ dichte Gruppen auf den höher gelegenen ███████ Stadt und lugen durch Ferngläser in der ████████en Hoffnung, die Ankunft Chanzy's zu sehen, von ██████ man erwartet, daß er plötzlich wie ein Romanheld auf ██████ prächtig aufgezäumten Rosse mit Faidherbe an seiner Seite angesprengt kommen wird. Viele behaupten, durch das Getöse der Kanonen unserer Forts und der preußischen Batterien hindurch das Echo entfernter Artillerie zu hören, und stürzen fort, um ihren Freunden zu verkünden, daß die Hülfsarmee den Belagerern in den Rücken gefallen ist. Mittlerweile hat das Bombardement der Forts und Dörfer auf der Ostseite der Stadt seinen Fortgang in der systematischen Weise, welche den Deutschen eigenthümlich ist. Jede Minute wird eine bestimmte Anzahl Bomben abgefeuert und zu gewissen Stunden des Tages treten lange Pausen ein. Was in den Forts geschieht, wird natürlich sehr geheim gehalten. Die officiellen Bulletins sagen, wesentliche Beschädigungen seien noch nicht vorgekommen. Was die umliegenden Dörfer betrifft, so werden sie, glaube ich, blos bombardirt, um sie unhaltbar zu machen.

Die Regierung scheint jetzt eben so sehr zu wünschen, noch einige Personen zu finden, welche die Verantwortlichkeit mit ihr theilen, als sie früher jeder Theilung der Macht abgeneigt war. Die Maires der Stadt sollen sich mit ihren Adjuncten oder Stellvertretern einmal wöchentlich im Stadthause einfinden, um ihre Ansichten in Bezug auf Municipalangelegenheiten auszusprechen, und einmal wöchentlich im Ministerium des Innern, um die politische Lage zu erörtern. Da es zwanzig Maires und vierzig Adjuncten giebt, so sind sie, wenn sie alle beisammen sind, zahlreich genug, um eine Art Parlament zu bilden.

Die so überaus wichtige Lebensmittelfrage befindet sich noch in statu quo. In halb officiellen Organen beginnt

[...] schon anzudeuten, daß das [...]
[...] werden muß. Es kann sein, daß i[...]
glaub[...] die Bevölkerung wird [...]
la[...] auf den Umfang [...]
[...] Regierung [...]
[...]
reichen [...] Monate
genug [...]

[...] sich jetzt hier
fast eben [...]. Die Re-
gierung hat [...] die Frage zu regeln.
Durch das erste [...]erlichen Schritte von
Seiten der Hau[...] eintreibung des Miethzinses
vorläufig unter[...] zweite gewährt Allen, die den
Octobertermin [...] können, eine Frist von drei
Monaten, und [...] das bi[...] Alle, die sich das
zweite zu Nutzen [...]ordert, von der Be-
hörde ihre Zahlu[...]fähig[...] [...]. Heute ist noch
ein viertes hinzugekommen, [...] den Octobertermin
suspendirt und die drei fr[...]n ecrete auf den Januar-
termin anwendbar macht, [...] den Hauswirthen das
Recht giebt, die Wahrheit [...] uthserklärung ihrer Ab-
miether zu bestreiten. D[...] [...] ist eine sehr ernste, denn
von der Bezahlung des M[...]zinses hängen direct oder
indirect die Mittel zum [...]nterhalt für die halbe
Nation ab. So sagen die [...]wirthe, daß, wenn die Ab-
miether sie nicht bezahlen, [...]e auch selbst nicht die Zinsen
der auf ihren Besitzungen haftenden Hypotheken bezahlen können. Werden aber diese Zinsen nicht bezahlt, so
können auch die Actionäre des Crédit foncier und anderer
großer Hypothekenbanken nichts bekommen.

Paris war unter der Pflege und Obhut des Kaisers
nächst Petersburg die theuerste Hauptstadt in Europa geworden. Ihr Vermögen war ein künstliches und hing davon
ab, daß eine lange Kette zusammenhängender Glieder
ununterbrochen blieb. In den industriellen Stadttheilen
ward Geld durch die Fabrikation von sogenannten Pariser
Artikeln verdient und für diese wird, sobald die Communicationen wieder hergestellt sind, derselbe Markt wieder
offen sein wie früher. Als Vergnügungsstadt jedoch hängt

[...] von Paris, wie das eines koloſſa[len ...]
[...]
[...]
[...]
[...]
[...] macht
die Verſch[wendung ...] kaiſerreich
war das [...] Auszeich-
nung. D[...] die vorſichtigen
Gewohnheiten [...] und erwarb ſich
Vermögen [...] Das kaiſerliche
Paris war darü[ber ...] mußten 20 Procent
von ihrem Eink[ommen für eine] Wohnung aus-
geben. Kaufläd[en ...]eilen wurden zu
fabelhaften Preiſe[n ...] folglich auch
fabelhafte Preiſe [...]aren. Cocodetten des Hofes,
Cocotten des [...]qu Boulogne, Frauen von
Speculanten, gelb[häutige] Amerik[an]erinnen, erſt kürzlich aus
ihren heimiſchen Steppen impo[rtier]te Kalmückinnen, zweifelhafte italieniſche Prinzeſſinnen, [...] polniſche Gräfinnen
und halb närriſche Engländerinne[n ...]ten einander auf der
Bahn, die ins Verderben führt, den V[or]ſprung abzugewinnen.
Der gute Geſchmack ging unter in Tand und Flitter und
das, was ein Gegenſtand koſtete, war der einzige Maßſtab
ſeiner Schönheit. Große Pfefferkuchenpaläſte ſtiegen überall
empor und wurden vermiet[het], ehe ſie noch fertig waren.
Es galt für fein, in einem v[ier]ſpännigen Wagen zu fahren,
mit einem Neger als Kutſcher und einem Araber als Lakei.
Toiletten von tonangebenden Putzmacherinnen verhalfen ihren
Trägerinnen ſofort zu Anſehen und Berühmtheit. Der
Raphael ſeines Handwerks gab ſich das Air eines ausgezeichneten Künſtlers. Er empfing ſeine Kunden mit unge-
meiner Herablaſſung und ſie — gleichviel, von welchem
Range ſie waren — ließen ſich ſeine Inſolenz in der Hoff-
nung gefallen, daß er ſie in [d]en Stand ſetzen werde, ihre
Nebenbuhlerinnen in den Sch[at]ten zu ſtellen. Frauen von
Geſandten und Hofdamen pflegten ſich bei ihm zum Thee
einzufinden und ſtritten ſich um die Ehre, ſeine Taſſe zu
füllen oder Zucker hineinzuthun. Ich beſuchte einmal ſeinen

Laden — eine Art Salon, ringsum mit Toiletten behängt. Er saß nachlässig auf einem Stuhl vor dem Kaminfeuer. Rings herum saß und stand ein Schwarm Frauen, einige hübsch, andere häßlich, die aber alle seinen Bemerkungen mit der enthusiastischen Aufmerksamkeit der Schüler eines Weisen lauschten. *** rief sie no*** *** sich wie Schulmädchen *** *** lobte oder tadelte er ihre *** hübsches junges Mädchen, fand *** und er sagte zu ihr, er müsse meh*** *** und nachdenken, um die Inspiration zu fin*** *** um ein Kleid herzustellen, das ihrer w*** *** arum tragen Sie diese häßlichen Handschuhe?" s*** *** einer Andern. „Lassen Sie mich Sie mit Handsch*** von dieser Farbe nicht wieder sehen!" Sie war eine sehr vornehme Dame, aber sie zog die anstößigen Handschuhe sofort aus und steckte sie mit schuldbewußtem Blick in die Tasche. Wenn ein Hofball bevorstand, so baten viele Damen ihn buchstäblich auf den Knieen, sie schön zu machen. Eine Zeit lang weigerte er sich, noch ferner für die Gattin eines hochgestellten kaiserlichen Würdenträgers zu arbeiten, weil sie nicht demüthig genug gegen ihn gewesen war. Sie kam weinend zu ihm, er war aber hartnäckig und verstand sich endlich nur unter der Bedingung dazu, ein Kleid für sie zu fertigen, daß sie dasselbe zum ersten Mal in seinem Laden anzöge. Die Kaiserin, die ebenfalls bei ihm arbeiten ließ, sagte ihm, wenn er seine Preise nicht ermäßigte, so würde sie ihn aufgeben. „Das können Sie nicht," antwortete er, und in der That, sie konnte es auch nicht, denn sie blieb ihm treu bis zum letzten Augenblicke. Eine Morgentoilette, die einen eigentlichen Werth von etwa 100 Francs hatte, kostete bei diesem Künstler 750 Francs; eine Abendtoilette mit Falbeln, Bändern und unechten Spitzen war nicht unter 1750 Francs zu haben. Es giebt in Paris ungefähr dreißig Läden, wo, wie bei diesem Damenschneider, die Waaren nicht besser sind als anderwärts, aber ungefähr das Zehnfache ihres Werthes kosten. Die hier verkehrenden Kunden sind Narren, die mehr Geld haben als Verstand, größtentheils ausländische Narren. Der Besitzer eines dieser Etablissements klagte neulich, daß er durch die Belagerung ungeheuer verliere. Ich sagte ihm, ich bemitleidete ihn ungefähr eben so wie einen griechischen Straßenräuber, welcher sich darüber beschwert, daß keine reichen Reisenden mehr in den District kommen, in welchem er seinen industriellen Operationen obzuliegen pflegt. So bald die Communicationen nach Paris wieder offen sind und Engländer hierher zurückkehren, möchte ich ihnen den Rath geben: Kauft nie etwas, wo „ici on parle Anglais", angeschrieben steht, denn es bedeutet weiter nichts als „ici on vole les Anglais." Die einzigen Geschäftsleute in Paris, welche durch das Unglück ihres Landes gute Geschäfte machen, sind die Spirituosenverkäufer und die Materialwaarenhändler. Ihre Vorräthe scheinen unerschöpflich zu sein, aber sie verkaufen dieselben nur zu Hungerpreisen. „Ich, der ich mit Ihnen spreche, ich bin mich meinem Vaterlande schuldig; es giebt kein Opfer, welches ich nicht bringen würde, um nur nicht mit diesen Hunnen, diesen Vandalen zu capituliren," sagte ein Geschäftsmann der letzteren Kategorie diesen Morgen zu mir, indem er mir mit scheinheiliger Miene den zehnfachen Werth der Kleinigkeit, die ich bei ihm gekauft, abnahm und dann, die Arme verschränkend, mit finsterer aber unsicherer Entschlossenheit unter seinem Käppi hervor in die Zukunft hineinschielte.

6. Januar.

Ich bin soeben von Point=du=Jour zurückgekehrt, wohin ich mit Mr. Frank Lawley gegangen war, um selbst zu sehen, wie viel Wahres an der Nachricht wäre, daß wir bombardirt würden. Point=du=Jour ist der Punkt, wo die Seine aus Paris heraustritt. Die Gürteleisenbahn führt hier über den Fluß mittelst eines hohen Viaducts, der eine Art Befestigung bildet. Die Hügel außerhalb der Stadt bilden ein Amphitheater, in welchem die Städte Sèvres und Meudon liegen. Rechts von dem Flusse sieht man den Mont Valérien und die Batterien im Wäldchen von Boulogne, links das Fort Issy. Das Getöse der Kanonade war sehr laut, zu sehen aber war sehr wenig, weil die Sonne auf die Höhen draußen schien. Speculanten mit Fernröhren erboten sich jedoch, für einen Sou die preußischen

Artilleristen zu zeigen — einer davon erbot sich, mich für zwei Sous einen General sehen zu lassen.

Als ich mich den Wällen bis auf eine Viertelmeile genähert hatte, begann ich das Pfeifen der Bomben zu hören. Hier war die Zahl der Schaulustigen nicht so groß. So oft man eine Bombe kommen hörte, rannte Alles hinter Mauern und Häuser. Manche warfen sich platt auf die Erde nieder, Andere schienen zu glauben, daß auch der kleinste Baum sie schützen würde und drängten sich haufenweise hinter einen solchen. Knaben liefen umher, hoben Bombensplitter auf und boten sie zum Kauf aus. Weiber standen hinter ihren Hausthüren, steckten die Köpfe heraus und schrieen: „Diese Räuber und Banditen wagen, uns zu bombardiren, aber wartet nur bis morgen und sie sollen es bereuen!" Die Preußen feuerten wahrscheinlich eigentlich auf die Wälle und ihre Geschosse flogen, wie dies oft geschieht, über das Ziel hinaus. Daß Jemand getödtet oder verwundet worden wäre, habe ich nicht gesehen. Ich sah blos ein Stück Eisen einen Ast von einem Baume abschlagen und eine Bombe auf der Fahrstraße am Flusse explodiren. Innerhalb 15 Minuten zählten wir 11 Bomben, welche über unsern Köpfen durch die Luft sausten und wahrscheinlich irgendwo hinter uns einschlugen. Das Journal, welches ich soeben gekauft, sagt, zwei Bomben seien dicht bei den Invaliden niedergefallen und längs der ganzen Zone in der Nähe der südlichen Wälle habe man noch viel mehr gezählt. Dies kann eben so gut wahr sein als nicht. Eben so wie Herodot in Egypten mache ich einen Unterschied zwischen dem, was man mir erzählt und dem, was ich sehe und verbürge nur die Wahrheit des letztern. Das einzige Haus, welches, so viel ich bemerken konnte, getroffen worden, war ein kleines. Eine Feueresse war eingeschlagen und die alte Dame, welche das Haus bewohnte, machte mich darauf aufmerksam. Sie schien zu glauben, es sei das mit ganz besonderer Absicht geschehen und sie fragte mich in weinerlichem Tone, was sie „Wilhelm" und Bismarck gethan habe, daß diese ihr die Feueresse einwürfen. Auf den Wällen scheint kein Schaden angerichtet worden zu sein. Die dienstthuende Nationalgarde stand in den Kasematten. Das Gekrach war jedoch furchtbar. Issy,

Valérien, die Kanonen der Bastionen und die der Kanonen-
boote feuerten so scharf sie konnten und die preußischen
Batterien erwiederten das Feuer in derselben Weise. Als
die Sonne untergegangen war, wurden die dunklen Hügel
gegenüber von den Blitzen beleuchtet, welche jede Secunde
von den Batterien aufzuckten.

Die Regierung hat eine Proclamation erlassen, in
welcher sie bekannt macht, daß die Nordarmee uns befreien
wird. Auch noch eine andere Proclamation ist angeschlagen,
die angeblich von den „Abgeordneten der zwanzig Arron=
dissements" herrührt und die Bevölkerung auffordert, Trochu
abzusetzen. Diese Aufforderung findet jedoch wenig Be=
achtung. Einige Maires haben, wie ich höre, gedroht, ihr
Amt niederzulegen, wenn nicht energische Maßregeln
ergriffen werden. Die Franzosen können jedoch, wie einer
ihrer Staatsmänner sagte, nicht zwei Ideen auf einmal
erfassen, und für heute wenigstens ist das Bombardement
der Gedanke, der keinen andern aufkommen läßt. Ob Prinz
Friedrich Carl wirklich geschlagen worden ist, weiß ich nicht,
wir sind aber Alle überzeugt, daß es der Fall ist. Mehrere
Journale behaupten, er sei verwundet worden und
45,000 Mann von seiner Armee hätten sich ergeben. Auch
versichert man, die Gefangenen, welche gestern gemacht
worden, gestünden, daß eine ihrer Armeen eine schwere
Niederlage erlitten habe. Das Bombardement der Forts
dauert noch fort und hat sich auch auf die südlichen aus=
gedehnt. In Bezug auf die Wirkung will ich nichts sagen,
weil man mich beschuldigen könnte, daß ich dadurch die Absichten des Feindes zu fördern suchte. Die „Verité" von
gestern fordert schon die Regierung auf, die Briefe englischer
Correspondenten zu öffnen und entweder zu unterdrücken
oder zu expurgiren.

Der gewöhnliche Wein geht zu Ende. Er ist schon
beinahe sechzig Procent im Preise gestiegen. Es ist dies
schlimm für die Armen, denn diese trinken ihn nicht blos,
sondern bereiten mit Brod auch warme Suppen daraus.
Gestern hatte ich ein Stück Pollux zum Diner. Pollux und
sein Bruder Castor sind zwei Elephanten, die man geschlachtet
hat. Das Fleisch war zäh, grob und thranig, und ich empfehle
englischen Familien nicht, Elephant zu essen, so lange sie

Rind oder Hammel bekommen können. Viele der Restaurants sind aus Mangel an Brennmaterial geschlossen. Man empfiehlt ihnen, Lampen anzuwenden, obschon aber französische Köche mit sehr dürftigen Materialien Wunder verrichten können, so geht, wenn sie aufgefordert werden, einen Elephanten über einer Spirituslampe zu braten, die Sache doch über ihren Scharfsinn. Die Rüssel der beiden Elephanten wurden mit 45 Fr. das Pfund verkauft, die andern Theile der interessanten Zwillinge brachten etwa 10 Fr. das Pfund.

Heute ist es weit wärmer als gestern und in der Sonne hat es gethaut. Hätte die Kälte und die Belagerung noch viel länger gedauert, so hätten die Preußen uns Alle im Bett gefunden. Einen Baum umhauen ist weit leichter, als ihn zum Brennen zu bringen. Sprüchwörter sind nicht immer wahr und ich habe zu meiner bittern Erfahrung in der letzten Zeit gefunden, daß namentlich das, welchem zufolge es „keinen Rauch ohne Feuer" geben soll, gänzlich unbegründet ist. Der Mann, der dieses Sprüchwort aufgebracht, hat sicherlich niemals versucht, grünes Holz zum Brennen zu bringen.

7. Januar.

Der Versuch der Ultras, Trochu zum Rücktritt zu nöthigen, ist fehlgeschlagen. Am Freitage zogen zahlreiche, aus den äußern Vorstädten kommende Schaaren durch die Straßen und schrien: „Keine Capitulation!" An den Straßenecken war ein von den „Delegirten der zwanzig Arrondissements" unterzeichnetes Manifest angeschlagen, wodurch das Volk aufgefordert ward, sich zu erheben. In der wöchentlichen Versammlung der Maires stellte Delescluze, der Maire des 19. Arrondissements, den Antrag, daß man Trochu und Leflô auffordere, ihre Entlassung zu nehmen, und daß man einen obersten Rath einsetze, in welchem „das bürgerliche Element dem militärischen nicht untergeordnet" wäre. Gustav Flourens hat aus seinem Gefängniß einen Brief veröffentlicht, worin er erklärt, das Volk müsse zu seinem Anführer einen energischen jungen Demokraten — das heißt ihn selbst — wählen. Felix Pyat dagegen behauptet, Generale seien Tyrannen und das Beste würde sein, die Belagerungsoperationen ohne einen solchen weiterzuführen.

Das Bombardement ist jedoch immer noch die alles Andere absorbirende Frage des Tages und alle diese beginnenden Versuche zu einer Revolution sind fehlgeschlagen. Trochu hat eine Proclamation erlassen, worin er sagt: „Der Gouverneur von Paris wird niemals capituliren." Delescluze hat sein Amt niedergelegt und es sind mehrere Verhaftungen vorgenommen worden. Die Regierung verdankt jedoch ihren Triumph nicht sowohl ihren eigenen Verdiensten, als vielmehr den Fehlern Derer, welche sie zu verdrängen gesucht haben. Das Geschrei ist immer noch: „Wir wollen nicht capituliren!" und je näher der Augenblick kommt, wo die Vorräthe zu Ende sein werden, desto lauter schreit man. Wir sind wie eine Horde Afrikaner, welche Tamtams schlagen und heulen, um ein drohendes Ungewitter abzuwenden. Gestern ward ein großer Kriegsrath abgehalten, welchem nicht blos Divisionsgenerale und Admirale, sondern auch Brigadegenerale beiwohnten. Obschon es eine militärische Redensart giebt, welcher zufolge ein Kriegsrath noch lange kein Kampf ist, so glaube ich doch, daß wir in einigen Tagen einen Ausfall haben werden, denn der anonyme General „öffentliche Meinung" besteht darauf.

Wir sind immer noch ohne Nachrichten aus den Provinzen. Der Generalbefehl vom heutigen Tage veröffentlicht einen Auszug aus einer deutschen Zeitung, wodurch aber die Behauptung, daß die Nordarmee zu unserer Unterstützung heranrücke, nicht sonderlich bestätigt wird. Als Beweis, daß unsere Angelegenheiten sich in den Provinzen hoffnungsreicher gestalten, erzählt die „France" Folgendes: „Ein Ausländer, welcher die Situation unserer Departements genau kennt, sagte gestern: ‚Diese verdammten Franzosen gewinnen trotz ihrer eselhaften Eigenschaften doch noch die Oberhand über die Preußen!'" Von dieser Brosame Trost, welche den Lippen eines großen Unbekannten entfallen ist, müssen wir heute leben. Die Hoffnung ist das letzte Gefühl, welches in der menschlichen Brust erstirbt, und mit Recht oder Unrecht glauben von zehn Personen neun, daß Chanzy binnen Kurzem die Preußen zwingen werde, die Belagerung aufzuheben. Das Bombardement hat, wie man glaubt, blos den Zweck, nicht merken zu lassen, daß sie genöthigt gewesen sind, bedeutende Verstärkungen an den Prinzen Friedrich Carl abzusenden, welcher regelmäßig jeden Morgen entweder todt, oder verwundet oder gefangen ist.

Ich brauche kaum zu sagen, daß die Journale eine Menge wunderbarer Geschichten in Bezug auf das Bombardement bringen, daß sie auf die Preußen schimpfen, weil diese sich erfrechen, so etwas gegen Paris zu unternehmen, und daß sie den Heroismus preisen, womit die Bevölkerung dies alles erträgt. Die Zahl der Personen, welche beinahe von Bomben getroffen worden wären, ist ungeheuer. Ich ging nach dem linken Seineufer, um den Stand der Dinge selbst zu sehen. Bei Point=du=Jour giebt es einen dünn bewohnten Winkel, in welchem es jetzt sehr heiß hergeht. Die Preußen feuern hier augenscheinlich auf den Viaduct, der über den Fluß führt. Von hier folgte ich den Wällen, so nahe ich konnte, bis Montrouge. Ich hörte von vielen Bomben, welche gefallen wären; ausgenommen in Point=du=Jour sah ich aber weder selbst eine fallen noch hörte ich eine durch die Luft pfeifen. Ich ging dann nach dem Observatorium, wo dem „Soir" zufolge die Bomben sehr dicht fielen. Ein Bürger, welcher vor dem Thore die Straße fegte, sagte mir, er wisse nichts davon. In der Rue d'Enfer, unmittelbar dahinter, war ein Haus, welches während der Nacht getroffen worden, und eine Marketenderin, welche dabei ihren Tod gefunden, ward eben begraben. Im Garten des Luxembourg und an dem artesischen Brunnen bei den Invaliden hörte ich von Bomben, konnte aber nicht ausfindig machen, wo sie eingeschlagen hatten.

Wie mir scheint, zielen die Preußen auf die Bastionen und dann und wann, obschon selten, auf ein öffentliches Gebäude. Absichtlich sind in die Stadt wahrscheinlich gegen fünfzig Bomben geworfen worden. Unmittelbar hinter einer Bastion ist es ein wenig gefährlich. In Grenelle, Vaugirard und Montrouge ist die Gefahr für den Einzelnen nicht so groß, als wie wenn man in London den von Fuhrwerken und Passanten wimmelnden Kreuzungspunkt zweier Hauptstraßen passiren muß. Allerdings sah ich einige Leute, welche mit ihrem Hausgeräth das Weite suchten; im Ganzen genommen aber schien das Bombardement die Bevölkerung beinahe zu amüsiren. Ausgenommen dicht an den Wällen war keine Aufregung zu bemerken. Fast der ganze Theil der Stadt auf dem linken Seineufer ist jetzt unter Feuer, sollte aber auch das Bombardement noch heftiger werden, so bezweifle ich doch, daß der Erfolg ein dem Aufwand an Pulver und Eisen angemessener sein wird.

11. Januar.

Die Spionriecherei, welche beim Beginn der Belagerung wüthete, ist abermals zum Ausbruch gekommen. Jeden Tag werden Personen festgenommen, weil man glaubt, daß sie durch angezündete Lichter und andere geheimnißvolle Signale mit dem Feind verkehren. Von Sergeant Hoff, welcher jeden Tag drei bis vier Deutsche erlegte und seit dem Tage bei Champigny verschwand, sagt man jetzt auch, er sei ein Spion gewesen. Alle Ausländer werden auf den Straßen mit argwöhnischen Blicken betrachtet. Auch den Amerikanern geht es so, obschon sie auf ihre eigenen Kosten die beste Ambulanz, die es in Paris giebt, errichtet haben und unterhalten. Selbst die französischen Ambulanzen werden beargwohnt, seitdem einige ihrer Mitglieder während einer Waffenruhe mit den Preußen ihr Brod gebrochen haben, denn von Jedem, der die Deutschen nicht haßt, wird vorausgesetzt, daß er in Bismarck's Solde stehe.

Dies ist aber noch nicht Alles, denn die Journale deuten an, daß es auch in unserm Hauptquartier Spione gebe. So hat z. B. General Schmitz einen Kammerdiener, der eine Frau hat, und diese Frau ist eine Deutsche. Was kann da wohl klarer sein, als daß General Schmitz das, was in den Kriegsrathsitzungen vorgeht, seinem Kammerdiener anvertraut — Generale thun dies in der Regel —, daß der Kammerdiener es seiner Frau anvertraut und daß diese auf irgend einem geheimnißvollen Wege es Bismarck kundgiebt. Ferner, General Trochu hat einen Adjutanten, einen Fürsten Bibesco. Dieser ist ein Wallache und der Sohn eines ehemaligen Hospodars — ich habe noch nie von einem Wallachen gehört, der nicht so etwas gewesen wäre. Kann wohl nun irgend ein vernünftiger Mensch bezweifeln, daß dieser junge Mann, ein harmloser Jüngling, der bis jetzt in Paris fast weiter nichts gethan, als Cotillons getanzt hat, mit den Preußen in directer Verbindung steht? Vor einigen Tagen tauschten zwei Nationalgardisten in einem Café ihre strategischen Ansichten aus, als sie bemerkten, daß ein Fremder etwas niederschrieb. Er ward sofort festgenommen, denn er hatte augenscheinlich die Absicht, die Meinungen dieser beiden militärischen Größen dem General Moltke zu hinterbringen. Ich selbst ward gestern, als ich in Montrouge war, von zwei Nationalgardisten aufgefordert, sie zum nächsten Polizeicommissar zu begleiten. Ich fragte, warum, und erhielt zur Antwort, eine Frau habe mich Deutsch sprechen hören. Ich entgegnete, ich sei ein Engländer. „Das werden wir sogleich sehen," sagte einer meiner Häscher in abscheulichem Englisch. „Ich spreche selbst Englisch wie ein Engländer; reden Sie einmal Englisch mit mir." Ich entgegnete, er spräche das Englische mit so vollkommenem Accent, daß ich glaubte, er müsse ein Landsmann von mir sein. Dieses Compliment entwaffnete den würdigen Mann sofort und er theilte der Menge, die sich um uns gesammelt, um sofortige Gerechtigkeit an dem Spion zu üben, mit, ich sei nicht blos ein Engländer, sondern auch un Cockné, „das heißt," setzte er erläuternd hinzu, „ein Bewohner von London." Hierauf drückte er mir die Hand, sein Freund drückte mir die Hand, mehrere Damen und Herren drückten mir ebenfalls die Hand und dann schieben wir.

Gestern gab es auf den Boulevards mehrere Gruppen, unter welchen über die „Verräther" gesprochen ward. Einige sagten, General Schmitz sei festgenommen worden, Andere, er verdiene, festgenommen zu werden. Ein Patriot äußerte zu mir, alle in Paris verweilenden Ausländer sollten vorsichtshalber ausgerottet werden. „Parbleu!" entgegnete ich, und Sie können sich darauf verlassen, daß ich auf echt gallische Manier die Augen rollte und die Achseln zuckte.

Heute Morgen hat General Trochu eine Proclamation erlassen, worin er gegen alle Angriffe auf seinen Stab protestirt und sich für die Mitglieder desselben verantwortlich macht. Es ist dies ein ehrlicher, männlicher Protest und bei weitem das beste Document, welches dieser fruchtbare Schriftsteller seit einiger Zeit veröffentlicht hat. Eine anderweite Klage erhebt man gegen die Generale, welche den Enthusiasmus des Volks dadurch dämpfen, daß sie den endlichen Sieg in Zweifel ziehen. Wir sind in der That allmälig in einen solchen Zustand hineingerathen, daß ein Militär seine wirkliche Meinung über militärische Dinge gar nicht auszusprechen wagt.

Wir sind fortwährend noch in einer Stimmung, in welcher wir von Uebergabe nichts wissen wollen. Ich sprach heute mit einem Banquier — einem Freund, der für mich Alles thun würde, nur keinen Wechsel discontiren. In Geschäftssachen ist er ein klarblickender, verständiger Mann. Ich fragte ihn, was wohl geschehen würde, wenn unsere Proviantvorräthe erschöpft wären, ehe die Armeen der Provinzen zu unserem Beistande anlangten? Er entgegnete, die Regierung werde dann alle waffenfähigen Männer zu einem Sturm gegen die preußischen Linien aufrufen. Wenigstens 300,000 würden diesem Rufe entsprechen und entweder fallen oder den Durchgang erzwingen. Darnach kann man sich einen Begriff von den gegenwärtig unter der Bevölkerung herrschenden Ansichten machen. Die einzige offizielle Aeußerung in Bezug auf die Lebensmittelvorräthe ist in einem Artikel des „Journal Officiel" von heute enthalten, welcher uns mittheilt, daß in Bordeaux 15,000 Stück Rindvieh und 40,000 Stück Schafe stehen und nur auf den Befehl warten, den Marsch nach Paris anzutreten. Es kommt mir dies eben so vor, als wenn man in London einem Verhungernden sagt, in Palästina sei Ueberfluß an Feigen und dieselben warteten blos darauf, gepflückt zu werden.

Das Bombardement ist nicht mehr so heftig. Die Regierung hat die preußischen Gefangenen in die Ambulanzen auf dem linken Ufer der Seine gebracht. Nach meiner Ansicht wäre es klüger gewesen, die Ambulanzen auf das rechte Ufer zu verlegen. Bei Tage fallen außer in der unmittelbaren Nachbarschaft der Wälle nur wenig Bomben in die Stadt. In der Nacht geschieht dies häufiger. Ich glaube, es werden alle vierundzwanzig Stunden ungefähr zehn Menschen getroffen. Da nun in Paris jeden Tag über fünfzig Menschen an Erkältungskrankheiten sterben, so geht daraus hervor, daß letztere gefährlicher sind als die preußischen Batterien. Freilich aber wird, wenn Jemand in den Straßen einer Hauptstadt plötzlich durch ein Stück Eisen niedergeschmettert wird, dies allemal eine erschütterndere Wirkung auf das Gemüth hervorbringen, als wenn die Todesfälle aus natürlichen Ursachen sich vermehren. Wer sich außerhalb des Bereichs der preußischen Kanonen befindet, gewöhnt sich allmälig an das Bombardement. „Du ungezogenes Ding", hörte ich eine Frau, die vor mir herging, zu ihrer kleinen Tochter sagen, „wenn Du Dich nicht besser beträgst, so darfst Du das Bombardement nicht sehen". „Es gefällt mir hier besser als im Theater," sagte ein Mädchen in meiner Nähe auf dem Trocadero und klatschte vor Freuden in die Hände. Ein Mann in Point=du=Jour zeigte mir zwei große Löcher, welche in der Nacht zuvor durch zwei Bomben in seinem Garten dicht neben seiner Hausthür gemacht worden waren. Er, seine Frau und seine Kinder schienen gewissermaßen stolz auf diese Löcher zu sein. Ich fragte ihn, warum er nicht weiter hinein in die Stadt zöge, und er antwortete, seine Mittel erlaubten es ihm nicht.

In einem deutschen Zeitungsblatt, welches sich kürzlich zu uns hereingefunden, war gesagt, das Bombardement von Paris werde beginnen so bald der rechte psychologische Augenblick gekommen sei. Wir sind über diesen Ausdruck sehr entrüstet, denn wir finden ihn kaltblütig unmenschlich. Es ist, wie wenn ein Arzt neben einem auf der Folterbank Liegenden stünde und ihm an den Puls fühlte, um zu sehen, wie viele Umdrehungen der Schraube er noch aushalten könne.

Sämmtliche Forts halten sich noch tapfer gegen die preußischen Batterien. Issy ist das, welchem bis jetzt von den Belagerern die größte Aufmerksamkeit erwiesen worden ist. In Meudon ist eine Batterie, welche nie müde zu werden scheint, Bomben hineinzuwerfen. Man sagt jedoch, der Feind bemühe sich, Breschekanonen in geringerer Schußweite aufzupflanzen, um die Kugeln auf den Boden aufschlagen und dann in das Fort springen zu lassen — eine Methode, die schon vor Straßburg mit gutem Erfolge angewendet ward.

Die heutige Sensationsnachricht ist, daß Faidherbe den General Manteuffel über die belgische Grenze geworfen hat und daß Prinz Friedrich Karl, der nachdem er getödtet worden, allemal wieder zum Leben zu kommen scheint, von

Orleans nach Paris zurückgerufen worden ist. Die Fonds stiegen heute auf diese Gerüchte hin um ein Procent. Unser größtes Vertrauen steht jetzt jedoch auf Bourbaki. Wir glauben, er habe sich mit Garibaldi vereinigt und diese Beiden werden die Preußen dadurch, daß sie sich auf ihre Communicationen werfen, zwingen, die Belagerung aufzuheben. Ich will es hoffen.

Mr. Washburne hat seinen wöchentlichen Briefbeutel nicht absenden dürfen; ich glaube jedoch, daß diese Maßregel nicht aufrecht erhalten werden wird. Die Regierung hat sich noch nicht erklärt, ob sie Jules Favre nach London schicken werde, um Frankreich bei den Conferenzen über die orientalische Frage zu vertreten. Die meisten Journale scheinen der Meinung zu sein, daß es, so lange die Republik nicht offiziell anerkannt worden, mit ihrer Würde nicht vereinbar sei, sich bei irgend einer europäischen Conferenz zu betheiligen. Die Diplomaten, welche in der letzten Zeit durch Kriege und Generale ein wenig in den Hintergrund gedrängt worden, müssen sich nicht wenig gefreut haben, ihre alte Freundin, die „orientalische Frage", wieder auftauchen zu sehen. Die Entscheidung der Schleswig-Holstein'schen Frage war ein schwerer Schlag für sie, über die Türkei aber werden sie noch manches Jahr Gelegenheit haben, zu biscutiren und zu protokolliren. Ein österreichischer Witzling — der einzige, den Oesterreich je hervorgebracht — pflegte zu sagen, Engländer könnten nur über das Wetter sprechen und wenn vielleicht einmal infolge einer Fügung des Himmels es gar kein Wetter mehr gäbe, so würde die ganze englische Nation verstummen. Was das Wetter für die Engländer ist, das ist die orientalische Frage für die Diplomaten und um dieser willen wollen wir hoffen, daß sie niemals auf genügende Weise entschieden werde. Die Diplomaten wollen, wie so viele andere anscheinend nutzlose Wesen, auch leben.

15. Januar.

Gestern wurden wir durch das Gerücht erfreut, daß die preußischen Staatspapiere in Berlin um drei Procent gefallen seien. Heute erzählt man, Bourbaki habe einen großen Sieg erfochten, Belfort entsetzt und stehe im Begriff, in

Deutschland einzurücken. Deutsche Zeitungen bis zum 7. d. M. sind an den Vorposten aufgefangen worden, was aber darin zu unserm Ungunsten enthalten ist, bringen wir auf Rechnung einer in Europa bestehenden allgemeinen Verschwörung, uns zu täuschen.

Die noch in Paris weilenden Diplomaten und Consuln haben eine Collectivnote an den Grafen Bismarck gerichtet und sich darin beschwert, daß das Bombardement nicht vorher angekündigt worden. Zugleich ersuchen sie ihn, ihnen die Mittel zu gewähren, die Personen und das Eigenthum ihrer Landsleute außer Gefahr zu bringen. Die Elrtzen unterzeichnen mit den Wallfischen. Mr. Washburne's Namen steht zwischen dem des Repräsentanten von Monaco und dem des Geschäftsträgers von Honduras.

Das Bombardement dauert noch fort. Der Geschützdonner rollt jetzt ununterbrochen. Die einzelnen Schüsse sind nicht von einander zu unterscheiden. Die Bomben fallen auf das linke Ufer bis zu einer Entfernung von ungefähr einer Viertelmeile von den Wällen. Nach einer Liste im Journal Officiel hat es bis zum 13. d. M. 138 Verwundete und 51 Todte gegeben. Unter Letztern sind 18 Kinder und 12 Frauen; unter den Verwundeten 21 Kinder und 45 Frauen. Mit Hausgeräth beladene Leiterwagen und Handkarren bewegen sich in langen Reihen vom linken nach dem rechten Ufer. In den bombardirten Quartieren sind viele Kaufläden geschlossen. Einige Hausbesitzer haben eine Art Kasematte erbaut, die bis zur ersten Etage ihrer Häuser reicht; andere schlafen in ihren Kellern. Die Straßen sind jedoch, selbst auf den am meisten exponirten Punkten mit Menschen angefüllt und alle Höhen, von welchen man eine Aussicht auf die preußischen Batterien hat, wimmeln von Neugierigen. Dann und wann kommt man bei einem Hause vorbei, in welches eine Bombe eingeschlagen hat.

Die öffentlichen Gebäude haben bis jetzt wenig gelitten. Die Kuppel des Pantheon, welche nach unserer Meinung den preußischen Artilleristen als Zielpunkt dient, ist erst einmal getroffen worden. Die Bombe hat ein rundes Loch in die Kuppel geschlagen und ist innerhalb der Kirche geplatzt. Im Jardin des Plantes sind infolge des Luftdrucks die Glasscheiben sämmtlicher Gewächshäuser zerbrochen und die Orchideen und andere tropische Pflanzen sterben ab. Obschon der Krieg mit seinen Schrecken uns so dicht bis vor die Thüren gerückt ist, so wird es einem gleichwohl schwer die Ueberzeugung zu gewinnen, daß um uns herum große Ereignisse geschehen, welche die Geschichte einst in ihrem erhabensten und würdevollsten Style feiern wird. Die Entfernung leiht den Schlachten erst die rechte Größe. Wenn man dagegen in einem Omnibusbureau die Notiz angeschrieben sieht, daß die Omnibusse „wegen des Bombardements" einen Umweg machen müssen; wenn Bomben in Speisehäusern platzen und die Kellner verstümmeln; wenn die Trancheen einen Kaffeegarten durchfurchen und wenn man aufgefordert wird, für einen Sou durch ein Fernrohr den Feind seine Kanonen abfeuern zu sehen, so hat die ganze Sache etwas ungemein Alltägliches und Prosaisches, was mit dem „Pomp und Stolz glorreichen Krieges" ganz unvereinbar ist.

Freitag Nacht fand in Clamart ein mißglückter Ausfall statt. Einige Journale sagen, die dabei betheiligten Truppen hätten zu lange warten müssen und sich die Füße durch Stampfen zu erwärmen gesucht, dabei aber so viel Lärm gemacht, daß die Preußen dadurch aufmerksam geworden wären. Mag dem nun sein, wie ihm wolle, so wurden sie, als sie nach Clamart kamen, mit mörderischen Musketensalven empfangen und mußten sich schleunigst zurückzuziehen. Die jetzt in den Trancheen stehenden Marschbataillone der Nationalgarde machen ihre Sache besser als man erwartet hatte. Die commandirenden Generale sind mit ihnen zufrieden, ob sie aber bei Offensivoperationen von großem Nutzen sein werden, diese Frage muß erst noch gelöst werden.

Die Clubs schreien immer noch nach der „Commune", in der sie das Heilmittel für jedes Uebel erblicken. In dem Club der Rue d'Arras ging gestern Abend ein Redner noch einen Schritt weiter und verlangte „die Einführung der Anarchie als herrschende Gewalt". Trochu wird in den Journalen immer noch entweder angegriffen oder schwach vertheidigt. Die Franzosen sind daran gewöhnt, daß der Staat Alles für sie thue, daß ihr Herrscher für Alles, was fehlschlägt, verantwortlich gemacht wird. Das Verlangen nach einem Ausfall en masse ist jetzt nicht mehr so stark.

Niemand will sich ergeben, aber Niemand weiß genau, wie eine Uebergabe vermieden werden soll. Erfolge auf dem Papier haben so lange Erfolge im Feld vertreten, daß noch Niemand sich überwinden kann, zu glauben, daß dieses Papiergeld keinen Werth mehr hat und nothwendig Bankerott folgen muß. Ist es möglich, fragt Jeder, daß 500,000 bewaffnete Franzosen sich der halben Anzahl von Deutschen ergeben müssen? Und indem man dies für unmöglich erklärt, kommt man zu dem Schlusse, daß Verrath im Spiele sein müsse, und sieht sich nach dem Verräther um. Trochu, der als Mensch eben so ehrlich und rechtschaffen, wie als General unfähig ist, wird wahrscheinlich das Schicksal des „Mannes von Sedan" und des „Mannes von Metz", wie man sie nennt, theilen. „Er ist ein Laokoon," sagt Felix Pyat in seinem Journal mit unpassender Anwendung des Gleichnisses, „der die Republik erwürgen wird".

Wir hören jetzt, daß die Regierung ermitteln läßt, wie lange unsere Lebensmittelvorräthe noch reichen werden. Es geht aber in allen Dingen so nachlässig zu, daß ich bezweifle, ob der Handelsminister bis auf zehn Tage ab oder zu den Zeitpunkt angeben kann, wo wir nichts mehr haben werden. Die Fleischrationen betragen jetzt $1/27$ Pfund täglich für jeden Erwachsenen. In den fashionabeln Restaurants ist der Vorrath noch unbegrenzt, die Preise aber sind es auch. Zwei Eselscotelettes kosten 18 Francs und jedes andere Fleischgericht nach Verhältniß. Die eigentliche Lebensfrage jedoch ist, wie lange das Brod reichen wird. In einigen Arrondissements ist schon nach 8 Uhr Morgens nichts mehr da, in andern empfängt jeder Bewohner auf Vorzeigung einer carte de subsistance 1 Pfund. In der letzten Zeit jedoch ist die Vertheilung dadurch in Verwirrung gerathen, daß die Bewohner aus den bombardirten Quartieren sich in die mittleren gedrängt haben und nun hier ernährt sein wollen.

Das Brod selbst ist von elender Beschaffenheit. Es darf nur eine Qualität gebacken werden und diese ist schwarz, schwer, grob und teigig. Roggen ist eben so wenig darin, als Malz im Londoner Bier, wenn die Gerste theuer ist. Die Noth steigt unter den ärmeren Klassen mit jedem Tage höher. Von den Männern allerdings kommen die meisten mit ihren $1\frac{1}{2}$ Francs täglich aus. Des Morgens gehen sie exerciren, bummeln dann bis spät des Nachts in Café's und Wirthshäusern herum und ersetzen durch flüssige Nahrungsmittel den Mangel an festen. Was regelmäßige Arbeit betrifft, so denken sie nicht daran. Schneidermeister und andere Handwerker sagen mir, daß es ihnen fast unmöglich ist, Arbeiter zur Ausführung der wenigen Bestellungen zu bekommen, welche jetzt gemacht werden. Der Staat bekleidet diese Leute mit warmen Uniformen und ich finde keinen Grund, sie zu bemitleiden.

Mit den Frauen und Kindern freilich steht es anders. Die Letzteren sterben in Folge schlechter Nahrung und Entblößung hin wie Fliegen, und die Ersteren haben blos so viel Nahrung, als dazu gehört, um Leib und Seele zusammen zu halten. Ueberdies müssen sie, um auch nur dieses Wenige zu erlangen, stundenlang vor den Thüren der Fleischer und Bäcker warten, bis die Reihe an sie kommt. Und dennoch beklagen sich diese armen Geschöpfe nicht, sondern tragen Alles geduldig in der Ueberzeugung, daß sie dadurch die Preußen abhalten, in die Stadt zu kommen. Wenn eine von ihnen wagt, von Capitulation zu sprechen, so wird sie von ihren Nachbarinnen sofort scharf zurecht gewiesen.

Das Selbstbewußtsein trägt jedoch den Sieg davon. Jules und Jacques werden später noch manches Glas auf den von ihnen bewiesenen Heroismus leeren und ihren Freunden manches Märchen aufbinden. Ihren Frauen wird man sagen, daß sie stolz darauf sein müssen, solche Männer zu Gatten zu haben. Jules und Jacques sind aber in Wirklichkeit weiter nichts, als elende Prahlhänse. Während sie sich nährten, hungerten ihre Weiber; während sie warm gekleidet waren, gingen ihre Weiber in Lumpen einher; während sie in einem gemüthlichen Zimmer saßen und auf den Untergang ihrer Feinde tranken, standen ihre Weiber frierend an der Thür des Bäckers und warteten auf ihre Ration Brod. In Paris sind die Frauen — ich spreche von denen der ärmeren Klassen — von ächterem Stoff als die Männer. Sie dulden weit mehr und beklagen sich weit weniger. Ich bewundere diese armen Geschöpfe, wenn sie, um sich zu erwärmen, sich dicht an einander drängen, während sie so stehen und warten müssen, weit mehr als die martialischen Helden, die hinter einer Trommel und Trompete

hermarschiren, um eine Statue zu bekränzen, oder ein Grab=
mal zu besuchen, oder auf die Wälle zu ziehen und als die
Helden der Feder, welche Tag für Tag aus irgend einem
traulichen Redactionsbureau ein Manifest erlassen, durch
welches sie verkünden, daß der Sieg gewiß sei, weil sie einen
Pakt mit dem Tode gemacht haben.

16. Januar.

Wenn ich den Pariser Blättern glauben darf, so bringt
das Fort Issy die Geschütze der preußischen Batterien, die
es beschießen, allmälig zum Schweigen. Wenn ich aber
meinen Augen glaube, so antwortet das Fort Issy diesen
Geschützen gar nicht und wenn ich competenten militärischen
Autoritäten glauben darf, so wird in ungefähr achtzehn
Tagen von heute das Fort Issy aufhören, ein Fort zu sein.
Die Batterien in Meudon scheinen heute der Meinung zu
sein, daß die Kanonen wirklich zum Schweigen gebracht
wären und Bomben fielen dicht und schnell auf die Bastionen
bei Point=du=Jour. Dieselben waren so gut gezielt, daß ein
Zuschauer zwischen den Bastionen verhältnißmäßig sicher
war. Das Getöse dieses Zweikampfes zwischen den Bastionen
und den Batterien war so betäubend, daß es für zwei nur
wenige Fuß von einander entfernte Personen buchstäblich
unmöglich war, einander sprechen zu hören, und die Bomben,
welche rechts und links vorüberflogen, schienen die ganze
Luft in zitternde Bewegung zu setzen. Auf den Bastionen
bedienten die Artilleristen ihre Kanonen, die dienstthuenden
Nationalgardisten jedoch standen unter Deckung.

Die Häuser zu beiden Seiten der Seine, ungefähr
eine Achtelmeile vom Viabuct, waren größtentheils verlassen.
Draußen, in den Dörfern Vanvres und Issy, brachen
mehrere Feuersbrünste aus, wurden aber bald wieder ge=
löscht, so daß es zu keinem allgemeinen Brande kam. Der
gefährlichste Punkt in dieser Richtung ist eine Straße, welche
hinter den Forts Vanvres und Montrouge hinwegführt, und
da häufige Truppenmärsche auf derselben stattfinden, so
richten die Preußen ihre Kanonen von Clamart und Châ=
tillon darauf. In den Tranchéen ist die Gefahr nicht so
groß und es kommen nur wenig Unfälle vor; die Bomben

fliegen darüber hinweg. Wenn sich jedoch Jemand exponirt, so pfeift eine Kugel von der Größe eines Eies aus einer Wallbüchse an ihm vorbei und mahnt ihn, sich gedeckt zu halten. Die Fläche des Bombardements dehnt sich langsam immer weiter aus und wird, glaube ich, sehr bald das rechte Ufer erreichen. Bei Tage werden mehr Menschen getödtet, als bei Nacht, weil sie trotz aller Warnungen in Haufen beisammenstehen und jedes beschädigte Haus angaffen.

Die Todtenliste der mit dem 13. Januar endenden Woche zeigt gegen die vorige eine Zunahme von 302; die Gesammtzahl der Todesfälle beträgt 3982. Dies würde auf das Jahr 20 Procent betragen und außerdem ist wohl zu bemerken, daß in diesem Verzeichniß Die, welche in den öffentlichen Hospitälern oder an den unmittelbaren Wirkungen des Krieges sterben, nicht mit eingeschlossen sind. Die Pocken sind so ziemlich stationär, Bronchitis und Lungenkrankheiten nehmen immer mehr zu.

Bourbaki steht, wie uns heute mitgetheilt wird, in Freiburg im Großherzogthum Baden. Die letzten deutschen Blätter melden, Mézières sei genommen, und es scheint Niemandem einzufallen, daß Gambetta's letzte Brieftaubendepesche uns meldete, die Belagerung dieses Platzes sei aufgehoben worden. Die „Liberté" faßt die Situation folgendermaßen zusammen: „Nanch bedroht, Belfort entsetzt, Baden angegriffen, Hamburg im Begriff bombardirt zu werden. Dies ist die Antwort Frankreichs auf das Bombardement von Paris. Die Stunde hat geschlagen; die in die Enge getriebenen Preußen hoffen Zuflucht in Paris zu finden. Dies ist ihre letzte Hoffnung."

Um uns zu längerem Ausharren zu ermuthigen, sagt man uns fortwährend, die Regierung habe noch ungeheure Vorräthe von Salzfleisch, Käse, Butter und anderen Delikatessen, von denen wir kaum noch wissen, wie sie schmecken, in Reserve, so daß wir, wenn es zum Aeußersten kommt, uns mit einem Male in eine Periode allgemeinen Ueberflusses versetzt sehen werden. Diese Vorräthe kommen mir fast vor, wie die trügerischen Luftspiegelungen, welche den Reisenden der Wüste immer weiter locken, aber, so wie er sich ihnen zu nähern glaubt, vor ihm zurückweichen. Die Hauptschwierigkeit gegenwärtig ist jedoch, Brennmaterial aufzutreiben. Ich bin, wie Jemand sagte, um meines Vaterlandes willen bereit, die Sohlen meiner Stiefel zu essen, dann müssen sie aber wenigstens gekocht sein. Sämmtliche Mühlen liegen an der Marne und sind unzugänglich. Man hat Dampfmühlen errichtet, aber diese arbeiten sehr langsam und wie groß auch der noch vorhandene Getreidevorrath sein mag, so ist es doch fast unmöglich, davon genug zu mahlen, um den täglichen Bedarf zu decken. In Bezug auf die Zeit, welche dazu gehören wird, um Paris wieder zu verproviantiren, herrscht große Meinungsverschiedenheit. Manche glauben, es könne in sieben Tagen geschehen, ich kann aber nicht einsehen, wie es in dieser Zeit möglich sein sollte. Einer der vornehmsten englischen Banquiers hier hat, wie ich höre, einen Agenten per Luftballon mit dem Auftrage abgesendet, in England Boote von geringem Tiefgang zu kaufen, um Proviantvorräthe die Seine heraufzuschaffen. Ein Speculant thäte, glaube ich, am besten, wenn er diese Vorräthe an der belgischen oder luxemburgischen Grenze aufhäufte.

Gegen zwei Drittheile der Bevölkerung werden nicht die Mittel haben, Nahrung zu kaufen, selbst wenn ihnen dieselbe bis vor die Thüre gebracht würde. Handel und Industrie werden nicht sogleich wieder aufleben und diese Leute werden daher in Bezug auf ihre Subsistenzmittel gänzlich auf den Staat angewiesen sein. Auch wenn ihnen Arbeit angeboten wird, so werden doch Viele nicht im Stande sein, sofort wieder zu ihrer früheren täglichen Thätigkeit zurückzukehren. Das Vagabondenleben, welches sie seit den letzten vier Monaten geführt und welches sie noch führen, hat sie der Arbeit entwöhnt. Eine Belagerung ist ein so abnormer Zustand der Dinge, daß der Staat genöthigt gewesen ist, diese Leute für ihr Nichtsthun zu bezahlen, weil sie sonst den Anarchisten in die Hände gefallen wären. Dieses tagtägliche Herumbummeln, Billardspielen und Trinken aber hat einen sehr demoralisirenden Einfluß geäußert und es wird lange dauern, ehe die Wirkungen desselben aufhören, sich fühlbar zu machen.

Ueber die diplomatischen Proteste gegen das Bombardement drücken die Journale sich etwas unehrerbietig aus. Sie sagen, während Paris von den europäischen Großmächten verlassen sei, gereiche es zum nicht geringen Troste, zu bedenken, daß wenigstens das Fürstenthum Monaco und die Republiken San Marino und Honduras noch auf der Seite Frankreichs stehen. Sie meinen, Jules Favre solle nach Andorra gehen, um diese Republik womöglich zu bewegen, den Preußen ebenfalls Vorstellungen über das Bombardement zu machen. Wie ich höre, ist der „stolze junge Portier," der jetzt, wo das Schaf todt ist, die Majestät Englands in der britischen Gesandtschaft allein repräsentirt, sehr entrüstet darüber, daß man ihn nicht eingeladen hat, seine Unterschrift ebenfalls dem Protest beizufügen. Er glaubt — und nach meiner Ansicht mit Recht — er sei eine weit wichtigere Person als der Bevollmächtigte Sr. Hoheit von Monaco, eines Despoten, dessen Herrschaft sich über ungefähr 20 Acker Orangenbäume, 60 Häuser und 2 Roulette-Tische erstreckt.

Die Diplomaten stehen jedoch mit ihrem Protest nicht allein. Alle Welt hat protestirt und protestirt noch. Wenn der Krieg es nothwendig macht, Bomben in eine dichtbevölkerte Stadt wie diese zu werfen, so ist dies — gelind gesagt — eine barbarische Nothwendigkeit, dennoch aber scheint es mir blos Verschwendung an Zeit und Papier zu sein, Proteste dagegen zu erheben. Hält man dies gleichwohl für wünschenswerth, so wäre es weit vernünftiger, dagegen zu protestiren, daß menschliche Wesen — Weiber und Kinder — den Wirkungen dieses Bombardements ausgesetzt werden, als sich in Klagen über die Möglichkeit zu ergehen, daß die Venus von Milo beschädigt oder die Orchideen in den Treibhäusern vernichtet werden. Ich für meine Person weiß, daß ich lieber jede Statue und jede Pflanze in der Welt durch Bomben zu Atomen zerschmettert sehen möchte, als daß mir selbst so etwas passirte. Es ist dies vom ästhetischen Gesichtspunkt aus egoistisch, aber deswegen nicht weniger wahr. Chacun pour soi. Das Pantheon ward gestern abermals getroffen. „Welche Entweihung!" schreit Jeder und auch mir thut das Pantheon sehr leid; dennoch aber bin ich froh, daß es das Patheon betroffen hat und nicht mich. Die Welt im Großen würde allerdings durch die Vernichtung des Pantheons mehr verlieren, als durch die eines einzelnen Menschen, jeder einzelne Mensch aber giebt seiner eigenen Wenigkeit den Vorzug vor allen Bauwerken, welche jemals durch Architekten auf der Erde errichtet worden sind.

Ich habe mich bemüht, zu ermitteln, ob in den Berathungen unserer Regenten die Frage aufgeworfen worden ist, was in dem möglichen Falle geschehen soll, daß eine Capitulation nothwendig wird. So viel ich höre, ist dieser Fall offiziell noch nicht als innerhalb der Grenzen der Möglichkeit liegend anerkannt und deshalb auch noch nicht zur Sprache gebracht worden. General Trochu hat amtlich verkündet, daß „der Gouverneur von Paris nie capituliren werde". Seine Collegen haben wiederholt ungefähr dasselbe gesagt. Der praktischste von ihnen, Picard, hat, glaube ich, einigemal versucht, auf dieses Thema hinzuleiten, es ist ihm aber nicht gelungen. Journalartikel und Regierungs-Proclamationen sagen der Bevölkerung jeden Tag, daß sie blos auszuharren brauche, um endlich zu triumphiren. Wenn das Ende kommen muß, so ist doch schwer zu sehen, wie es kommen wird. Ich habe viele intelligente Personen gefragt, was wohl nach ihrer Meinung geschehen werde; es scheint aber Niemand einen sehr deutlichen Begriff davon zu haben. Einige meinen, die Regierung werde eines schönen Tages bekannt machen, daß nur noch auf eine Woche Proviant vorhanden ist und daß man nach Ablauf dieser Zeit die Thore dieser Stadt öffnen und den Preußen sagen werde, daß, wenn sie durchaus einziehen wollen, ihnen nichts im Wege stehe. Andere glauben, die Regierung werde ihre Macht in die Hände der Maires, als der unmittelbaren Vertreter von Paris, niederlegen. Trochu reitet viel draußen herum und sagt zu den Soldaten: „Muth, meine Kinder, der Augenblick naht." Was für einen Augenblick er aber meint, das weiß Niemand. Kein Wort wird in der französischen Sprache mehr mißbraucht, als das Wort „erhaben!" Eine Thorheit eine erhabene Thorheit zu nennen, wird als eine Rechtfertigung jeder beliebigen Abgeschmacktheit betrachtet. So nennen wir diese Weigerung, einen Fall, der nicht blos möglich, sondern auch wahrscheinlich ist, in's Auge zu fassen, ebenfalls erhaben. Wir sind stolz darauf und leben in diesem Zustande weiter, als ob er ewig dauern würde.

Fünfzehntes Capitel.

17. Januar.

Die Journale bringen Berichte über die Verhandlungen in den Clubs. Der nachstehende ist den heutigen „Débats" entlehnt: „Am äußersten Ende der Rue Faubourg St. Antoine befindet sich eine dunkle Hausflur und in einem Zimmer, zu welchem man durch diese Hausflur gelangt, versammelt sich der Club de la Revendication. Das Publikum ist klein und besteht größtentheils aus Frauen, welche hierherkommen, um sich zu wärmen. Der Club ist friedlich, kaum revolutionair — denn Rom ist nicht mehr Rom und der früher so unruhige Faubourg hat zu Gunsten von Belleville und La Villette abgedankt. Gestern war der Club de la Revendication wie gewöhnlich beschäftigt, das Elend des allgemeinen Zustandes und die Nothwendigkeit der Wahl einer Commune zu besprechen. Ein Redner, dessen patriotischer Enthusiasmus fast an Verrücktheit streifte, erklärte, er für seine Person verschmähe Schinken und Bratwurst und zöge vor, von der Luft der Freiheit zu leben. (Die Frauen seufzen.) Ein anderer Sprecher ist der Meinung, wenn es eine Commune gäbe, so würde es auch vollauf Schinken und Bratwurst geben. ‚Wir bezahlen,' sagte er, ‚das Budget der Geistlichkeit, als ob Bonaparte noch auf dem Thron säße, während doch Jeder gezwungen ist, von anderthalb Francs täglich zu leben.' Um seine Meinung klar zu machen, bedient sich der Redner folgenden Vergleichs: ‚Gesetzt,' sagt er, ‚ich wäre ein Bauer und hätte mir ein Huhn gemästet. (Aufregung.) Müßte ich nun die Flügel der Geistlichkeit, die Beine dem Militär und den Rumpf den Civilbeamten geben, so bliebe von meinem Huhn nichts

für mich übrig. In diesem Falle befinden wir uns. Wir mästen Hühner, Andere essen sie. Viel klüger wäre es, wenn wir sie für uns selbst behielten. (Ja wohl, ja wohl!)'
— Ein Pole, der Bürger Straßnowski, unternimmt es, die Regierung zu vertheidigen. Er verschafft sich nicht ohne Schwierigkeit Gehör. „Ihr beklagt Euch," sagt er, „daß die Regierung nicht mehr Kanonen hat gießen lassen. Wo waren die Artilleristen. (Die sind wir selbst!) Vor drei Monaten aber waret Ihr Bürger und noch keine Soldaten. Dadurch, daß man Euch in den Straßen und auf den Wällen hat hin- und hermarschiren lassen, hat man Euch in Soldaten verwandelt. Die Regierung that deshalb Recht, zu warten. (Murren.)" — Gegen die deutsche Nation ist Redner nicht aufgebracht, er ist bloß aufgebracht gegen die Potentaten, welche die Völker zwingen, einander umzubringen und er hofft, daß der Tag kommen wird, wo die europäischen Nationen einander über die Pyrenäen, die Alpen, den Balkan und die Karpathen hinweg die Hände reichen. (Schwacher Beifall und Murren.) — Ein Bürger bittet das Publikum, gegen den Bürger Straßnowski, der ein würdiger Mann und Freiwilliger sei, Nachsicht zu haben; dann aber macht der Bürger dem würdigen Mann Vorwürfe darüber, daß er versucht habe, eine Regierung zu vertheidigen, deren Unfähigkeit klar zu Tage liege. „Ich frage, Bürger Straßnowski," sagt er, „was hat die Regierung gethan, um Lob zu verdienen? Sie hat uns bewaffnet und exercirt, aber warum? Um uns mit unsern Flinten und Kanonen, nachdem wir uns alle auf den Wällen den Schnupfen geholt, den Preußen auszuliefern. Hat sie versucht, uns nutzbar zu verwenden? Nein, sie hat unthätig zugesehen, während die Preußen unsere Stadt mit einem dreifachen Ring von Citadellen umgeben haben. Jeden Tag sagt man uns, daß die Armeen der Provinzen uns befreien werden. Wir sehen sie aber nicht. Wir sind selbst in Paris nicht sicher. Alle nur möglichen Geschichten werden in Umlauf gesetzt. Gestern hieß es, General Schmitz habe uns verrathen, heute ist es eine Schauspielerin, die einen Spion festgenommen hat, dessen Köchin mit dem Koch eines Mitglieds der Regierung auf vertrautem Fuße stand. Wozu diese Geschichten? Weil die Regierung keine moralische

Stütze hat und Niemand Vertrauen zu ihr fühlt. Mittlerweile werden die Nahrungsmittel knapper und knapper und heute Morgen um 8 Uhr schon hatten alle Bäcker in diesem Arrondissement ihre Läden geschlossen. (Sehr wahr, sehr wahr! Wir haben fünf Stunden vor den geschlossenen Thüren gewartet!) Wenn wir das Brod bekommen, so ist es mehr Kalk als Brod. Im dritten Arrondissement dagegen ist es gut und reichlich. So steht es mit dem Organisationstalent der Regierung. Wir müssen stundenlang auf Brod, stundenlang auf Holz und stundenlang auf Fleisch warten und oft bekommen wir weder Brod, noch Fleisch noch Holz. So kann es nicht lange mehr fortgehen, mein würdiger Straßnowski." — Der Redner schließt damit, daß er das Volk auffordert, die Leitung seiner Angelegenheit selbst in die Hand zu nehmen. „Vive la Commune!" wird von mehreren Seiten gerufen. Der Präsident fordert seine Zuhörer auf, einer Gesellschaft beizutreten, deren Zweck bürgerlicher Unterricht ist. Die Worte des Präsidenten werden mit Beifall aufgenommen und die Versammlung geht auseinander."

Eine andere Beschreibung einer Clubsitzung in demselben Journal lautet:

„Die Lorbeeren Belleville's ließen La Villette nicht schlafen. La Villette beschloß deshalb, eben so wie ihre Nebenbuhlerin einen demokratischen und socialen Centralclub zu haben und inaugurirte gestern in der Salle Marseillaise eine Opposition gegen die Rue Faire. In gewissen Beziehungen ist der Club Marseillaise noch demokratischer als sein Gegner. Der Saal ist eine Art Scheune und selbst die Sansculotten fanden trotz ihres Abscheues vor allem Luxus die hier anzutreffenden Bequemlichkeiten kaum genügend. Der Club Faire mit seinen Wandgemälden und Kronleuchtern hat im Vergleich mit dieser neuen Halle der Demokratie ein höchst aristokratisches Aussehen. Nach der ersten Sitzung zu urtheilen, berechtigt der Club Marseillaise zu den schönsten Hoffnungen. Gestern Abend wurden so viel Verräthereien enthüllt, daß die meisten andern Clubs wenigstens eine Woche lang daran genug gehabt hätten. Seit dem Beginn des Krieges sind wir von einem ungeheuren Netz des Verrathes umgarnt und die Maschen des Netzes können nur durch die Commune und die Republik gesprengt werden. Die Verschwörung war schon längst von den Kaisern und den Königen und den andern Feinden des Volkes vorbereitet. Der Krieg war zwischen ihnen verabredet und es ist ein Irrthum, zu glauben, daß wir bei Reichshofen oder Sedan geschlagen worden seien. — ‚Nein!' ruft ein anderer Redner mit Ueberzeugung, ‚wir sind niemals geschlagen, wir sind verrathen worden. (Sehr wahr! Wir werden noch verrathen!) Die Männer des Stadthauses ahmen Bonaparte nach. Sie stehen eben so wie dieser im Einverständniß mit den Preußen, um, nachdem sie das Land verrathen haben, das Volk zu Sclaven zu machen. Zu wem müssen wir uns nun wenden, um das Land zu retten? Zu den Legitimisten? Zu den Orleanisten? (Nein, nein!)' Der Redner zögert nicht, zu gestehen, daß er sich doch zu Letzteren wenden würde, wenn sie Frankreich retten könnten. (Unmöglich!) Der Redner giebt zu, daß es unmöglich sei, und zwar um so mehr, weil Legitimisten und Orleanisten bei der Verschwörung gegen die Nation betheiligt sind. Nur durch das Volk selbst kann das Volk gerettet werden und zwar durch Einsetzung der Commune. Deshalb sind auch die Männer des Stadthauses und die Reactionäre dagegen. Ein zweiter Redner läßt die Frage der Commune und der Verschwörung ruhen, um die Aufmerksamkeit auf den Rücktritt des Bürgers Delescluze, des zeitherigen Maire des 19. Arrondissements zu lenken. Während dieser Redner glaubt, daß es ungerecht sein würde, den Patrioten Delescluze des Verraths anzuklagen, meint er, derselbe verdiene nichtsdestoweniger Tadel, weil er ein Amt niedergelegt, zu welchem ihn seine Mitbürger berufen. Das Volk wählte ihn und er hatte daher nicht das Recht, in den kritischen Umständen, in welchen wir uns befinden — in einem Augenblick, wo die Fluth des Elends immer höher steigt — wo die Maires eine große Mission zu erfüllen haben — seine Entlassung in die Hände der Männer des Stadthauses zu legen. Was ist die Folge dieses Beweises von Schwäche gewesen? Die Männer des Stadthauses haben eine Commission ernannt, um das 19. Arrondissement gerade so zu verwalten, wie es unter Bonaparte geschah. Das ist es, was wir Bürger von Belleville durch Delescluze's Abfall gewonnen haben.

(Beifall.) Ein Bürger bahnt sich den Weg auf die Tribüne, um den Maire zu rechtfertigen. Er giebt zu, daß es auf den ersten Anblick unmöglich erscheine, die Handlungsweise eines Beamten zu billigen, der von dem Volke gewählt worden und der sein Amt gerade in dem Augenblicke niederlegt, wo das Volk ihn am nothwendigsten braucht, aber — und wieder gerathen wir in das dunkle Geheimniß der Verschwörungen hinein — wenn er seine Entlassung gab, so geschah es, weil er kein Mitschuldiger des Verraths sein wollte. Was glaubt Ihr wohl, was in einer Versammlung, in welcher Jules Favre den Vorsitz führte, die Maires aufgefordert wurden zu thun? (Hier schweigt der Redner einen Augenblick, um Athem zu schöpfen. Die Neugier des Publikums steigt auf's Höchste.) Sie wurden aufgefordert, in die Capitulation zu willigen. (Heftiges Murren — Schändlich!) Ja, so war es, und mit dieser Schmach wollte Delescluze nichts zu thun haben; deshalb resignirte er. Außerdem hatte er auch noch einen andern Grund dazu. Bei Eintheilung der für bedürftige Bürger bestimmten Unterstützung war angenommen, daß das 19. Arrondissement blos 4000 Hülfsbedürftige zähle, während es in Wirklichkeit 50,000 zählt. Man hoffte auf diese Weise, daß die Bevölkerung dieses rein republikanischen Arrondissements Noth leiden und Unruhen anstiften würde, die man dann mit Gewalt unterdrücken könnte. — Diese Enthüllung des Complots gegen den Maire des 19. Arrondissements wird auf verschiedene Weise aufgenommen. Jemand in unserer Nähe bemerkt: „Einerlei, er hätte nicht resigniren sollen." — Nachdem dieser Gegenstand erledigt ist, kehrt die Discussion wieder zu den Verrätereien des Stadthauses zurück. ‚Es ist eine bekannte Sache,' sagte ein Redner, ‚daß in einem aus vier Generalen zusammengesetzten Kriegsrath, bei welchem Trochu den Vorsitz führte, ein Ausfall beschlossen worden war und daß die Preußen den nächsten Morgen davon in Kenntniß gesetzt wurden. Wer sagte es ihnen? Wer verrieth uns? War es Schmitz oder ein anderer General? (Eine Stimme: Es war der Mann, welcher Fasane speist! Entrüstung.) Jedenfalls ist Trochu verantwortlich, auch wenn er nicht selbst der Verräther war. (Ja, ja, es war Trochu.)' — Ein anderer Bürger, welcher der

Versammlung nicht persönlich bekannt ist, aber angiebt, daß
er in der Rue Chasson wohnt, sagt, er habe zufällig eine
vertrauliche Mittheilung erhalten, die vielleicht einiges Licht
über die Sache verbreiten werde. Dieser Bürger hat einige
Freunde, welche die Freunde der Bürger Lebru Rollin und
Tibaldi sind und einer dieser Freunde hörte einen Freund
sagen, entweder Lebru Rollin oder Tibaldi hätte Trochu
sagen hören, es sei unmöglich, Paris zu retten; er wolle
aber noch 30,000 Mann todtschießen lassen und dann
capituliren. (Murren der Entrüstung.) Der Bürger aus
der Rue Chasson hat noch eine zweite vertrauliche Mittheilung erhalten, welche die erste bestätigt. Einer seiner
Nachbarn hat ihm nämlich gesagt, es sei Alles bereit zur
Capitulation, und er glaubt, er werde bald in den Stand
gesetzt sein, noch etwas Wichtigeres über diesen Gegenstand
mitzutheilen; mittlerweile aber bittet er die energischen
Bürger von Belleville (entrüsteter Ruf: Hier ist nicht
Belleville!) — Verzeihung, von La Villette und der andern
republikanischen Vorstädte, die Regierung scharf im Auge zu
behalten. Zu der innern Stadt darf man kein Vertrauen
haben. Die Rue Chasson, in welcher er wohnt, sei gänzlich
demoralisirt. La Villette mit Belleville und Montmartre
muß Paris retten. (Beifall.) Ein anderer Bürger sagt,
er habe in der letzten Zeit häufig das widerwärtige Wort
Capitulation gehört. Wie kann es anders sein? Es geschieht ja Alles, um sie nothwendig zu machen. Wir, die
Nationalgardisten, die anderthalb Francs täglich erhalten,
werden die Bedürftigen genannt. Was thun aber die
Räuber und Bettler, die uns auf diese Weise beschimpfen?
Sie schwelgen und prassen in den feinen Restaurants. Der
zoologische Garten ist geschlossen worden. Warum? Weil
die Elephanten, die Tiger und andere seltene Thiere verkauft
worden sind, um elende Wichte, die über die Noth des
Volkes lachen, in den Stand zu setzen, sich mit Leckerbissen
zu mästen. Was können wir, die Bedürftigen, wie man
uns nennt, mit 30 Sous anfangen, wenn eine Handvoll
Kartoffeln 30 Francs und ein Kopf Sellerie 2 Francs
kostet? Und nun sprechen sie von capituliren, weil sie durch
den Krieg reich geworden sind. Jedermann weiß, daß derselbe blos unternommen ward, um Speculanten reich zu

machen. So lange als sie Waaren zu zehnfachen Preisen zu verkaufen hatten, waren sie für den Widerstand bis auf's Aeußerste. Jetzt aber, wo sie nichts mehr zu verlaufen haben, sprechen sie von capituliren. Ha! Wenn man an diese Nichtswürdigen denkt, möchte man sich eine Kugel durch den Kopf jagen. (Gelächter und Beifall.) Ein vierter Bürger nimmt dasselbe Thema mit derselben Energie und Ueberzeugung auf. Er kennt, sagt er, ein Restaurant, welches von Comptoristen der Bank besucht wird und wo in vergangener Nacht zwei Kühe und ein Kalb verspeist wurden, während die Ambulanz gegenüber ohne frisches Fleisch war. (Heftiges Murren.) Das ist ein Theil des Systems Trochu's und seiner Collegen. Sie lassen uns Noth leiden und verrathen uns. Trochu hat allerdings gesagt, er werde nicht capituliren, aber wir wissen schon, was das heißen soll. Wenn wir ausgehungert und demoralisirt sind, wird er ein neues Plebiscit über die Capitulation verlangen und dann sagen, nicht er, sondern das Volk habe capitulirt. (Sehr wahr! Er ist ein Jesuit!) Wir müssen mit diesen Speculanten und Verräthern ein Ende machen. (Ja, ja! Es ist Zeit!) Wir müssen die Commune haben. Wir haben blos noch auf achtzehn Tage Lebensmittel und brauchen fünfzehn, um frische Vorräthe herbeizuschaffen. Wenn die Commune nicht in drei Tagen proclamirt wird, so sind wir verloren. (Sehr wahr! Die Commune! die Commune!) Der Redner erklärt, wie die Commune Paris retten werde. Sie wird nicht nur bei den Victualienhändlern Haussuchungen vornehmen lassen, sondern auch bei Privatpersonen, welche noch Lebensmittelvorräthe besitzen. Ueberdies, setzt er hinzu, werden wir, wenn alle Hunde aufgegessen sind, die Verräther schlachten. (Gelächter und Beifall.) Gleichzeitig wird die Commune einen Ausfall en masse organisiren, dessen Erfolg unfehlbar ist. Aus den von Gambetta angestellten Ermittelungen geht hervor, daß in diesem Augenblick nicht mehr als 75,000 Mann Preußen um Paris herum stehen. Und dieser Handvoll Deutscher gegenüber soll unsere Armee von 500,000 Mann sich unthätig verhalten? Abgeschmackt. Die Commune wird diesen angeblichen eisernen Ring sprengen. Sie wird dem Verrath ein Ende machen. Sie wird jedem General zwei

Commissare beigeben. (Am Abend vorher hatte man in dem Club der Rue Blanche nur einen Commissar mit einem Revolver in Vorschlag gebracht. In der Marseillaise hielt man zwei für erforderlich. Im Club Faire wird man, um La Villette zu überbieten, heute Abend drei verlangen. Die Stellung eines Generals der Commune wird keine leichte sein.) ‚Diese Commissare‘, fährt der Redner fort, ‚werden alle Bewegungen des Generals überwachen. Sobald er Miene macht, vor dem Feinde zurückzuweichen, schießen sie ihn nieder. Auf diese Weise unerbittlich zwischen Sieg und Tod gestellt, wird er den ersteren wählen‘. (Allgemeiner Beifall.) — Die Stunde ist schon weit vorgerückt, ehe aber der Präsident die Sitzung aufhebt, verkündet er, daß der Augenblick naht, wo die Republikaner sich dicht aneinander schaaren müssen. Die Patrioten werden aufgefordert, ihre Namen und Wohnungen anzugeben, damit man sie finden kann, wenn man sie braucht. Dieser Vorschlag wird mit Acclamation angenommen. Eine Anzahl Bürger läßt ihre Namen aufschreiben und dann geht die Versammlung mit dem Rufe: „Vive la Commune de Paris!" auseinander.

19. Januar.

Den ganzen gestrigen Tag rollten Kanonen durch die Straßen und Truppen marschirten nach der Porte de Neuilly. Die Liniensoldaten waren abgehungert und zerlumpt, die Marschbataillone der Nationalgarde dagegen nahmen sich in ihren nagelneuen Uniformen sehr gut aus. Alle aber schienen bei bester Laune zu sein. Die Soldaten machten nach ihrer Gewohnheit Witze mit einander oder mit andern Leuten und die Nationalgarde sang. Viele waren von ihren Weibern oder Liebchen begleitet, die ihnen die Musketen trugen oder sich an sie anklammerten. Die meisten dieser Männer waren stark und wohlgebaut und ich bezweifle nicht, daß sie in drei oder vier Monaten unter einem guten General ganz vortreffliche Soldaten abgeben würden. In den Champs Elysées standen zahlreiche Volkshaufen, um sie vorbeimarschiren zu sehen. „Pauvres garçons!" hörte ich manches Mädchen sagen; „wer weiß, wie viele von ihnen nicht wiederkommen werden!" Und es war in der

That traurig, diese ehrlichen Bürger zu sehen, welche in ihren Werkstätten oder hinter ihren Ladentischen hätten sein sollen, und jetzt, schlecht exercirt und ungewöhnt an Kriegsstrapazen, mit muthigen Herzen aber mit wenig Hoffnung auf Erfolg, hinauszogen, um für ihre Vaterstadt gegen die eisernen Legionen zu kämpfen, welche dieselbe belagern. Sie marschirten die Avenue de la Grande Armée entlang, gingen über die Brücke von Neuilly und bivouakirten auf der sogenannten Halbinsel Genevilliers. Diese Halbinsel wird durch eine scharfe Krümmung der Seine gebildet. An Karten der Umgegend von Paris kann es in London nicht fehlen und ein Blick auf eine derselben wird die Topographie der heutigen Vorgänge weit klarer machen als irgend eine Beschreibung. Der Anfang der Krümmung ist von Hügeln eingefaßt und diese Hügel ziehen sich auf der St. Cloud-Seite bis zum Mont Valérien, auf der andern Seite bis Rueil. Ungefähr eine Achtelmeile vom Mont Valérien liegt St. Cloud und zwischen St. Cloud und dem Park desselben Namens liegt Montretout, eine Redoute, die, von den Franzosen angefangen, seit Beginn der Belagerung von den Preußen besetzt ist. Die Linie des Feindes zieht sich quer über die Krümmung von Montretout durch Garches nach Malmaison. Letzteres liegt dicht unter Rueil, welches eine Art neutrales Dorf ist. Die Truppen verbrachten die Nacht in dem obern Theile der Krümmung. Ihre Zahl betrug ungefähr 90,000 Mann und sie führten eine furchtbare Feldartillerie mit sich.

Der Zweck des Ausfalls war, wo möglich bis Versailles vorzubringen. Die meisten der Generale waren dagegen und meinten, es würde klüger sein, häufige plötzliche Angriffe auf die feindlichen Linien zu machen, der General „öffentliche Meinung" aber bestand auf einer großartigen Operation und dieser anonyme aber mächtige General behielt, wie gewöhnlich, die Oberhand. Der Plan scheint folgender gewesen zu sein: Die eine Hälfte der Armee stand unter General Vinoy, die andere unter General Ducrot. Die erstere sollte Montretout und Garches angreifen, die letztere durch Rueil und Malmaison vordringen, die Höhen von La Jonchère nehmen und sich dann in Garches mit Vinoy vereinigen. General Trochu commandirte von einem Observatorium auf dem Mont Balérien aus die ganze Bewegung. Um 7 Uhr wurden Truppen gegen Montretout vorgeschickt. Diese Reboute war von etwa 200 Mann Polen aus Posen besetzt und diese leisteten einen so entschlossenen Widerstand, daß der Platz erst halb zehn Uhr genommen ward. Kanonen wurden in der Reboute nicht gefunden. Gleichzeitig rückte General Bellemare, der eine von Vinoy's Divisionen commandirt, gegen Garches vor und besetzte, nachdem er die preußischen Vorposten zurückgetrieben, den Wald und Park von Buzenval. Hier waren mehrere Bataillone der National= garde engagirt und obschon ihr ferneres Vordringen durch eine steinerne Mauer, hinter welcher hervor die Preußen feuerten, aufgehalten ward, so behaupteten sie sich doch im Wald und Park. Nun eröffneten die Preußen ein schweres Feuer längs der ganzen Linie. In Montretout war es un= möglich, auch nur eine einzige Kanone in Position zu bringen. So standen die Dinge bis kurz nach drei Uhr, dann aber langten Verstärkungen von Versailles an und wurden sofort gegen das Centrum dirigirt. Gleichzeitig schlugen Granaten unter die Reserven ein, die aus Nationalgartisten bestanden und am Abhange der Höhen aufgestellt standen, von welchen man die Aussicht auf Paris hat. Es waren junge Truppen und für solche giebt es keine härtere Probe, als sich beschießen lassen zu müssen, ohne sich von der Stelle rühren zu dürfen. Sie geriethen in Unordnung und wichen zurück. Ihre weiter vorgerückten Kameraden, die den Kamm der Höhen besetzt hielten, sahen sich verlassen und gleichzeitig die Angriffs= colonne heranrücken. Sie wichen daher ebenfalls zurück und das Centrum der Position war nun verloren. Es fand eine eilige Berathung statt und Montretout und Buzenval wurden geräumt. So wie die Nacht einbrach, gingen die fran= zösischen Truppen in ihre Bivouacs von der vorigen Nacht zurück und die Preußen überschritten wieder den Graben, an welchem am Morgen ihre Vorposten gestanden hatten. Der Tag war nebelig und der Schmutz so tief, daß das Gehen dadurch sehr erschwert ward. Ich konnte deshalb von dem Hause aus, in welchem ich mich verschanzt hatte, die Be= wegungen der Truppen nicht genau verfolgen. Was aus General Ducrot geworden war, schien Niemand zu wissen. Später habe ich erfahren, daß er, auf nur geringen Widerstand stoßend, durch Rueil und Malmaison vorrückte und dann während des Tages bei La Jonchère focht, indem er zugleich ein Corps nach dem Park von Buzenval detachirte. La Celle St. Cloud zu nehmen, von da La Bergerie zu umgehen und auf Garches zu marschiren, scheint ihm aber nicht gelungen zu sein. Es steht folglich Alles noch ziemlich so, wie es heute Morgen vor Beginn des Gefechtes stand.

Für morgen sind noch mehr Truppen hinausbeordert und der Kampf soll daher wahrscheinlich erneuert werden. Wenn er mit einer Niederlage endet, so werden die Folgen sehr ernste sein, da die Artillerie nur über eine Brücke nach Paris zurückgebracht werden kann. Die Verwundeten sind zahlreich. In der amerikanischen Ambulanz, welche sich in unmittelbarer Nähe der Champs Elysées befindet, liegen gegen siebzig. In dem Grand Hotel treffen deren jeden Augenblick ein. Die Nationalgarde hielt sich bei Buzenval im Feuer sehr gut, obschon ein großer Theil der Mannschaften die Uniform erst seit wenigen Tagen trug. Die Offiziere leider waren in vielen Fällen eben so unerfahren als die Mannschaften.

Als ich gegen fünf Uhr heute Nachmittag in die Stadt zurückkam, glich die Halbinsel Genevilliers der Rennbahn bei einem englischen Wettrennen an einem Regentage, und Cavallerie, Artillerie und Infanterie bildeten für mein civilistisches Auge eine unentwirrbare Masse.

Heute Morgen ward das Brod in der ganzen Stadt rationirt. Niemand soll mehr als 300 Gramm täglich bekommen, Kinder blos 150. Ich empfehle Jedem, der zu flott gelebt hat, dieses Regime eine Woche lang zu versuchen. Es wird ihm sehr gut bekommen, denn kein Lastthier wird so überladen, wie der Magen der meisten reichen Leute. Am 12. December machte die Regierung feierlich bekannt, daß das Brod niemals rationirt werden würde. Diese Maßregel kommt mir daher vor, als wäre sie der Anfang des Endes. Eben so soll auch eine sorgfältige Nachsuchung nach Lebensmitteln in den Wohnungen aller Derer vorgenommen werden, welche Paris verlassen haben. Wieder ein Anzeichen des Endes. Uebrigens ist es aber fast unglaublich, wie wenig ein Franzose braucht, um existiren zu können. Ich war gestern in der Avenue de l'Impératrice, im Hause eines

abwesenden Freundes, der dasselbe der Obhut eines Dieners
übergeben hat, und fand drei durch das Bombardement aus
ihren Wohnungen vertriebene Familien darin. Die eine
dieser Familien, welche aus Vater, Mutter und drei Kindern
bestand, kochte sich ein Stück Pferdefleisch von etwa vier
Quadratzoll in einem Eimer Wasser. Mit dieser dünnen
Suppe wollten sie drei Tage reichen. Den Tag vorher
hatten sie jedes eine Rübe gehabt. Der Diener meines
Freundes gab dem englischen Kutscher ein Diner. Das
einzige Gericht war eine Katze mit Mäusen garnirt. Ich
kostete eine derselben und zermalmte mit den Zähnen die
Knochen wie die einer Lerche. Ich kann Mäuse empfehlen;
sie sind ein sehr gutes Gericht, wenn einmal kein besseres zu
haben ist.

Wie ich höre, ist heute Abend eine Brieftaube ange=
kommen. Die von ihr mitgebrachte Depesche ist noch nicht
bekannt gemacht. Die „Verräthermanie" wüthet immer
noch. Gestern Abend verkündete ein Redner im Belleviller
Club eine schauderhafte Entdeckung — das Brod wird von
Verräthern vergiftet. Ein Landsmann von mir, ebenfalls
Correspondent eines Londoner Blattes, ging, weil er gehört,
daß man ihn beschuldigt, ein preußischer Spion zu sein, heute
zum Polizeipräfecten. Dieser hochgestellte Beamte erklärte,
er habe keinen Verdacht gegen ihn und zeigte ihm dann
einen Stoß Tabellen, die sich auf jedes einzelne der hier
vertretenen englischen Blätter bezogen. Was mich betrifft,
so habe ich allerdings nie verfehlt, zu tadeln, was ich für
tadelnswerth gehalten und bin nie in Ekstase über den
bombastischen Unsinn gerathen, der die Hinterlassenschaft des
verworfenen Despotismus ist, von welchem sich die Franzosen
thörichterweise zwanzig Jahre lang haben beherrschen lassen und
der den Nationalcharakter vergiftet hat. Trotzdem aber bin
ich stets bemüht gewesen, in meiner Correspondenz, so weit
es mit der Wahrheit vereinbar, alle Tugenden der Franzosen
anzuerkennen und vielen ihrer Fehler gegenüber ein Auge
zuzudrücken.

20. Januar.

Heute Morgen erhielten mehrere frische Regimenter
der Nationalgarde Befehl zum Abmarsch nach der Halbinsel

Genevilliers. Ich begleitete eins derselben, als wir aber nach Neuilly kamen, erhielten wir Contreordre und kehrten wieder um. Jedes Haus in Neuilly und Courbevoie war mit Truppen angefüllt und außerdem campirten mehrere Regimenter draußen auf dem Felde, wo sie die Nacht ohne Zelte zugebracht hatten. Viele von den Mannschaften waren so müde gewesen, daß sie sich in den fast knietiefen Schmutz niedergeworfen und so mit dem Gewehr neben sich geschlafen hatten. Bitter waren die Klagen des Commissariats. Brod und Branntwein waren kaum zu haben. Viele hatten ihre Tornister mit den darauf geschnallten Broden während des Gefechts weggeworfen und diese befanden sich nun im Besitz der Preußen. Man kann sich keinen traurigeren Anblick als den dieser Regimenter denken. Einige davon — namentlich die, welche nicht ins Gefecht gekommen waren — hielten gut zusammen; dabei aber gab es eine ungeheure Anzahl Versprengter, welche umherliefen und ihre Bataillone und Compagnien suchten. Gegen zwölf Uhr ward bekannt, daß die Truppen wieder nach Paris zurückkehren sollten und daß der Kampf nicht wieder erneut werden würde. Gegen ein Uhr begann der Marsch durch das Thor von Neuilly mit fliegenden Fahnen und klingendem Spiel, als ob ein Sieg erfochten worden wäre. Ich blieb eine Zeit lang stehen und beobachtete die Volksmenge, die sich zu beiden Seiten der Straße angesammelt hatte. Die meisten dieser Zuschauer schienen von Entmuthigung und Verzweiflung ergriffen zu sein. Sie hatten so bestimmt geglaubt, daß der großartige Ausfall mit einem großen Siege enden müsse, daß sie kaum ihren Augen trauen konnten, als sie ihre Helden, anstatt weiter nach Versailles zu marschiren, wieder nach Paris zurückkehren sahen. Viele Frauen durchforschten mit angstvollen Blicken die vorübermarschirenden Reihen und fragten jeden Augenblick, ob der oder jener Angehörige von ihnen gefallen sei. Als ich durch die Champs Elysées kam, sah ich eine Menge Trupps von drei oder vier Soldaten, die es für unnöthig zu halten schienen, bei ihren Regimentern zu bleiben.

In den Abendjournalen ist die Depesche, welche Chanzy's Niederlage meldet, veröffentlicht worden, eben so wie eine Aufforderung von Trochu an General Schmitz, sofort wegen eines Waffenstillstandes von zwei Tagen zum Begraben der Todten zu unterhandeln. „Der Nebel," setzte er hinzu, „ist sehr dicht," und allerdings scheint dieser Nebel bis in das Hirn des würdigen Mannes gedrungen zu sein. Fast sämmtliche Verwundete sind bereits von den französischen und preußischen Ambulanzen aufgehoben. Die Todten befinden sich beinahe sämmtlich innerhalb der nun preußischen Linien und werden ohne Zweifel von den Preußen begraben. Nachmittags ward eine Einstellung der Feindseligkeiten auf zwei Stunden bewilligt. Unsere Ambulanzen rückten sofort aus und brachten einige Verwundete, aber nicht viele, zurück. Die meisten von Denen, welche innerhalb der preußischen Linien gefallen, waren, wie die preußischen Offiziere sagten, schon nach St. Cloud oder St. Germain gebracht werden, wo sie verpflegt werden würden.

Um drei Uhr berief Jules Favre die Maires zu einer Berathung. General Trochu fand sich ebenfalls auf eine halbe Stunde im Ministerium der auswärtigen Angelegenheiten ein und kehrte dann auf den Valérien zurück. Man sagt, er habe sich erboten, seine Entlassung zu nehmen, und ich halte es für sehr wahrscheinlich, daß er der Jonas sein wird, welchen man dem Wallfisch preisgiebt. Wird dieses Opfer aber das Schiff retten? Alle Generale werden einer wie der andere geschmäht, wie es denn überhaupt in Frankreich zwischen dem Capitol und dem tarpejischen Felsen kein Drittes giebt. Wer kein Sieger ist, muß ein Verräther sein. Daß undisciplinirte Nationalgardisten, die eben noch hinter ihren Ladentischen gestanden, nicht im Stande sein sollten, von deutschen Truppen vertheidigte Batterien zu stürmen, dies will man nimmermehr zugeben. Wenn sie es nicht im Stande sind, so liegt die Schuld an ihren Anführern.

Unter den gestern Gefallenen befindet sich Regnault, der Maler, der bei der letzten Ausstellung für seine „Salome" die goldene Medaille erhielt. Er hatte sich, ehe er in's Gefecht ging, auf der Brust eine Karte befestigt, worauf er seinen Namen und die Adresse der jungen Dame geschrieben, mit welcher er sich kürzlich verlobt hatte. Als die Träger ihn aufhoben, hatte er eben noch Kraft genug, um auf diese Adresse zu zeigen. Ehe man ihn jedoch dorthin bringen konnte, war er schon todt.

Der betrübendste Anblick während des Kampfes aber war der eines französischen Soldaten, welcher von französischen Kugeln fiel. Er war Gemeiner im 119. Bataillon und weigerte sich, mit vorzugehen. Sein Commandant machte ihm Vorstellungen. Der Gemeine schoß nach ihm. General Bellemare, der in der Nähe war, gab Befehl, den Mann sofort zu erschießen. Ein Glied marschirte auf und feuerte auf ihn; er fiel und man glaubte, er sei todt. Einige Träger, die bald darauf vorbeikamen und glaubten, er sei im Kampfe verwundet worden, legten ihn auf eine Tragbahre, denn er lebte noch. Ein Soldat trat hinzu, um ihm den Rest zu geben. Der Schuß versagte aber. Ein Anderer kam herbei und dieser machte dem Unglücklichen endlich den Garaus.

Nach Allem, was ich von den Leuten höre, die bei den verschiedenen Ambulanzen beschäftigt sind, übersteigt unser Verlust von gestern nicht die Zahl von 2000 Getödteten und Verwundeten. Die meisten Journale schlagen ihn weit höher an. In Buzenval, wo der einzige wirklich hitzige Kampf stattfand, gab es, wie ein Offizier, der dort commandirt hatte, mir sagte, ungefähr 300 Todte. Um der Menschlichkeit willen steht zu hoffen, daß nicht noch mehr solche nutzlose Ausfälle unternommen werden. Die ersten preußischen Linien durchbrechen die Franzosen allemal, dann aber werden sie durch das Feuer der Batterien der zweiten Linie aufgehalten. Der Feind zieht Verstärkungen heran und dann beginnt die wohlbekannte Rückzugsbewegung. „Unsere Verluste," sagen die offiziellen Berichte am nächstfolgenden Morgen, „sind groß, die des Feindes ungeheuer. Unsere Truppen fochten mit ausgezeichneter Tapferkeit, aber —"

21. Januar.

Gestern Abend regnete es so stark, daß auf den Boulevards nur wenig Gruppen zu sehen waren. In den Clubs schimpft man auf Trochu. Die allgemeine Stimmung wird eine immer verzweifeltere. „Was," fragt man, „nutzen Bourbaki's Siege? Er kann doch nicht zeitig genug hier sein." Wir hatten unsere Hoffnung auf Chanzy gesetzt und die Nachricht von seiner Niederlage hat in Verbindung mit unserer eigenen fast jeden Hoffnungsstrahl ausgelöscht. Die Regierung bereitet, wie man glaubt, die öffentliche Meinung auf die Capitulation vor. Die „Liberté", bis jetzt die muthigste Vertheidigerin der Regierung, beklagt sich bitter, daß sie die Wahrheit verkünden müsse. Chauborby's Depesche ging zuerst au Jules Favre. Als der Mann, welcher dieselbe entzifferte, die ersten Worte „Un grand malheur" gelesen hatte, wollte Jules Favre nichts weiter hören, sondern schickte die Depesche unentziffert an Trochu. Dieser aber konnte eben so wenig wie die Offiziere seines Stabes sie entziffern und sie mußte daher unentziffert an das auswärtige Amt zurückgehen.

Allerhand Charlatane halten die Zeit nun für geeignet, mit ihren Anerbietungen hervorzutreten. Ein „General" erbietet sich, der Belagerung ein Ende zu machen, wenn man ihm 50,000 Mann zur Verfügung stellt. Ein Chemiker bietet eine Bombe an, welche die Preußen mit Stumpf und Stiel ausrotten wird. Felix Phat erklärt in seinem Organ, Sparta sei deshalb nie erobert worden, weil die Spartaner ihre Mahlzeiten gemeinschaftlich einnahmen. Deshalb schlägt er als Mittel, Paris zu befreien, vor, daß man öffentliche Mahlzeiten veranstalte. Ich für meine Person wünsche sehr, daß dieselben zu Stande kommen, denn ich werde mich ganz sicher dabei einfinden. Selbst spartanische Suppe wäre annehmbar. Das Brod ist kaum genießbar. Wenn man es in Wasser weicht, so schwimmen Stroh- und Heuhälmchen darauf herum.

Ein Mann, der es genau wissen sollte, versicherte mir heute Morgen feierlich, wir hätten blos noch auf sechs Tage Lebensmittel. Die Leute aber, die etwas wissen sollten, sind gerade die, welche nichts wissen. Ich glaube allerdings nicht, daß es schon so schlimm mit uns steht, gleichwohl aber ist das Ende eine Frage nicht mehr von Monaten, sondern von Tagen und sehr bald wahrscheinlich nur noch von Stunden. Diejenigen, die eine baldige Capitulation wünschen, nennt man les capitulards und sie bilden eine Majorität von Neun gegen Eins. Es giebt dabei noch Viele, die einen abermaligen großen Ausfall verlangen; die Meisten aber, die dies thun, sind Leute, welche vollkommen sicher sind, diesen Ausfall nicht selbst mitmachen zu müssen.

Die Straßenredner schimpfen immer noch über den armen Jonas Trochu und ihre Zuhörer scheinen ihnen Recht zu geben. Diese klugen Männer sagen aber dabei nicht, wer ihn ersetzen soll. Einige der Mitglieder der Regierung schlagen, wie ich höre, einen General vor; welcher General aber würde diese damnosa haereditas annehmen? Unter den Generalen hat jeder seine Anhänger und jeder scheint der Meinung zu sein, er sei ein gewaltiger Kriegsmann und alle Anderen seien Narren. Vinoy sowohl als Ducrot weigerten sich, dem Kriegsrath beizuwohnen, welcher vor dem letzten Ausfall abgehalten ward. Sie seien Divisionsgenerale, sagten sie, und würden den ihnen ertheilten Befehlen gehorchen, aber keine weitere Verantwortlichkeit auf sich nehmen. Ducrot, der zeither Trochu's Freund und Vertrauter war, steht nicht mehr in seiner Gunst. Der „Réveil", der in der Regel über Alles, was unsere Maires betrifft, gut unterrichtet ist, giebt heute folgenden Bericht über die gestrige Versammlung: „Um drei Uhr ward die Sitzung in Gegenwart aller Mitglieder der Regierung eröffnet. Trochu erklärte bestimmt, daß er nicht mehr kämpfen werde. Fabre sagte, die Regierung ‚verschwände', und schlug vor, daß sie ihre Gewalt an die Maires abträte. Letztere weigerten sich, auf diesen Vorschlag einzugehen. Die Discussion war eine sehr hitzige. Noch mehrere andere Vorschläge, von welchen der eine immer abgeschmackter war als der andere, wurden von einigen Mitgliedern der Regierung gestellt, kamen aber nicht zur Discussion und die Sitzung ward, wie gewöhnlich, aufgehoben, ohne zu einem Resultat geführt zu haben. Vinoy ist der Beste, denn er ist ehrlich, uneigennützig und entschlossen. Es steht zu hoffen, daß er, wenn Trochu zurücktritt, an dessen Stelle komme.

22. Januar.

Der arme Jonas ist über Bord geworfen und vom Wallfisch verschlungen worden. Er steht noch an der Spitze der Civilregierung, aber blos als Strohmann. Er ist von der besten Gesinnung beseelt, hat sich aber als militärischer

Chef durchaus nicht bewährt. Die Pläne zu seinen Ausfällen waren stets sorgfältig ausgearbeitet und jedem Divisionscommandanten genau vorgeschrieben, was er zu thun hatte. Unglücklicherweise aber störte General Moltke gewöhnlich die richtige Entwickelung dieser Details. Bei dem letzten Ausfall entschuldigte Ducrot sein spätes Eintreffen in Mamaison damit, daß er die Straße, auf welcher er vorrücken sollte, durch eine lange Linie Artillerie gesperrt fand, die sich ebenfalls Trochu's Befehlen zufolge hier aufgestellt hatte. General Vinoy, der jetzt das Obercommando führt, ist ein rüstiger alter Soldat von ungefähr siebzig Jahren. Er hat von der Pike an gedient und war in der Krim ein sehr intimer Freund von Lord Clyde. Als Letzterer einige Jahre vor seinem Tode nach Paris kam, hatte der englische Gesandte ein großartiges Frühstück bereiten lassen und war nach dem Bahnhof gegangen, um ihn zu empfangen. Auf dem Perron stand auch Vinoy, der ebenfalls ein Frühstück für seinen alten Waffengenossen in Bereitschaft hatte, und dieses Frühstück nahm Lord Clyde zum großen Aerger des Diplomaten an. General Vinoy hat heute an die Truppen eine Proclamation erlassen, deren schlichte, einfache, bescheidene Sprache sich sehr vortheilhaft von dem schwülstigen Bombast unterscheidet, in welchem sein Vorgänger so Großartiges leistete.

Die Journale fangen schon an, zu ihrer eigenen Genugthuung zu beweisen, daß der Kampf am vorigen Donnerstag keine Niederlage, sondern ein „unvollständiger Sieg" war. Was die Nationalgardisten betrifft, so sollte man meinen, jeder von ihnen sei im Gefecht gewesen und nur die Furchtsamkeit ihrer Generale habe sie abgehalten, Alles vor sich niederzuwerfen. Im Vergleich mit den wunderbaren Thaten, welche viele dieser Helden ausgeführt zu haben sich rühmen, ist Napoleons alte Garde blos eine Heerde von Schafen gewesen. Eine sehr treffende Caricatur stellt einen Löwen in Nationalgardenuniform vor, der von zwei Eseln in Generalsuniform zurückgehalten und auf diese Weise gehindert wird, sich auf einen Haufen erschrockener Deutschen zu stürzen.

Thatsache ist indessen, daß von den 5000 Mann Nationalgardisten, die bei dem eigentlichen Kampfe betheiligt waren, die meisten sich leiblich gut und viele der Offiziere sich sehr gut hielten. Was die Seeleute betrifft, so verdienen dieselbe das höchste Lob, und da sie gleichwohl zu Wasser von den britischen stets geschlagen wurden, so steigt meine Bewunderung der letzteren nur um so höher. Sie werden aber auch von ihren Capitainen und Admiralen in der strengsten Zucht gehalten und als ich einen dieser Herren fragte, ob seine Leute mit den Soldaten fraternisirten, antwortete er: „Wenn ich jemals einen von meinen Leuten mit solchem Gesindel umgehen sähe, so schickte ich ihn auf vierundzwanzig Stunden in Arrest." In den Forts bleiben sie selbst bei dem heftigsten Feuer vollkommen kaltblütig und sowohl bei Le Bourget als bei Chatillon fochten sie wie Helden. „10,000 Mann wie diese," sagte neulich ein General zu mir, „sind mehr werth, als die ganze Nationalgarde."

Das Bombardement dauert noch fort. In den südlichen Theil der Stadt fallen Bomben, es wird aber auf dieser Welt Alles zur Gewohnheit und es kümmert sich daher Niemand sonderlich darum. Des Nachts ist der Trocadero ein beliebter Sammelplatz für die Cocotten geworden, die uns noch mit ihrer Gegenwart beehren. Man sieht von hier aus die Linie der preußischen Batterien und das Blitzen ihrer Kanonen. Auch das Pfeifen der Bomben kann man hören und die Dämchen klammern sich dann mit affectirter Furcht an ihre Führer an. Es ist wie bei einem Feuerwerk in Cremorne Gardens. Seit gestern Morgen wird auch St. Denis bombardirt. Die meisten Bewohner haben sich nach Paris hereingeflüchtet. Es wäre schade, wenn die Kathedrale mit den Grabmälern der alten französischen Könige beschädigt werden sollte. Die Preußen beschießen diesen mehr eine Festung als ein Fort zu nennenden Platz aus sechs verschiedenen Batterien und man fürchtet, daß er sich nicht lange werde halten können.

Heute ward unsere Aufmerksamkeit von den Preußen draußen durch einen innern Zwist abgelenkt und wir haben auf einander geschossen, als ob die preußischen Bomben und Granaten für unsern kriegerischen Magen noch nicht genug wären und der Tod nicht unsern Kerker umtobte.

Kurz vor ein Uhr diesen Morgen erschien eine Bande

bewaffneter Patrioten vor dem Gefängniß Mazas und verlangte die Freilassung Flourens' und der andern hier befindlichen politischen Gefangenen. Der Director ließ, anstatt das Thor geschlossen zu halten, eine Deputation herein. In dem Augenblick aber, wo das Thor geöffnet ward, drängten sich mit der Deputation zugleich sämmtliche Patrioten hinein und führten Flourens und seine Freunde im Triumph davon. Mit dem Maire an ihrer Spitze zogen sie dann nach der Mairie des 20. Arrondissements und nahmen alle hier vorhandenen Brod- und Weinrationen weg. Dann trennten sie sich, nachdem sie beschlossen, um zwölf Uhr Mittags nach dem Stadthause zu ziehen, um ihren „Brüdern" die Regierung abzusetzen zu helfen. Ich begab mich gegen zwei Uhr selbst nach dem Platze vor dem Stadthause und fand hier ungefähr 5000 Personen versammelt. Die Thore des Stadthauses waren geschlossen. Hinter den Gittern vor denselben standen einige Offiziere und an allen Fenstern waren Soldaten zu sehen. Der größte Theil des Publikums war unbewaffnet. Dicht am Stadthause war in den von den Aufrührern besetzten Positionen eine gewisse militärische Ordnung bemerkbar. Ich wählte meinen Standpunkt an der Ecke der Rue de Rivoli. Die Menge mehrte sich mit jedem Augenblick. Sie bestand theils aus Neugierigen, an welchen es Sonntags nie fehlt, theils aus Pöbel. Ich befand mich in der Mitte einer der letztern Kategorie angehörenden Gruppe, die fortwährend fluchte und schimpfte. Dicht neben mir stand eine umfangreiche Dame, deren Athem verrieth, daß sie soeben eine reichliche Quantität Spirituosen zu sich genommen, deren Conversation aber zeigte, daß ihr moralischer Standpunkt ein besserer war, als es auf den ersten Anblick scheinen konnte. „Man will das Volk zu Sklaven machen," schrie sie fortwährend, „aber es will sich nicht länger von Verräthern beherrschen lassen; das sage ich, ich, die Mutter von vier Kindern." Diese letztere von ihr geltend gemachte Eigenschaft gab ihren Meinungen augenscheinlich Gewicht, denn ihre Nachbarn entgegneten: „Oui, elle a raison, la mère." Ein hagerer, bleichgelber Kerl, welcher aussah, als hätte er in seinem ganzen Leben nicht einen einzigen Tag lang etwas Nützliches gethan, und dessen persönliche Reize durch einen borstigen, grauen Bart und eine Mütze von Katzenfell nicht sonderlich erhöht wurden, brüllte: „Das Stadthaus gehört uns; ich bin ein Steuer= zahler!" während ein etwa fünfzehnjähriges Bürschchen mit gellender Discantstimme die militärischen Fehler auseinander= setzte, welche Trochu und die Generale begangen hätten. Kurz nach drei Uhr erschien eine frische Bande, vollständig bewaffnet, mit einem Tambour, der den Sturmmarsch schlug, an der Spitze. In dem Augenblick, wo sie den Haupt= eingang erreicht hatten, knallte ein Schuß, auf welchen mehrere folgten. Jeder, der ein Gewehr hatte, schoß es nun, um nur etwas zu thun, ebenfalls ab und ergriff dann die Flucht wie ein parthischer Bogenschütze. Die Verwirrung ward sofort allgemein und eine Menge Leute warfen sich selbst zur Erde nieder. Ich sah die Mutter von vier Kindern im Straßenschmutz zappeln und den bleichgelben Steuerzahler über sie hinwegstürzen, dann folgte ich dem jugendlichen Strategen zu einer offenen Thür hinein. Hinter derselben waren etwa zwanzig Personen versammelt. Die Thür ward geschlossen und ungefähr zwanzig Minuten lang hörten wir noch fortwährend Schüsse fallen. Dann, als der Kampf vorüber zu sein schien, ward die Thür wieder geöffnet und wir traten heraus. Der Platz war von dem Pöbel geräumt und von den Truppen besetzt, während noch frische Regimenter den Quai und die Rue Rivoli entlang anmarschirt kamen. Verwundete lagen überall umher oder krochen nach den Häusern. Es dauerte nicht lange, so kamen einige Bahrträger und lasen die Verwundeten auf. Einen Knaben sah ich augenscheinlich sterben, das Blut strömte ihm aus zwei Wunden. Die Fenster des Stadt= hauses waren zerschmettert und die Façade zeigte, eben so wie einige der andern Häuser, Spuren von Kugeln. Ich blieb, bis es dunkel ward, selbst dann noch aber waren die Straßen voll Menschen. Jeder, der sich in dem Schmutz gewälzt und dessen Kleider Spuren davon zeigten, war der Mittelpunkt einer Gruppe von Mitfühlenden und Nichtmit= fühlenden, welchen er erzählte, wie die bretonischen Banditen auf ihn, ein armes, unschuldiges Lamm, welches Niemandem etwas zu Leide gethan, geschossen hätten. Die Nicht= mitfühlenden bildeten jedoch die Mehrzahl und „das ist ihm schon recht," schien der allgemeine Ausspruch über die zu

sein, welche getroffen worden waren oder sich die Kleider
ruinirt hatten. Dann und wann ward ein Fenster zu-
geschlagen oder ein Karren rollte vorbei, wo dann Alles
einige Schritte zurückwich. Nach Tische kehrte ich wieder
nach dem Stadthause zurück. Die Menge hatte sich
zerstreut und der Platz war militärisch besetzt. Es läßt
sich daher wohl annehmen, daß diese kleine häusliche Episode
vorüber ist.

23. Januar, Morgens.

Die Clubs sind geschlossen und der „Réveil" und der
„Combat" unterdrückt. Eine Menge Leute kommen von
St. Denis herein, wo das Bombardement in vollem Gange
ist. Vergangene Nacht sind auch Bomben auf eine der
Seineinseln gefallen. Die Fluth steigt also und unser
trockenes Terrain vermindert sich mit jedem Tage. Einem
Auszuge aus einer deutschen Zeitung zufolge ist nach
England telegraphirt worden, daß das Dorf Issy von dem
preußischen Feuer gänzlich zerstört worden sei. Dies ist
aber nicht der Fall. Ich war kürzlich dort und das
Dorf ist noch vorhanden. Allerdings ist es nicht gerade
der Ort, an welchem man sein Besitzthum für sicher
halten könnte, bis jetzt aber sind die meisten der Häuser
noch unversehrt.

Sechzehntes Capitel.

27. Januar.

Ich schreibe dies, weil ich höre, daß der letzte Ballon heute Abend abgehen wird. Die Meisten von uns hier haben große Aehnlichkeit mit den Erben beim Begräbniß eines reichen Mannes. Wir machen lange Gesichter, wir seufzen und wir stöhnen, aber wir sind nicht ganz so unglücklich, als wie wir aussehen. Das „Journal Officiel" von heute Morgen meldet, daß Paris nicht besetzt werden und daß die Nationalgarde nicht nach Deutschland gehen wird. Dies, sagen wir, ist etwas ganz Anderes als eine Capitulation — es ist ein politisches Ereigniß; in einigen Tagen erwarte ich, es einen Sieg nennen zu hören. Der Redacteur der „Liberté", der immer noch lebt, obschon er während der letztvergangenen drei Monate fortwährend Pakte mit dem Tode geschlossen, erklärt, Paris habe nicht capitulirt und werde niemals capituliren, ein Waffenstillstand aber sei etwas ganz Anderes. Gestern Abend sah man trotz der Kälte, welche wieder zu herrschen begonnen, auf den Boulevards eine Menge Patrioten und politische Kannegießer, welche den Stand der Dinge discutirten und sich über das aussprachen, was Paris bewilligen und was es nicht bewilligen würde. Dann und wann warf ein „Reiner" — ein „Reiner" ist ein Ultra — die Bemerkung hin, daß die Pariser selbst blos ernteten, was sie gesäet. Der „Reine" ward aber, wie ich kaum zu sagen brauche, sehr bald zum Schweigen gebracht. Man schien allgemein der Ansicht zu sein, Paris habe sich heldenmüthig und erhaben gezeigt, und sei dies nicht der Fall gewesen, so liege die Schuld an den Verräthern, welchen es sein Schicksal anvertraut. Einige sagen, die Admirale hätten erklärt, sie würden ihre Forts lieber in die Luft sprengen als dieselben übergeben. Wenn aber die würdigen Leute, welche dies versicherten, es von den Admiralen selbst erfahren hatten, so kann ich blos sagen, daß diese rechtschaffenen Seeleute sich seltsame Vertraute ausgesucht haben.

Paris hat, wie ich schon mehr als einmal gesagt habe, für seine eigene Oberherrschaft über die Provinzen eben so viel gekämpft wie für den Sieg über die Preußen. Die Nachricht — ob sie wahr ist, weiß ich nicht —, daß Gambetta, welcher als Repräsentant von Paris betrachtet wird, durch eine Art Regentschaftsrath ersetzt worden ist und daß dieser Regentschaftsrath unterhandelt, hat hier alle Gemüther mit Entrüstung erfüllt. Weit besser, scheint Jeder zu denken, daß Elsaß für Frankreich, als daß Frankreich für Paris verloren gehe. Die Siege Preußens sind den Franzosen bitter gewesen, weil Jeder sich gewissermaßen als Erben der Siege des ersten Kaiserreichs betrachtete; der wirkliche Patriotismus der Pariser aber erstreckt sich nicht weiter als die Mauern ihrer Stadt. Wenn dieser Krieg die Folge hat, daß Frankreich künftig die Leitung seiner Angelegenheiten selbst in die Hand nimmt und den Journalisten und übrigen Bewohnern von Paris nicht mehr gestattet, mit ihm zu machen, was ihnen beliebt, so wird es durch seine Niederlagen, und möge es noch so viel Kriegsentschädigung bezahlen müssen, mehr gewonnen als verloren haben.

Der kriegerische Geist der Nationalgarde ist natürlich von den Journalen, die wegen ihres Absatzes von diesen tapfern Streitern abhängen, bis in den Himmel erhoben worden. Die Frage, was sie ausgerichtet haben, läßt sich jedoch durch Zahlen beantworten. Sie zählen über 300,000 Mann. Ihren eigenen Angaben zufolge haben sie seit beinahe fünf Monaten gekämpft und es läßt sich mit Gewißheit behaupten, daß sie während des ganzen Feldzuges nicht 500 Mann verloren haben. Sie haben dann und wann Dienst in den Laufgräben gethan, dieser Dienst ist aber ein sehr kurzer gewesen und sie haben dazwischen lange Ruhepausen gehabt. Vergleicht man nun diesen Verlust mit dem der Linie, der Mobilgarde und der Seeleute, so lautet das Resultat für die Nationalgarde nicht günstig. Die Soldaten und die Seeleute haben gefochten und die Frauen haben während der Belagerung gelitten. Die männliche Bevölkerung von Paris dagegen hat fast weiter nichts gethan als getrunken und renommirt.

Heute schweigt das Feuer und ich vermuthe, daß die letzte Bombe in die Stadt Paris gefallen ist. Gestern ging ich hinaus nach St. Denis. Ich begegnete einigen Leuten, die mit ihren Betten und Hausgeräthschaften auf Handkarren nach Paris hineinzogen. In St. Denis war das Bombardement, obschon nicht mehr so heftig wie es gewesen, doch immer noch sehr störend. Die meisten der noch zurückgebliebenen Einwohner hatten sich in ihren Kellern eingerichtet und jeden Augenblick stieß man auf einen herabgeworfenen Schornstein. Manche Bewohner hielten sich noch im Parterre ihrer Häuser auf und hatten Matratzen gegen die Fenster gethürmt. Dann und wann rannten sie aus einem Haus in das andere, wie wilde Kaninchen in einem Gehege von Loch zu Loch. Alle Thüren standen offen und so oft man das bekannte verdächtige Pfeifen hörte, schlüpfte man zur nächsten Thür hinein. Ich habe nicht gesehen, daß Jemand getroffen worden wäre. Die Häuser waren vielfach beschädigt, die Kathedrale war, wie man mir sagte, ebenfalls getroffen worden, da aber auch auf dem Platze vor derselben Bomben niederschlugen, so verschob ich die näheren Nachforschungen auf einen ruhigeren Augenblick. Einige Soldaten sagten mir, die Forts seien „gekratzt" worden, in welchem Umfange aber dieses Kratzen stattgefunden, kann ich aus persönlicher Beaugenscheinigung nicht angeben, denn ich fürchtete, wenn ich meine Recognoscirungen noch weiter fortsetzte, am Ende noch selbst „gekratzt" zu werden.

Ich bin nicht Militär und verstehe in technischer Beziehung nichts von Bomben, da es aber ihr Zweck ist, zu platzen, und da eine große Anzahl wissenschaftlich gebildeter Männer ihre Zeit der Aufgabe, diesen Zweck herbeizuführen, gewidmet haben, so finde ich es sonderbar, daß so wenige dieser Geschosse auch wirklich explodiren. Ein Grund davon ist, wie man mir sagt, in folgendem Umstand zu suchen. Wenn die Schnelligkeit der Triebkraft sich vermindert, drehen sie sich in der Luft um und schlagen mit dem schwereren

Ende auf, während die Zündmasse am leichteren an=
gebracht ist. Ueberdies haben viele von denen, die in die
Stadt gefallen und auch wirklich geplatzt sind, doch keinen
Schaden angerichtet, weil der Bleimantel, der sie umgiebt,
die Splitter zusammengehalten hat. Die Gefahr für Leib
und Leben ist daher bei einem Bombardement sehr gering,
und ich will lieber 24 Stunden lang in dem exponirtesten
Theile einer bombardirten Stadt verweilen, als in den
mittleren Stunden des Tages 24 Mal Oxford Street über=
schreiten. Eine Bombe ist ein Spaß im Vergleich mit
jenen großen schweren Wagen, die in den Straßen von
London von ihren Führern nach Fußgängern geschleudert
werden.

28. Januar.

Die Regierung hat sich noch nicht entschlossen, der Katze
die Schelle anzuhängen und uns die Bedingungen des
Waffenstillstandes oder der Capitulation, wie man es nun
nennen mag, bekannt zu machen. Man erwartet, daß
nächsten Dienstag oder Mittwoch wieder Züge nach England
abgehen und ich werde womöglich sogleich den ersten Zug
benutzen, um aus diesem Kerker hinauszukommen. Es muß
ein großer Genuß sein, sich wieder unter Menschen zu be=
finden, die wenigstens einen gewissen Grad von gesundem
Menschenverstand besitzen, die nicht alle Uniformen tragen
und nicht so unerträglich mit ihrer erhabenen Haltung
prahlen.

Gestern Abend ward eine Reihe Clubs im Freien auf
den Boulevards und auf anderen öffentlichen Plätzen ge=
halten. Die Redner waren meistens Weiber oder ältere
Männer. Beide sprachen sehr laut davon, eine Revolution
zu machen, um die Capitulation zu verhindern; es kam mir
aber vor, als ob für dieses Project am allereifrigsten gerade
Die sich erklärten, die, so lange sie Gelegenheit hatten, für
die Republik zu kämpfen, es gleichwohl gerathener fanden,
sich unthätig zu verhalten. Die Sprache der Nationalgarde
ist allerdings sehr kriegerisch. Mehrere hundert ihrer Offi=
ziere haben sich das wohlfeile patriotische Vergnügen ge=
macht, eine Erklärung zu unterzeichnen, laut welcher sie eher

zu sterben als sich zu ergeben wünschen. Heute Morgen sind viele Bataillone der Nationalgarde unter Waffen; sie haben dieselben aber in Pyramiden zusammengestellt und schlentern in den Straßen herum. Viele sind auch beim Appell nicht erschienen, sondern zu Hause geblieben, um auf diese Weise gegen das, was vorgeht, zu protestiren.

General Vinoy hat ein schlagfertiges Corps Truppen, und da er ein Mann von Energie ist, so fürchte ich für den Augenblick keine ernsten Ruhestörungen. Was die Soldaten und die Mobilgardisten betrifft, so spazieren sie zu Zweien und Dreien umher und verhehlen nicht, wie froh sie sind, daß Alles vorüber ist. Die armen Schelme haben in der That während der Belagerung einen schweren Stand gehabt; sie haben gute Dienste geleistet und wenig Dank dafür geerntet. Die Journale schimpfen alle auf die Regierung. Diese ist natürlich schuld, daß die Linien der Belagerer nicht durchbrochen worden sind. General Trochu ist kein militärisches Genie und seine Collegen haben sich auch nicht als bessere Administratoren erwiesen, als sich von einem halben Dutzend Advokaten erwarten ließ, die man ihres Mundwerkes wegen in eine gesetzgebende Versammlung gewählt. Dieses System, so oft ein Unternehmen fehlschlägt, die Führer desselben zu opfern und sie der Verrätherei und der Unfähigkeit anzuklagen, ist einer der verwerflichsten Züge des französischen Volkscharakters und wenn dies so fortgeht, so wird zuletzt jeder hervorragende Mann von seinen eigenen Landsleuten entweder für einen Schurken oder für einen Narren erklärt werden.

31. Januar.

Finita la Commedia. Der Vorhang kann fallen. Die Belagerung von Paris ist aus; der letzte Ballon hat unsere Briefe durch die Wolken getragen; der letzte Schuß ist abgefeuert. Die Preußen sind in den Forts und die preußischen Colonnen sind blos deshalb nicht in den Straßen, weil sie es vorziehen, außerhalb der besiegten Stadt Wacht zu halten.

Welches Urtheil wird die Geschichte über die Vertheidigung fällen? Wer weiß es! Einerseits haben die Pariser eine gewaltige Armee weit länger im Schach gehalten, als man erwartet hatte, andererseits aber ist jeder Ausfall, den sie unternommen, erfolglos geblieben und jeder Versuch, das Näherrücken der Belagerer aufzuhalten, fehlgeschlagen. Sie haben ihre Lebensmittelvorräthe immer mehr zusammenschmelzen lassen, bis sie sich gezwungen gesehen haben, zu capituliren, ohne daß ihre Vertheidigungswerke erstürmt und ihre Kanonen zum Schweigen gebracht worden wären. Der General beklagt sich über seine Soldaten, die Soldaten beklagen sich über ihren General und auf beiden Seiten hat man Grund dazu. Trochu ist kein Tobleben. Seine besten Freunde schildern ihn als eine Art militärischen Hamlet, der gut zu sprechen versteht, aber im Handeln schwach und unentschlossen ist. Allerdings war seine Aufgabe als Commandant auch eine sehr schwierige. Als die Belagerung begann, hatte er keine Armee und als diese gebildet war, sah sie sich von so starken Erdwerken und Rebouten eingeschlossen, daß selbst bessere Soldaten nicht im Stande gewesen sein würden, sie zu nehmen. Als Staatsmann war er niemals Meister der Situation. Er folgte der öffentlichen Meinung mehr als daß er dieselbe geleitet hätte und vergaß alles Andere über der Furcht, einer Bevölkerung zu mißfallen, welche, selbst in ruhigen Zeiten, mit einer eisernen Ruthe regiert werden muß. Hier zu Lande ist der Erfolg der Maßstab der Fähigkeit und der arme Trochu ist jetzt politisch so todt, als ob er niemals gelebt hätte. Seine Feinde nennen ihn einen Verräther; seine Freunde vertheidigen ihn gegen diese Beschuldigung dadurch, daß sie sagen, er sei blos ein eitler Narr.

Was die bewaffnete Macht betrifft, so habe ich mich über die treffliche Haltung der Seeleute und über die durchaus nicht zu verachtenden Leistungen der Mobilgarde bereits mehrfach ausgesprochen. Die Nationalgarde dagegen war, wie ich nochmals erklären muß, schlechter als nutzlos. General Trochu sah dies ebenfalls sehr bald ein. Er rief Freiwillige auf und hoffte, daß wenigstens 100,000 Mann diesem Rufe folgen würden; es meldeten sich aber nicht volle 10,000. Dann befahl er, aus jedem Bataillon eine Marschcompagnie zu bilden. Dies gab Anlaß zu unzähligen Beschwerden und Jeder suchte sich unter irgend einem Vorwande loszumachen. Der Eine hatte eine Mutter, der Andere eine Tochter, der

Dritte eine schwache Lunge, der Vierte schwache Beine. Endlich, nach vieler Mühe, waren die Marschbataillone gebildet. Ihre Kameraden gaben ihnen Abschiedsbanketts. Sie bekamen neue Röcke, neue Hosen und neue Kochtöpfe auf die Tornister zu schnallen. Sie thaten auch einigen Dienst in den Tranchéen, vom ernsten Kampf aber hielten sie sich stets fern, bis sie auf der Halbinsel Genevilliers vor vierzehn Tagen vollständig Fiasco machten. Die gesammte Nationalgarde hat während des ganzen Feldzugs, wie ich oben bemerkte, kaum 500 Mann verloren; wenn aber die Dreihundert bei Thermopylä sich nach Erschöpfung ihres Proviants und nach einem Verlust von weniger als ein Procent — wir wollen sagen von drei Mann — sich den Persern ergeben hätten, so wären sie vielleicht immerhin ganz achtbare Leute gewesen, die Geschichte würde aber ihre That nicht verewigt haben.

In politischer Beziehung ist mit Ausnahme des Tumultes am 31. October, die Regierung der Nationalvertheidigung auf keinen Widerstand gestoßen. Es hat dies verschiedene Gründe. Unter der Bourgeoisie herrschte zu Trochu und seinen Collegen wenig Liebe oder Vertrauen; sie repräsentirten aber einmal die Sache der Ordnung und waren die einzige Schranke gegen absolute Anarchie. Unter den ärmeren Klassen ward Jeder, der es wünschte, von der Regierung gekleidet, gespeist und bezahlt, ohne daß er etwas dafür zu thun brauchte. Viele, welche unter anderen Verhältnissen bereit gewesen wären, sich einer Revolte anzuschließen, fanden es daher gerathen, nicht einen Zustand der Dinge zu stören, der so außerordentlich günstig für sie war. Unter den Ultras herrschte eine entschiedene Abneigung, dem Feuer der Preußen sowohl als der Franzosen entgegenzugehen. Auch hatten sie keine Anführer, welche diesen Namen verdient hätten, und viele von ihnen waren entschlossen, Graf Bismarck's herausfordernde Bemerkung, daß der „Pöbel" ihm bürgerliche Zwistigkeiten anzetteln helfen würde, nicht zu rechtfertigen. Die Septemberregierung ist demzufolge auch heute noch am Ruder, obschon der Chef derselben sich als ein unfähiger General und ihre Mitglieder sammt und sonders als erbärmliche Administratoren erwiesen haben. Was schamlose Lügenhaftigkeit betrifft, so haben sie es ihrem unmittelbaren Vorgänger, dem tugendhaften Palikao, vollkommen gleichgethan, ja denselben vielleicht noch übertroffen. Die einzigen beiden von ihnen, welche Aussicht hätten, in England eine Rolle zu spielen, sind Jules Favre und Ernest Picard. Ersterer besitzt alle brillanten Eigenschaften, wiewohl auch alle Fehler, eines gewandten Juristen und Letzterem fehlt es, obschon er ebenfalls Jurist ist, nicht an einem gewissen Maß jenes schlichten praktischen Verstandes, welchen wir als eine vorzugsweise englische Eigenschaft betrachten.

Die Geschäfte haben natürlich seit vorigem September ganz still gestanden. An der Börse ist nur äußerst wenig umgesetzt worden, zum großen Verdruß der vielen Tausende, welche sich in diesem Tempel schmutzigen Gewinnes bewegen. Durch eine Reihe von Decreten ist die Bezahlung von Miethzins und Wechseln von einem Monat zum andern verschoben worden. Die meisten Engros-Exporthäuser sind vollständig geschlossen. Im Detailhandel haben blos die Materialwaaren- und Victualienhändler Geschäfte gemacht und zwar sicherlich sehr gute. Ob die Stadt später im Stande sein wird, sich aus diesem Zustande aufzuraffen und ihre Abgaben, die ungeheuer sein müssen, zu bezahlen, muß die Zeit lehren. Die in Paris gefertigten Industrieerzeugnisse finden in der ganzen Welt Absatz, um aber diesen Markt zu behaupten, müssen die Preise dieser Gegenstände billig sein. Auch Fremde werden nicht hierherkommen, wenn das Leben übertrieben theuer ist, und doch sehe ich nicht ein, wie es anders sein könnte. Jetzt sagen die Pariser, sie würden künftig ernster werden, der Verschwendungssucht der Fremden keinen Vorschub mehr leisten und dieselben nicht zu längerem Verweilen zu bewegen suchen. Wenn sie diese Absichten ausführen, so fürchte ich, daß, wie sehr auch ihr moralischer Zustand dabei gewinnen mag, doch ihre materiellen Interessen leiden werden. Spieltische sind für Europa auch kein Vortheil, ohne dieselben aber wäre es mit Homburg und Baden aus. Paris ist eine Stadt des Vergnügens — eine kosmopolitische Stadt, die ihren Reichthum aus den Thorheiten und Lastern der Welt gezogen hat. Ihre Preise sind zu hoch, ihre Häuser sind zu groß, ihre Promenaden und öffentlichen Plätze haben zu viel gekostet, als daß man hier für dasselbe Geld leben könnte, wie in der nüchternen, anstänbigen Hauptstadt eines Landes von mäßiger Größe, wo der Reichthum in verhältnißmäßig nur wenigen Händen ruht. Wenn die Pariser sich vorgenommen haben, arm und solid zu werden, so kann man ihnen zu diesem Entschluß nur Glück wünschen; sie scheinen aber reich und solid werden zu wollen, und das ist nicht so leicht. Paris, das Paris des Kaiserreichs und Haußmann's, ist ein Kartenhaus. Sein Gedeihen war ein erzwungenes und künstliches. Der Krieg und die Belagerung haben die Karten umgeworfen und es steht zu bezweifeln, daß sie zur Erbauung eines neuen Hauses verwendbar sind.

Was die öffentliche Meinung betrifft, so kann ich nicht sehen, daß dieselbe sich seit dem Falle des Kaiserreichs auch nur um ein Jota geändert, oder daß der gesunde Menschen-verstand irgend welchen Fortschritt gemacht hätte. Natürlich giebt es verständige Leute in Paris, dieselben schweigen aber entweder, oder ihre Stimmen werden von dem Unsinn über-täubt, welcher dem Volke fortwährend in die Ohren ge-schrieen wird. Die Journale sind, mutatis mutandis, mit wenigen Ausnahmen noch das, was sie waren, als sie Cäsar anbeteten, das Thun und Treiben der Demimonde erzählten, nach dem Rhein schrieen und kaiserliche Siege erfanden. Ihre Unwissenheit in Bezug auf Alles, was außerhalb der Grenzen Frankreichs liegt, ist von der Art, daß in England oder Deutschland ein Armenschüler dafür mit Recht seine Hiebe bekommen würde. Die „Liberté" hat, wie ich höre, jetzt den größten Absatz. Seit Beginn der Belagerung habe ich jeden Tag zwei Sous für dieses Journal ausgegeben und ich kann ohne Uebertreibung sagen, daß ich niemals — mit Ausnahme eines einzigen Abends, als es auf dem Boule-vard verbrannt ward, weil es aus Versehen die Wahrheit gesagt hatte — im Stande gewesen bin, auch nur ein ein-ziges Körnchen gesunden Menschenverstand darin zu entdecken. Die Nachrichten, die es bringt, sind erlogen und die übrigen Artikel bestehen fast durchgängig in Ansprachen an die Thor-heit, Unwissenheit und Eitelkeit des Volkes. Jedes unbedeutende Scharmützel der Nationalgarde ward zu einem erstaunlichen Siege vergrößert und jedes Bataillon, welches ein Grabmal besuchte, eine Statue bekränzte oder ein ganz besonders ab-geschmacktes Manifest unterzeichnete, auf eine Weise gelobt, welche übertrieben gewesen sein würde, selbst wenn sie den Veteranen des ersten Napoleon gegolten hätte.

Die Redner der Clubs sind auch nicht klüger gewesen als die Journalisten. In den Versammlungen der Ultras wird Jeder, welcher sagt, er sei ein Republikaner, als Inhaber jeder Tugend betrachtet. Man glaubt, das beste Heilmittel für alle Uebel Frankreichs darin zu finden, daß man genau nachahmt, was während der ersten Revolution geschehen ist. „Bürger, wir müssen eine Commune haben; dann werden wir die Preußen aus Frankreich vertreiben," lautete ein Ausspruch, der stets mit großem Beifall aufgenommen ward, obschon ich bis jetzt noch nicht zwei Personen gefunden habe, welche in ihrer Erklärung dessen, was man unter dem Worte Commune versteht, übereinstimmten. In den gemäßigten Clubs bestanden die Reden meistentheils aus abgeschmackten Schimpfereien auf Deutschland, aus Versuchen, wohlbegründete Thatsachen zu widerlegen und aus überschwenglichem Selbstlob. Ich habe viele Clubs — von Ultras und Gemäßigten — besucht, aber niemals auch nur einen einzigen Redner gehört, der bei einer gewöhnlichen politischen Versammlung in England nur fünf Minuten lang geduldet worden wäre.

Ich liebe die Pariser und ich liebe die Franzosen. Sie besitzen viel von der alten lateinischen urbanitas, viele gewinnende Eigenschaften und die meisten der untergeordneten Tugenden, welche im geselligen Verkehr gleichwohl eine so bedeutsame Rolle spielen. Um Frankreichs willen freue ich mich, daß Paris sein prestige verloren hat, denn seine Herrschaft war das Verderben und der Fluch des ganzen Landes, und um Europa's willen freue ich mich, daß Frankreich sein militärisches prestige verloren hat, denn dieses war die Ursache der meisten europäischen Kriege während der letztvergangenen 150 Jahre. Es ist unmöglich, das Gleichgewicht der Macht so anzupassen, daß eine europäische Großmacht der andern an Stärke gleich wäre. Das Uebergewicht neigt sich jetzt auf die Seite Deutschlands. Dieses Land hat die Einheit erlangt, nach welcher es so lange geseufzt, und ich glaube nicht, daß es den Continent in Kriege verwickeln wird, bei welchen es sich um Eroberung, um eine „Idee", oder um die dynastischen Interessen der Fürsten handelte.

Die Deutschen sind ein tapferes Volk, aber kein kriegsliebendes. So sehr ich daher auch beklage, daß französische Provinzen gegen den Willen ihrer Einwohner deutsch werden, und so sehr ich auch meine armen Freunde hier wegen der Zerstörung aller ihre Illusionen bemitleide, so tröste ich mich doch mit dem Gedanken, daß der gegenwärtige Krieg einen dauernden Frieden zur Folge haben wird. Frankreich wird ohne Zweifel stets mit sehnsüchtigem Blicke nach seinen verlorenen Besitzungen schauen und laut seine Absicht verkünden, dieselben wiederzuerobern. Die Schwierigkeit der Aufgabe aber wird den Versuch verhindern. Bis jetzt bedeutete für die Mehrzahl der Franzosen ein Krieg eine siegreiche militärische Promenade, eine reichliche Austheilung von Ehrenzeichen und eine Inschrift auf einem Triumphbogen. Deutschland war für sie das Deutschland von Jena und Austerlitz. Ihre Ueberraschung, die Preußen als Sieger vor den Thoren von Paris zu sehen, hat daher große Aehnlichkeit mit der, welche die Amerikaner empfinden würden, wenn ein Krieg mit den Sioux-Indianern diese Wilden bis in die Vorstädte von New-York führte. Die Franzosen haben nun gelernt, daß sie nicht unüberwindlich sind und daß der Krieg nicht blos Sieg, sondern auch Niederlage, Invasion und Ruin bedeuten kann. Wenn sie daher die Rechnung für ihre „à Berlin"-Thorheit bezahlt haben, so werden sie sich die Sache zwei Mal überlegen, ehe sie mit dem Kriegsglück ein frisches Conto eröffnen.

Schaulustigen möchte ich empfehlen, ihren Besuch in Paris vor der Hand aufzuschieben, weil es während des Waffenstillstands für Ausländer kein sehr angenehmer Aufenthalt sein wird. Ich bezweifle, daß die Wahlen stattfinden und die Beschlüsse der Nationalversammlung ruhig hingenommen werden. Eitel über alle Begriffe und durch ihr Unglück bis zum Wahnsinn gereizt, sind die Pariser jetzt nicht aufgelegt, Fremde zu bewillkommnen. Die Welt hat sich fern gehalten, während die „Hauptstadt der Civilisation" von den „Horden Attila's" bombardirt worden ist, und die Gesinnung, welche jetzt hier gegen die Welt herrscht, ist folglich keine sehr freundliche.

Neuigkeiten sind sehr wenig zu melden. Wir befinden uns in einem Zustand physischer und moralischer Erschöpfung.

Die Gruppen von Patrioten, welche beim ersten Bekanntwerden der Capitulation auf den Boulevards zu sehen waren, sind verschwunden und die Versammlungen von Nationalgardisten, welche so oft ihren Entschluß erklärt, lieber zu sterben als sich zu ergeben, haben ihre Sitzungen eingestellt, weil sie, wie sie jetzt sagen, ihrem Lande schuldig sind, für dasselbe zu leben. Fast Niemand verhehlt seine Freude darüber, daß Alles vorüber ist. Jeder Bürger, mit welchem man spricht, sagt, es sei für Paris eine ewige Schande, daß es mit seiner zahlreichen Armee nicht blos nicht im Stande gewesen sei, die Preußen zur Aufhebung der Belagerung zu nöthigen, sondern daß es ihnen auch gestattet habe, Armeecorps nach Belieben in die Provinzen gegen die französischen Generale zu detachiren. Dies ist aber natürlich die Schuld der Regierung Trochu's und der Republik, und nachdem der Bürger auf diese Weise in Bezug auf Alles, was geschehen, seine Hände in Unschuld gewaschen, geht er fröhlich seines Weges weiter. Die Mobilen machen aus ihrer Freude über die Aussicht, nun bald in ihre Heimath zurückkehren zu können, ebenfalls kein Geheimniß und was immer die Pariser von ihnen denken mögen, so haben sie ihrerseits von den Parisern ebenfalls keine große Meinung.

Die Armee und besonders die Offiziere sind über die Bedingungen des Waffenstillstands sehr entrüstet und sie sagen, es wäre ihnen weit lieber gewesen, sofort zu Kriegsgefangenen gemacht zu werden. Jules Favre ward kürzlich von General Vinoy's Stab, als er in Geschäften das Hauptquartier des Obercommandanten aufsuchte, so schroff behandelt, daß er die Ursache zu wissen verlangte. Man entgegnete ihm hierauf mit dürren Worten, er und seine Collegen hätten mit der Ehre der Armee gespielt. Der Waffenstillstand ward nämlich, wie Ihnen bekannt sein wird, von Jules Favre in eigner Person abgeschlossen.

Wegen verschiedener Einzelheiten fand man es nothwendig, einen General an Moltke abzusenden, um mit diesem das Nöthige zu besprechen. General Trochu benutzte sofort diese Gelegenheit, um sich geltend zu machen, und verlangte, daß man ihm erlaube, einen von ihm gewählten General in dieser Mission abzusenden, denn das Buch, welches er im Jahre 1867 herausgegeben, müsse im deutschen Hauptquartier so bekannt sein, daß man seinen Abgesandten wahrscheinlich mit ganz besonderer Achtung empfangen würde. General Vinoy war hiermit einverstanden, General Moltke aber weigerte sich, mit Trochu's General zu unterhandeln, und man mußte denselben durch den Chef von General Vinoy's Stabe ersetzen.

General Ducrot ist noch hier. Er hat sein Commando niedergelegt, nicht, wie man allgemein glaubte, weil die Preußen wegen seiner Flucht von Sedan darauf bestanden hätten, sondern weil General Vinoy, als dieser das Obercommando der Armee übernahm, ihm einen sehr starken Wink gab, dies zu thun. „Ich glaube," bemerkte Vinoy, „Ihre Position ist nicht genügend en règle, daß ich unter Ihnen dienen könnte, deshalb —"

Die Frage der Wiederverproviantirung ist in diesem Augenblicke die wichtigste. Die Eisenbahnkönige, die in Versailles eine Unterredung mit Graf Bismarck hatten, scheinen der Meinung zu sein, dieser kluge Staatsmann suche zu verhindern, daß Paris von England aus Zufuhren erhalte, damit dieses einträgliche Geschäft den Deutschen in die Hände falle. Er hat aber blos angedeutet, daß er selbst uns auf kurze Zeit verproviantiren könne, wenn es sich wirklich um Leben und Tod handelt. Selbst wenn die Linien für den Verkehr und für Reisende wieder eröffnet sind, wird die Reise nach England über Amiens, Rouen und Dieppe eine langweilige sein. Die Seine ist, wie wir hören, durch die darin versenkten Boote unpassirbar gemacht.

Nachrichten von außerhalb haben wir bis jetzt noch nicht. Die Engländer hier fühlen den Mangel eines Consuls mehr als je. Das auswärtige Amt hat deshalb interimistisch Mr. Blouet beauftragt, einen Gentleman, der ein ganz vortrefflicher Banquier sein mag, aber nichts von Consulargeschäften versteht. Da, so oft eine Unterhandlung an einem auswärtigen Hofe stattfinden soll, ein Specialgesandter abgeschickt und, wie es jetzt scheint, so oft ein Consul in einer Stadt ganz besonders nöthig ist, ein Specialconsul ernannt wird, so könnte man ja lieber den zahlreichen Stab von permanenten Gesandten, Ministern und Consuln beseitigen, die dem Lande ein schweres Geld kosten und nichts dafür leisten. Ich möchte wissen, wieviel Jahre dazu gehören würden, um die Intelligenz eines gewöhnlichen Bankcomptoiristen auf gleiche Stufe mit der eines Bureaukraten im auswärtigen Amt herabzubringen. Daß das englische Publikum sich die Ueberhebung, womit es von diesen Leuten behandelt wird, fort und fort so geduldig gefallen läßt, ist mir ein Räthsel. Bureaukraten taugen niemals viel, ein ganzes Nest vornehmer, feiner Bureaukraten aber ist, wenn Tausende von den Launen und der Unwissenheit derselben leiden müssen, geradezu ein öffentlicher Fluch.

Die Republik steht jetzt in sehr schlechtem Geruch. Sie hat nicht vermocht, Frankreich zu retten und wird nun für diesen Mißerfolg verantwortlich gemacht. Wäre der Graf von Paris von einiger Bedeutung, so würde er wahrscheinlich zum König gemacht werden. So aber spricht man sich blos zu Gunsten seiner Familie aus und faßt vorzüglich den Herzog von Aumale in's Auge. Manche wollen ihn zum Präsidenten der Republik gemacht sehen, Andere meinen, man solle ihn lieber sogleich zum König wählen. Die Bonapartisten sind ebenfalls sehr thätig; was aber Paris betrifft, so ist weder für den Kaiser, noch für die Kaiserin Regentin die mindeste Aussicht vorhanden. Von Heinrich V. will Niemand etwas wissen. Die vorherrschende Ansicht unter Politikern ist die, daß man es kurze Zeit mit einer gemäßigten Republik versuchen und daß diese allmälig in eine constitutionelle Monarchie übergehen werde.

Die so nahe bevorstehenden Wahlen finden wenig Beachtung. Niemand scheint sich darum zu kümmern, wer gewählt werden wird. Da man nicht weiß, ob die National-Versammlung einfach die von Deutschland vorgeschlagenen Friedensbedingungen annehmen und sich dann auflösen, oder ob sie sich in eine Constituante verwandeln und über die künftige Regierungsform entscheiden wird, so herrscht unter den Politikern kein sonderliches Verlangen, in dieselbe gewählt zu werden. Es haben sich mehrere Wahlcomités gebildet, von welchen jedes seine eigene Liste aufstellt. Das, welches unter dem Vorsitz des Orleanisten Dufaure im Grand Hotel sich versammelt, ist das wichtigste davon. Seine Liste soll die praktischsten Männer aller Parteien enthalten. Das Feldgeschrei soll „Frankreich!" sein und der Theorie nach gelten die Häupter für gemäßigte Republikaner.

Die Ceremonie der Uebergabe der Forts ist in aller Stille vor sich gegangen. Die Preußen zogen ohne Geräusch oder Parade ein. In St. Denis, wo der Maire sagte, daß kein Preuße seines Lebens sicher sein würde, haben, wie ich eben von Jemand, der dort gewesen ist, höre, Freund und Feind fraternisirt und sich beiderseitig in allen erdenklichen Getränken leben lassen. Die Wälle haben keine Geschütze mehr, die Nationalgarde zieht nicht mehr auf und eine Menge Menschen stehen oben und gaffen in's Freie hinaus. Während der ganzen Belagerung ist es in Paris nicht so öde und einsam gewesen wie jetzt. Die Aufregung des Kampfes ist vorüber und doch sind wir immer noch Gefangene. Der einzige Trost ist, daß einige wenige Wochen diesem Zustand der Dinge ein Ende machen werden.

1. Februar.

Von der Regierung für die Nationalvertheidigung spricht man fast gar nicht mehr. Sie hat sich in ein Comité zur Aufrechthaltung der öffentlichen Ordnung verwandelt. „Die Welt wird uns verleumden," sagte sie neulich in einer Proclamation. „Das wäre unmöglich," entgegneten die Journale. Trochu und Gambetta, vor Kurzem noch die Abgötter der Pariser, werden jetzt geschmäht, wie sonst Niemand in Frankreich. Trochu hält, von Allen verlassen, Reden im Schooße seiner Familie. „Keine Reden mehr! Keine Advocaten mehr!" schreien jetzt die Journale. Und dann ergehen sie sich selbst in ellenlangen überschwenglich=republikanischen Phrasen und bezeichnen zuletzt den oder jenen Advocaten als die neue Hoffnung des Landes.

Die Soldaten — Linie und Mobilgarde — schlendern unbewaffnet umher, mit den Händen in den Taschen und gaffen die Schaufenster an. Den größten Theil ihrer Zeit verbringen sie damit, daß sie sich in den Straßen verirren und dann wieder zurechtzufinden suchen.

Wie sich jetzt zeigt, war bei der von der Regierung veröffentlichten Uebersicht über die vorhandenen Getreidevorräthe ein gewaltiger Irrthum untergelaufen, indem man zwei Rechnungen, die eine und dieselbe Lieferung betrafen, addirt hatte. Das Brod wird jeden Tag dem Brode unähnlicher. Außer Erbsen, Reis und Heu wird jetzt auch Stärke hineingemahlen. Im 8. Arrondissement gab es gestern gar keine Rationen. Die Nordbahn-Gesellschaft erwartet einen Proviantzug von Dieppe nicht vor Freitag und glaubt nicht, daß sie Passagiere vor Sonnabend wird befördern können. An Brennstoff fehlt es uns eben so sehr wie an Lebensmitteln und ein Speculant, der uns Holz- oder Steinkohlen schaffen könnte, würde ein glänzendes Geschäft machen.

Mehr als 23,000 Personen haben um Erlaubniß, Paris zu verlassen, nachgesucht, weil sie Provinzialcandidaten für die Nationalversammlung seien. Natürlich ist dies ein bloßer Vorwand.

Der einzige Mensch von draußen, welchem es gelungen ist, den doppelten Cordon der Preußen und Franzosen zu durchdringen, ist Ihr Correspondent im Hauptquartier des Kronprinzen von Sachsen. Er überraschte uns eben so sehr wie Freitag den guten Robinson Crusoe und ward enthusiastisch willkommen geheißen, denn er hatte englische Zeitungen in der einen Tasche und einige Schnitte Schinken in der andern.

Versailles, 6. Februar.

Betrunken bin ich nicht, ich habe aber während der letzten vierundzwanzig Stunden mehr Milch getrunken, als während der ersten sechs Monate meines Erdendaseins und davon ist mir der Kopf so schwer geworden, daß es mir Mühe kostet, meine Gedanken zu sammeln und einen Brief zu schreiben.

Gestern kam ich hier an, um einen Augenblick die Luft der Freiheit zu athmen. Vergebens haben die gastlichen Freunde, die mich aufgenommen, mir Wein zu trinken und diese und jene Delicatesse zu essen angeboten — ich habe mich auf Eier, Butter und Milch beschränkt. Ich habe Butterschnitten mit einem Heißhunger verschlungen, welcher Pickwick's dicken Jungen Ehre gemacht haben würde, und ganze Kannen Milch mit der Gier eines Kalbes getrunken, welches lange von seiner Mutter getrennt gewesen ist.

Obschon ich während der letztvergangenen Monate nur zwei oder drei Nummern englischer Zeitungen gesehen habe, so bezweifle ich doch nicht, daß von jeder Straße und jedem Gäßchen der Stadt Versailles so viele gute, schlechte und leidliche Beschreibungen gedruckt erschienen sind, daß die Londoner jetzt diesen Ort eben so gut kennen als Richmond oder Clapham. Versailles ist seit vielen Jahren ein öder, langweiliger, von seiner frühern Größe und Pracht zehrender Ort mit einem zu großen Palaste, zu breiten Straßen und zu hohen Häusern gewesen, und während die Anwesenheit einer preußischen Armee und eines preußischen Kaisers ihn interessanter machen, sind keine Engländer da. Von den englischen Correspondenten sind einige nach Paris gegangen, um „Phasen" und Eindrücke zu suchen. Viele jedoch sind noch hier, um unter Königen, Prinzen, Grafen und was weiß ich Alles Ausbeute für sich zu machen. Ich selbst habe diese großartigen Wesen bis jetzt fast nur aus der Ferne gesehen. Ich kenne selbst den Adel meines Vaterlandes nur aus den in den Zeitungen enthaltenen Berichten über die Reisen dieser hohen Herrschaften und aus den Mittheilungen ihrer Verwandten. Jetzt dagegen sehe ich mich in vertraulichem Verkehr mit Leuten, welche an königlichen Tafeln speisen, königliche Hoheiten zu sich einladen und mit ihnen eine Cigarre rauchen. Dies verdreht mir fast den Kopf und ich werde morgen nach Paris zurückkehren, denn ich fühle, daß ich, wenn ich lange in so vornehmer Gesellschaft bliebe, stolz und hochmüthig werden und dann gar nicht mehr zum Umgange mit meinen Verwandten, welches ehrliche aber schlichte Leute sind, taugen würde.

Paris zu verlassen, ist gegenwärtig nicht mehr schwierig. Auf der Präfectur bekommt Jeder, der es verlangt, einen Paß und mit diesem kommt man bis an die preußischen Linien. Ich wählte den Weg über Issy und bediente mich eines Einspänners, dessen alter Gaul aber so abgehungert und kraftlos war, daß ich aussteigen und den größern Theil des Weges zu Fuße zurücklegen mußte. Man hat mir dieses Thier erst überlassen, nachdem ich mich mit meinem Ehrenwort verpflichtet, es wieder zurückzubringen, damit man es, da nöthig, schlachten und essen könne, obschon ich sehr bezweifle, daß eine leiblich hungrige Ratte an seinen

Knochen Fleisch genug finden würde, um sich auf einen Tag satt zu fressen.

Ich war heute Morgen bei einem Freund, der mir unter dem Siegel der strengsten Verschwiegenheit einige Aufschlüsse über den Stand der Dinge hier gegeben hat.

— — — — — — — — —
— — — — — — — — —
— — — — — — — — —
— — — — — — — — —
— — — — — — — — —
— — — — — — — — —
— — — — — — — — —
— — — — — — — — —

Der Kaiser Wilhelm gehört zu der zahlreichen Klasse von Menschen, bei welchen das Herz eine größere Rolle spielt als der Kopf; er ist ein gutmüthiger, wohlmeinender Soldat und hat in der letzten Zeit zwischen Bismarck und Moltke keine leichte Stellung gehabt. Diese beiden Größen, von denen wir in Paris glaubten, sie seien die besten Freunde, verabscheuen nämlich einander. Während der Belagerung wollte Moltke nicht, daß Bismarck den Kriegsrathssitzungen beiwohne, und um das Compliment zu erwiedern, hat Bismarck dem großen Strategen nicht gestattet, sich bei den Unterhandlungen des Waffenstillstandes anders als hinsichtlich der Punkte zu betheiligen, welche ausschließlich militärisch waren. Bismarck sagt den Franzosen, wenn er nicht gewesen wäre, so wäre Paris gänzlich vernichtet worden, während Moltke darüber murret, daß es nicht vernichtet worden ist, weil dies, wie er naiver Weise meint, eine würdige Krönung seiner militärischen Laufbahn gewesen wäre.

Dies ist aber nicht der einzige häusliche Zwist, welcher die Harmonie der glücklichen deutschen Familie in Versailles stört. In Preußen ist es seit undenklichen Zeiten herkömmlich, daß der Thronerbe mit den Liberalen kokettirt und man von ihm annimmt, daß er fortschrittliche Tendenzen verfolge. Auch der jetzige Kronprinz huldigt dieser erblichen Politik seiner Familie. Er hat sich mit intelligenten Männern umgeben, welche dem gegenwärtigen Stande der Dinge abhold sind und einsehen, daß in unserer Zeit kein Land groß und mächtig sein kann, wo Alle, die nicht Rittergutsbesitzer, Kammerherren oder Offiziere sind, von allem Antheil an der Regierung ferngehalten werden. Bismarck dagegen ist der Repräsentant oder vielmehr der Geschäftsmann des Junkerthums, geradeso wie Disraeli in England der der Conservativen ist. Ganz wie dieser verachtet er seine eigenen Freunde und spottet über die Vorurtheile, an welche sie zu glauben vorgeben, um dadurch in den Mitbesitz der Gewalt zu gelangen. Die Folge dieser Meinungsverschiedenheit ist, daß Bismarck und „unser Fritz" nicht die besten Freunde sind und wenn der alte König stirbt, so wird Bismarck's Macht zugleich sterben, wenn er nicht so klug ist, sich schon vorher vom öffentlichen Leben zurückzuziehen. „Unser Fritz" hat, wie ich höre, sein Möglichstes gethan, um zu verhindern, daß Paris durch die preußischen Batterien ernste Beschädigungen erführe, und seinen Freunden nicht verhehlt, daß nach seiner Meinung das Bombardement von Paris, mit den Worten Fouché's zu sprechen, etwas Schlimmeres als ein Verbrechen, nämlich ein Fehler gewesen sei.

Ich finde, daß viele der preußischen Offiziere durch den Erfolg gewonnen haben. Die, mit welchen ich in persönliche Berührung gekommen bin, sind außerordentlich höflich und artig gewesen; dennoch aber gestehe ich, daß — natürlich im Allgemeinen gesprochen — der Anblick dieser zum höchsten Grade von Vollkommenheit ausgebildeten mechanischen Kriegswerkzeuge, die jetzt in Frankreich die Herren spielen, mir höchst zuwider ist, Alles, was sie bewundern, verabscheue ich. Sie sind stolz darauf, in Uniformen, mit einem Messer an der Seite, einherzugehen. Mir ist der Mann ohne Uniform und ohne das Messer lieber. Sie verachten Alle, welche Handel oder Gewerbe treiben. Ich betrachte Kaufleute und Handwerker als die besten Bürger eines freien Landes. Sie glauben, der Mann, dessen Ahnen von Generation zu Generation auf einigen Dutzend Äckern vegetirt haben, stehe höher als der Mann, der sich ohne die zufällige Hülfe der Geburt emporgearbeitet; ich glaube das nicht. Als Jules Favre kürzlich hier mit Bismarck unterhandelte, nannte Letzterer Bourbaki einen Verräther, weil er seinem Napoleon geleisteten Eid untreu geworden sei. „Und sollte sein Vaterland ihm nichts gelten?" fragte Favre. —

„In Deutschland sind König und Vaterland Eins," entgegnete Bismarck. Dies ist die Theorie, welche von Denen vertheidigt wird, die jetzt die Geschicke Frankreichs und Deutschlands in Händen haben, und auf welche sie den neuen Codex der politischen Ethik für Europa zu gründen gedenken.

Was mich betrifft, so blicke ich mit einer gewissen grimmigen Genugthuung in die Zukunft. Die Einheit Deutschlands ist durch die Vereinigung der preußischen Feudalisten mit den deutschen Radicalen zu Stande gekommen. Nun ist der Zweck erreicht und ich hoffe aufrichtig, daß die Ersteren sich in der Lage von Katzen befinden, welche die Kastanien für Andere aus dem Feuer geholt haben. Wenn „unser Fritz", dem Beispiele seiner Väter folgend, seinen Liberalismus mit seiner Kronprinzenwürde zugleich abstreift, so wird sein Thron kein Rosenblatt sein, und es ist daher ein Glück für ihn, daß er ein Mann von gesundem Menschenverstand ist. Ich müßte mich sehr irren, wenn sich die Deutschen noch lange der Schaar von Fürsten, Junkern, Offizieren und Hofschranzen unterordnen, welche zusammengenommen gegenwärtig die herrschende Klasse bilden.

Unter den Politikern hier herrscht große Abneigung gegen Einführung der Republik in Frankreich. Wenn es nach ihnen ging, so würden sie das Kaiserreich wieder aufrichten. Wer aber dies für möglich hält, der kennt den französischen Volkscharakter sehr schlecht. Die napoleonische Legende war das Resultat einer Epoche militärischen Glanzes; die Capitulation von Sedan hat ihr den Todesstoß gegeben. Ein Franzose glaubt an die militärische Ueberlegenheit seines Volkes über jedes andere Volk auch jetzt noch eben so fest wie an seine eigene Existenz. Wenn eine französische Armee geschlagen wird, so liegt der Grund in der Verrätherei oder Unfähigkeit des Feldherrn. Wird eine Schlacht verloren, so muß der General dafür büßen, denn seine Soldaten sind unbesiegbar. Deshalb wird auch jetzt von allen Franzosen angenommen, daß in dem gegenwärtigen Kriege nicht die französische Nation, sondern blos Napoleon unterlegen ist. Der Stolz und die Eitelkeit der Franzosen sind daher die sichersten Bürgschaften gegen eine Restauration des Kaiserreichs. Ich wette Eins gegen Zwanzig, daß es mit den Bonapartes vorbei ist und daß die Republik sich nicht über zwei Jahre hält. Eben so wette ich fünf gegen Eins, daß der Graf von Paris nicht König der Franzosen wird, und Drei gegen Eins, daß man den Herzog von Aumale nicht zum Präsidenten der Republik wählt.

Die Preußen benutzen den Waffenstillstand, um ihre Befestigungen um Paris herum zu vervollständigen und scheinen es für möglich zu halten, daß ihnen die Stadt noch zu schaffen machen werde. Wenn aber dies ihre Meinung wirklich ist, so kann ich blos sagen, daß sie von ihren Spionen schlecht bedient werden. Die Vertheidiger des Widerstandes bis auf's Aeußerste in Paris, die gleichwohl blos schwatzten und weiter nichts thaten, drohen möglicherweise noch, den Kampf fortzusetzen, selbst aber kämpfen werden sie nicht und auch Niemanden finden, der dies für sie thäte. Wenn die Friedenspräliminarien in Bordeaux unterzeichnet werden, so wird Paris nicht dagegen protestiren, werden sie aber verworfen, so wird Paris sich nicht der Gefahr sicherer Zerstörung aussetzen, sondern capituliren, nicht als Hauptstadt von Frankreich, sondern als eine belagerte französische Stadt. General Vinoy ist jetzt unumschränkter Herr der Situation. Er ist ein ruhiger, verständiger Mann und wird weder dem Unsinn der Patrioten oder seiner Vorgänger oder Gambetta's Gehör schenken. Dem Decret, welches Letzterer am 3. d. M. erlassen hat, nach zu urtheilen, scheint er zu glauben, er sei immer noch der Abgott der Pariser. Nie ist Jemand in einer vollständigeren Täuschung befangen gewesen. Ehe er in Folge einer glücklichen Rede in den Gesetzgebenden Körper kam, war er ein Advokat ohne Praxis, der im Café Madrid sehr laut und mit großer Emphase zu sprechen pflegte. Jetzt betrachtet man ihn als einen Kneipenpolitiker, den man niemals aus der Kneipe hätte heraus lassen sollen.

Die Deutschen scheinen den Krieg nach denselben Principien zu führen, welche vor vielen tausend Jahren bei den Israeliten galten. Sie plündern die Egypter nach Kräften. Selbst in dieser Stadt, unter den Augen des Königs, giebt es eine Straße, den „Boulevard de la Reine", in welchem fast jedes Haus vollständig ausgeräumt ist. Es haben dies, wie ich höre, die Bayern gethan. Der Krieg ist für die Deutschen ein Geschäft. Wenn eine Nation besiegt wird, so haben sie kein sentimentales Mitleid mit ihr, sondern beuten dieselbe aus. Wie die Elephanten, die einen Baum ausreißen und eine Nadel aufheben können, erobern sie eine Provinz und leeren eine Tasche. Sobald als ein Deutscher in ein Zimmer einquartiert ist, verlangt er eine Kiste und etwas Stroh. Dann packt er sorgfältig und behutsam die Uhr auf dem Kaminsims und alle anderen kleinen Zierrathen, die ihm unter die Hände kommen ein und adressirt sie, während bei der Erinnerung an seine ferne Familie eine Thräne in seinem Auge glänzt, entweder an seine Mutter, oder an sein Weib, oder an seine Braut. Vergebens protestirt der Eigenthümer. Der philosophische Krieger spricht sich in Bezug auf die Schrecknisse des Krieges in der edelsten Weise aus, erklärt, die Franzosen wüßten die Segnungen des Friedens nicht genügend zu schätzen und er sei eins der demüthigen Werkzeuge, deren Mission es sei, ihnen diese Segnungen klar zu machen. Dann zieht er die Klingel und befiehlt seinem Burschen, die Kiste fortzuschaffen. Ben Butler und seine Neu=Engländer in New=Orleans hätten von diesen Alles verzehrenden Heuschrecken Manches lernen können. Nichts entgeht ihnen. Sie haben lange Stäbe, welche sie in die Erde stoßen, um zu sehen, ob etwas Werthvolles in den Gärten vergraben ist. Zuweilen confisciren sie ein Haus und verkaufen es dann wieder an den Eigenthümer. Zuweilen fahren sie die Möbels fort. Für Pianos sind sie ganz besonders eingenommen. Wenn sie eins sehen, so setzen sie sich erst daran, spielen einige sentimentale Piècen darauf, gehen dann fort, holen einen Wagen und Pianist und Instrument verschwinden gleichzeitig. Nachdem sie den ganzen Tag gekämpft, nehmen sie ihren gefallenen Feinden alle werthvollen Gegenstände ab und freuen sich, wenn sie das Schlachtfeld verlassen, eben so sehr darüber, daß sie für das Vaterland einen großen Sieg erfochten, als darüber, daß sie einem der Feinde des Vaterlands die Uhr abgenommen haben. Ich gestehe, daß ich schon zittere, wenn einer dieser Krieger seine kalten gläsernen Augen auf mich heftet. Ich sehe ihm an, daß er einen neuen philosophischen Lehrsatz ausdenkt, kraft dessen er das, was in meiner Tasche ist, in die seinige transloctrt. Zum Glück denkt er ziemlich langsam und ich bin schon weit von ihm hinweg, ehe er seine neue Confiscationstheorie zu seiner eigenen Zufriedenheit ausgearbeitet hat.*)

Paris, 7. Februar.

Mein keuchender Gaul hat mich von Versailles nach Paris zurückgeschleppt, mit mir zugleich General Duff, den Gesandten der Vereinigten Staaten, und eine Hammelkeule. Am Thore von Versailles wurden wir von den Schildwachen angehalten, welche uns sagten, daß kein Fleisch aus der Stadt geschafft werden dürfe. Ich protestirte, aber vergebens.

---

*) Da von Deutschen mehrfache Klagen über diese Beschuldigungen der deutschen Heere erhoben worden sind, so wollen wir durch nachstehenden Auszug aus einem, auch in der „Pall Mall Gazette" erwähnten Artikel von Gustav Freytag in seiner neuen Zeitschrift „Im neuen Reich" beweisen, daß diese Beschuldigungen nicht ungenügend sind. „Offiziere und Soldaten", sagt er, „hausten Monate lang unter den Bronceuhren, Marmortischen, Damastbehängen und kunstvollen Möbeln, zwischen goldenen Spiegeln, Oelgemälden und Kupferstichen der Pariser Industrie. Die Musketiere aus Posen und Schlesien zerschlugen die sammtnen Sophas, um sich weiche Lagerstätten zu schaffen, sie behingen auf Vorposten ihren Unterschlupf mit Damast und Brokat, sie zertrümmerten die zierlich ausgelegten Tische und holten die Bücher aus den Bibliothekzimmern, um damit an den kalten Winterabenden zu heizen . . . . Es war jämmerlich, das schöne Bild eines berühmten Malers zu sehen, dem unsere Soldaten mit Kohle ihre Zusätze aufgemalt hatten, eine Hebe mit abgeschlagenem Arm, ein kostbares buddhistisches Manuskript mit Goldschnitt und schöner Verzierung, welches zerrissen in das Kamin flatterte . . . . Es schien fast Verdienst, schöne und geschmackvolle Stücken zur eigenen Freude und Andern zum Genuß zu erhalten. So begann ein „Retten" beweglicher Habe, welches dem Vernehmen nach, auch vornehme und anspruchsvolle Männer nicht gerade mit scharfer Kritik betrachteten. Soldaten verhandelten an Juden und Unterhändler, welche zahlreich von Versailles aus umherstreiften, um billige Einkäufe zu machen; Offiziere dachten an den Schmuck der eigenen Wohnung und die Lieben daheim, was leicht zu verpacken war, Kupferstiche und Oelbilder kam in Gefahr, ausgeschnitten und „gerollt" zu werden." G. Freytag macht dann darauf aufmerksam, daß diese Gegenstände Privateigenthum sind und daß die Offiziere und Soldaten nicht das Recht hatten, sich dieselben anzueignen. „Unseren Lieben aber," schließt er, „Offizieren und Mannschaften unseres Heeres, rufen wir innig zu: Wir sind stolz und glücklich über eure Kriegsthaten, erhaltet euch auch als Menschen der Nation werth und ehrwürdig. Kehrt, o kehrt aus diesem furchtbaren Krieg Alle zu uns zurück mit lauterem Gewissen und mit reinen Händen."

Sanfte blauäugige Teutonen mit Porzellanpfeifen im Munde trugen meine Hammelkeule fort. Der General protestirte auch, es ging aber dem Protest des Bürgers der freien Republik gerade so wie dem meinigen. Ich folgte meiner Hammelkeule in das Wachtlocal und traf hier einen jugendlichen Offizier, welcher so freundlich aussah, daß ich beschloß, an das Herz zu appelliren, welches unter seiner Uniform schlug. Ich griff das Herz von der schwachen Seite an. Ich erklärte ihm, allen Menschen sei vom Schicksal beschieden, zu lieben. Der Krieger stimmte bei und dachte seufzend an sein fernes Gretchen. Ich verfolgte meinen Vortheil und ging vom Allgemeinen auf's Besondere über. „Meine Geliebte," sagte ich, „ist in Paris. Lange habe ich vergebens nach ihr geseufzt. Ich wollte ihr jetzt eine Hammelkeule bringen. Auf dieser Hammelkeule beruhen alle meine Hoffnungen. Wenn ich jetzt mit diesem Liebeszeichen vor meiner Geliebten erscheine, so erhört sie mich vielleicht. O gefühlvoller, von schönen Frauen geliebter deutscher Krieger, können Sie mir meine Bitte abschlagen?" Er sah erst die Hammelkeule, dann mich an. Der Sieg war gewonnen. Der besiegte Sieger ging, den Soldaten über dem Menschen vergessend, hinaus und befahl, den General, den Engländer und die Hammelkeule in Frieden ziehen zu lassen.

Mein Gaul schleppte uns weiter gen Paris. Wir passirten St. Cloud, jetzt ein Trümmerhaufe, und langten an der Brücke von Neuilly an. Hier wurden unsere Pässe von einem deutschen Lieutenant geprüft, der jeden Augenblick in seiner Muttersprache einem französischen Volkshaufen erklärte, daß ohne Erlaubnißschein Niemand nach Paris hinein dürfe. Es waren größtentheils Weiber mit Säcken, Bündeln und Körben, die ihren belagerten Freunden Brod, Eier und Butter bringen wollten. „Ist es nicht zu schlecht von ihm, daß er thut, als ob er nicht Französisch verstünde?" sagte eine alte Dame zu mir. „Er sieht aus wie ein Teufel," sagte eine andere Dame, indem sie in das gutmüthige Gesicht des phlegmatischen Deutschen emporblickte. Der Contrast zwischen den kreischenden, gesticulirenden, aufgeregten Französinnen und der ruhigen, kaltblütigen, gleichgültigen Miene des Deutschen war ein seltsamer und kennzeichnete die beiden Racen ganz treffend.

Als wir Paris erreicht hatten, überlieferte ich den armen alten Gaul seinem Schicksal und ging mit meiner Hammelkeule den Boulevard hinunter. Die Menschen liefen mir haufenweise nach. „Mein Herr," sagte einer meiner Verfolger, „lassen Sie mich nur einmal riechen." Ich mit meiner gewohnten Generosität gestattete es. Wie ich mit meiner kostbaren Bürde wohlbehalten mein Hotel erreichte, ist mir ein förmliches Räthsel. Die Hammelkeule war für einen Freund von mir bestimmt und die ganze Geschichte von Gretchen natürlich ein frommer Betrug; in der Liebe und im Kriege aber ist einmal jede List erlaubt.

In dem Stabttheile, wo ich wohne, sind, wie ich finde, die Rationen weder größer noch kleiner geworden. Sie bestehen noch aus $3/5$ Pfund Brod und $1/25$ Pfund Fleisch täglich. In einigen anderen Districten hat man eine kleine Quantität Rindfleisch vertheilt. Von Orleans ist ein Transport Mehl eingetroffen und man erwartet, daß im Laufe von einigen Tagen das Brod nicht mehr aus Erbsen, Kartoffeln und Hafer gebacken werden wird. In den Restaurants ist Rindfleisch — ächtes Rindfleisch — für etwas mehr als das Dreifache des normalen Preises zu bekommen. Auch Fische sind von einem unternehmenden Speculanten in bedeutenden Quantitäten eingeführt worden. Auch die beiden Abgeordneten des Londoner Unterstützungsvereins sind mit Lebensmitteln u. s. w. eingetroffen. Heute Abend werden sie wegen weiterer Sendungen nach London telegraphiren. Diese Herren wissen nicht recht, woran es fehlt und auf welche Weise bei der Austheilung zu Werke gegangen werden muß. Einer von ihnen erzeigte mir heute Nachmittag die Ehre, mich wegen dieser beiden Punkte zu Rathe zu ziehen.

In Bezug auf den letzteren empfahl ich, Mr. Herbert, dessen Energie es zu danken ist, daß nicht über tausend Engländer während der Belagerung Hunger gelitten haben, und den Erzbischof von Paris, einen Mann von ächt menschenfreundlicher Gesinnung, zu befragen. Was den ersten Punkt betrifft, so empfahl ich Fleischextract, Milch und Speck. Die Hauptsache jedoch scheint mir zu sein, daß die Unterstützung den rechten Personen gewährt werde. Die Frauen und Kinder haben in der letzten Zeit am meisten gelitten. Die Sterblichkeit ist unter ihnen noch sehr groß, nicht sowohl, weil es ihnen absolut an Nahrung fehlte, sondern vielmehr weil es ihnen an etwas fehlt, was kräftigender ist als die Rationen. Die ärmeren Klassen sind außer Stande, sich das Fleisch, welches sie vielleicht bekommen, zu kochen und aus demselben Grund ist es ihnen fast unmöglich, sich Suppe zu bereiten. Wenn ich mir erlauben dürfte, der Wohlthätigkeit Englands einen Vorschlag zu machen, so wäre es der, einen Vorrath an Brennstoff herüberzusenden.

Ich sprach heute Abend mit einem in Beziehungen zur Regierung stehenden Herrn über die politische Lage. Er sagte mir, Arago, Pelletan und Garnier Pagès wären froh, Paris verlassen zu können, und nur die absolute Nothwendigkeit ihres baldigen Eintreffens in Bordeaux habe General Vinoy bewogen, in ihre Abreise zu willigen. Was Gambetta betrifft, so meinte er, es sei nicht wahrscheinlich, daß derselbe in der Provinz viel Anhänger habe; hier hat er allerdings sehr wenig. Wenn ein Kranker von den Aerzten aufgegeben wird, so ruft man einen Quacksalber zu Hülfe; bringt dieser eine Kur zu Stande, so wird er in den Himmel erhoben, gelingt es ihm nicht, so betrachtet man ihn als einen Charlatan und dies ist jetzt der Fall mit Gambetta. Der Herr, mit dem ich sprach, ist der Meinung, daß in Paris eine große Anzahl von Ultra-Radicalen werde gewählt werden. Dies hat seinen Grund darin, daß die Gemäßigten in kleine Cliquen gespalten sind und jede Clique ihre eigenen Candidaten durchbringen will. Die Internationale verfügt über 60,000 Stimmen, welche alle sich für die von den Führern dieser Gesellschaft aufgestellte Liste erklären werden. Hierzu kommt, daß die Nationalgarde jeder wirklichen Arbeit sich entwöhnt hat und hofft, daß die Ultras die Nationalversammlung zwingen werden, ihnen die anderthalb Francs, welche sie jetzt erhalten, auch für alle Zukunft zu bezahlen.

Gambetta hat in seinem Wunsche, eine zahlreiche Kategorie seiner Mitbürger von der Ausübung ihrer politischen Rechte auszuschließen, sehr viel Nachahmer. Einige Journale verlangen, daß nicht blos die Bonapartisten, sondern auch die Legitimisten und Orleanisten ihres Wahlrechts beraubt werden. Die Franzosen haben, gleichviel welcher

Richtung sie angehören mögen, keinen Begriff davon, daß politische Fragen durch die Majorität entschieden werden und daß die Minorität sich dem Ausspruche dieser Majorität fügen müsse. Jeder Bürger gehört einer Partei an. An dem Glaubensbekenntniß dieser Partei hält er, entweder aus Ueberzeugung oder aus persönlichen Gründen, fest und betrachtet Jeden, der andere Ansichten zu hegen wagt, als einen Schurken, einen Dummkopf oder einen Verräther.

Ich gestehe, daß ich die republikanische Regierungsform da, wo sie möglich ist, stets als die beste betrachtet habe. In Frankreich aber ist sie nicht möglich. Das Volk hat nicht die dazu erforderliche Bildung, ja es besitzt nicht einmal den dazu erforderlichen gesunden Menschenverstand. Wäre ich Franzose, so wäre eine Republik mein Traum für die Zukunft; für die Gegenwart würde ich mich zu Gunsten einer constitutionellen Monarchie erklären. Eine Republik würde bald in Anarchie oder in Despotismus ausarten und ohne große Liebe für Könige irgend welcher Art gebe ich doch einem constitutionellen Monarchen vor der Anarchie wie vor einem Cäsar den Vorzug. Man muß in dieser Welt Alles von der praktischen Seite nehmen und nicht das, was gut ist, dem vergeblichen Versuch opfern, sofort zu erlangen, was besser ist.

Werden die Preußen in Paris einziehen? Dies ist die Frage, die jeder Franzose an mich thut, welchem ich sage, daß ich in Versailles gewesen bin. Diese Frage drängt jede andere in den Hintergrund und ich bin fest überzeugt, daß diese eitle, alberne Bevölkerung es lieber sehen würde, daß König Wilhelm die Entschädigung, welche er von Frankreich verlangt, verdoppele, als daß er mit seinen Truppen die Rue Rivoli hinabmarschire. Die Thatsache, daß sie besiegt worden sind, ist den Parisern nicht so bitter als der Gedanke, daß dieselbe ihnen durch eine wenn auch nur halbstündige Anwesenheit ihrer Sieger innerhalb der Mauern der geheiligten Stadt vor Augen geführt werde. Ich habe keine große Sympathie mit dem Wunsche der Preußen, durch Paris zu marschiren, aber ich habe auch keine Sympathie mit dem Entsetzen, welches die Pariser in dieser Hinsicht empfinden. Die preußische Fahne weht über den Forts und Paris hat folglich in aller Form capitulirt. Ein Triumph-

marsch durch die Hauptstraßen wird die Sache weder besser
noch schlimmer machen. „Attila steht vor dem besiegten
Paris, wie der Cimbrier vor Marius. Das Schwert ent=
fällt seiner Faust; zurückgeschreckt durch die Majestät der
Vergangenheit, flieht er und wagt nicht, den Streich zu
führen." Mit diesen Worten wird die Frage in einem
Journal besprochen, welches ich soeben gekauft habe. Gerade
dieser Unsinn aber bestärkt die Preußen in ihrem Entschluß,
die Pariser den Becher der Demüthigung bis auf die Hefen
leeren zu lassen.

In Versailles sagte man mir, St. Cloud sei am Morgen
nach dem letzten Ausfall in Brand gesteckt worden und viele
Häuser hätten selbst nach Unterzeichnung des Waffen=
stillstandes noch gebrannt. Die Franzosen sind darüber sehr
aufgebracht. Wie ich höre, hat der König von Preußen
selbst sein Bedauern darüber ausgedrückt und schiebt die
Schuld auf einen seiner Generale, welcher ohne Befehl ge=
handelt hätte. Eine Dame, welche heute in St. Cloud war,
sagte mir, sie habe Deutsche in jedem Zimmer ihres Hauses
essend und trinkend angetroffen. Sowohl Offiziere als
Mannschaften waren sehr höflich gegen sie. Sie sagten ihr,
sie könne Alles, was ihr gehöre, mitnehmen und halfen selbst
einiges werthvolle Porzellangeschirr, welches glücklicherweise
ganz geblieben, in ihren Wagen tragen. Was die von den
Franzosen gegen ihre Sieger erhobene Beschuldigung, sich an
Privateigenthum vergriffen zu haben, betrifft, so läßt sich,
wenn man sich ganz vorurtheilsfrei aussprechen will, nicht
leugnen, daß, während es in der deutschen Armee viele
Offiziere und selbst Gemeine giebt, welche ihr Möglichstes
gethan haben, um Plünderung zu verhüten, doch viele Gegen=
stände von Werth aus Häusern verschwunden sind, welche
von deutschen Truppen besetzt gewesen, eben so wie auch
viele muthwillige Beschädigungen darin angerichtet worden
sind. Ich führe blos die Thatsache an, ohne die Frage auf=
zuwerfen, ob dieselbe als eine nothwendige Folge des
Krieges zu betrachten ist oder nicht. Die Behauptung, daß
französische Franctireurs die Urheber dieser Ungehörigkeiten
gewesen seien, ist eine Ungereimtheit. Auf den Boulevard
de la Reine in Versailles ist nie ein Franctireur gekommen

und gleichwohl sind die Häuser dieser Straße fast vollständig ausgeplündert.

Ich wiederhole eine Frage, die ich schon mehrmals gethan: Wo ist der Gentleman, welcher als britischer Consul in Paris eine jährliche Besoldung bezieht? Warum war er während der Belagerung abwesend? Warum ist er dies jetzt noch? Warum wird sein Dienst durch einen Banquier versehen, der andere Dinge zu thun hat? Ich bin Steuerzahler und Wähler und wenn mein Parlamentsmitglied nicht darauf bringt, daß diese Fragen von dem officiellen Repräsentanten des Ministeriums des Auswärtigen im Unterhause beantwortet werden, so sage ich ihm im Voraus, daß er bei dernächsten Wahl vergebens mir die Hand drücken, sich nach meiner Gesundheit erkundigen und großes Interesse an meiner Antwort heucheln wird. Es bekommt meine Stimme nicht wieder.

Der „Electeur Libre", Picard's Journal, bringt eine Art politisches Programm oder vielmehr eine politische Vertheidigung des Theils der Regierung für die Nationalvertheidigung, zu welchem der Genannte gehört. Daß ein französischer Politiker sich in seinem eigenen Organ selbst lobt und unter dem redactionsmäßigen „wir" sagt, er beabsichtige, für sich selbst zu stimmen und hege zu seiner eigenen Weisheit das größte Vertrauen, dies wird hier als etwas ganz Natürliches betrachtet.

Paris, 9. Februar.

„Im Felde sind wir besiegt worden, wir haben aber einen moralischen Sieg errungen." Was diese Worte bedeuten sollen, davon habe ich nicht den entferntesten Begriff. Da sie aber ein Trost für Die sind, welche sie aussprechen, so habe ich durchaus nichts dagegen. Seit den letzten beiden Tagen sind lange Züge von Geschützen aus den Stadtthoren hinausgefahren und ohne Geräusch oder Parade den Preußen in Issy und Sevran ausgeliefert worden. Nur Wenige wissen, was stattgefunden und daß Jules Favre diese Auslieferung bewilligt hat. Man hat dem Grafen Bismarck vorstellig gemacht, daß 10,000 Mann bewaffnete Soldaten zur Aufrechthaltung der Ruhe der Hauptstadt nicht ausreichend seien, und die Zahl ist deshalb durch eine geheime Zusatzklausel auf 25,000 erhöht worden. Zwischen der Armee und den Nationalgarden in den volkreichsten Stadttheilen herrscht die größte Erbitterung. Ein in einer der äußeren Vorstädte einquartierter General kam gestern zu General Vinoy und sagte ihm, wenn er und seine Leute noch ferneren Insulten auf der Straße ausgesetzt wären, so könne er weder für sich, noch für seine Soldaten bürgen.

Die Verständigen scheinen der Meinung zu sein, der Waffenstillstand sei ein Fehler und es wäre weit klüger gewesen, sich ohne alle Bedingung zu ergeben. Jules Favre wird überdies sehr getadelt, daß er nicht bei dieser Gelegenheit die Entwaffnung der Nationalgarde ins Werk gesetzt hat. Viele dieser Bataillone sind, so lange sie Waffen haben und für Nichtsthun bezahlt werden, eine stehende Gefahr für die Ordnung. Die Seeleute sind abgelohnt worden und die Befürchtung, daß sie sich betrinken und dann ordnungswidrig betragen würden, hat sich nicht bestätigt. Sie verthun friedlich und sentimental ihr Geld mit den „schwarzäugigen Susannen" ihrer Wahl.

Die hervorragendsten Journalisten fordern die Bevölkerung auf, gegen den preußischen Triumphmarsch dadurch zu protestiren, daß sie sich von den Straßen, welche die siegreiche Armeen passiren wird, fernhalte. Andere dagegen erklären sich gegen jede Demonstration, weil sie fürchten, daß ihr Rath nicht werde befolgt werden. Die Neugier ist eine der stärksten Leidenschaften der Pariser und es wird ihnen fast unmöglich sein, sich von dem „Schauspiel" fernzuhalten.

Mr. Moore und Oberst Stuart Wortley, die Abgeordneten des Londoner Hülfsvereins, haben den Maires für 5000 Pft. Lebensmittel zur Vertheilung überwiesen. Schlechtere Organe zu diesem Zwecke hätten sie kaum finden können. Die Maires haben sich durchweg als höchst ungeschickte Verwalter erwiesen und die meisten von ihnen sind lärmsüchtige, unpraktische Windbeutel. Oberst Stuart Wortley und Mr. Moore liegt vor allen Dingen daran, die sogenannten verschämten Armen ausfindig zu machen, und sie wollen sich nun in jedem Arrondissement an zwei oder drei wohlbekannte, mildthätige Personen wenden, um diese zu bitten, die weitere Vertheilung ihrer noch vorhandenen, so wie der nächstens zu erwartenden Vorräthe zu übernehmen. Aus den Dörfern in der Umgegend von Paris sind viele Familien durch das Anrücken des Feindes veranlaßt worden, sich in die Stadt hereinzuflüchten und befinden sich jetzt im Zustande der größten Dürftigkeit. Nach der Ansicht der genannten Herren sind es namentlich diese Leute, welche in erster Linie Unterstützung verdienen. Die Schwierigkeit liegt aber eigentlich nicht sowohl darin, Leute zu finden, welche Unterstützung brauchen, als vielmehr darin, Unterstützung für die Tausende zu finden, welche deren bedürfen. Zehn-, zwanzig- oder dreißigtausend Pfund sind blos ein Tropfen im Ocean, so weit verbreitet ist das Elend. „Ich habe viele Sünden begangen," sagte ein Bischof der Kirche von England; „wenn ich aber vor meinem Schöpfer erscheine und sage, daß ich niemals einem Bettler auf der Straße etwas gegeben habe, so wird er mir Alles verzeihen." Es giebt in England viele Leute, welche eben so wie dieser Prälat sich scheuen, Bettlern zu geben, weil sie fürchten, daß ihr Almosen schlecht angewendet sein werde. Die Franzosen beklagen sich überhaupt, daß sie von England nichts weiter bekämen, als guten Rath und unfruchtbare Sympathie. Jetzt ist der Augenblick, wo wir beweisen können, daß wir, wenn wir auch nicht mit in den Krieg gezogen sind, um sie vor den Folgen ihrer eigenen Thorheit zu bewahren, sie doch in ihrer Noth bemitleiden und daß unser Mitleid etwas mehr bedeutet, als Worte und Redensarten, welche Niemanden satt machen.

Die preußischen Machthaber scheinen sich vorgenommen zu haben, den Parisern den Waffenstillstand so unangenehm als möglich zu machen, um sie zu zwingen, auf alle Friedensbedingungen einzugehen, damit sie ihre Besieger nur loswerden. So weigern sie sich jetzt, die von dem Polizeipräfecten unterzeichneten Pässe anzuerkennen und lassen blos die gelten, auf welchen der Name des Generals Walbau, des Chefs des Stabes, steht. Morgen werden sie wahrscheinlich wieder eine neue Unterschrift verlangen. So oft eine französische Eisenbahncompagnie den Abgang eines Zuges zu einer besondern Stunde ankündigt, kommt ein Befehl von den Preußen, diese Stunde zu ändern. Jeder Franzose, welcher Paris verläßt, wird von diesen militärischen Bureaukraten hundert kleinen ärgerlichen Scheerereien unterworfen, die ihn bei jedem Schritte, den er thut, daran erinnern, daß er als Gefangener auf Urlaub ist und die Luft seines Heimathslandes nur mit Bewilligung seiner Sieger athmet.

Das englische Publikum darf nicht vergessen, daß die directen Postverbindungen zwischen Paris und dem Auslande noch nicht wieder hergestellt sind. Briefe aus und nach England müssen an einen Agenten in Versailles oder anderwärts abressirt werden, der dann die weitere Beförderung zu besorgen hat. In einigen Tagen werden jedoch die Züge zwischen Paris und London wieder ziemlich regelmäßig gehen. Wären unsere Diplomaten nur so viel Pence werth, als sie uns Pfund kosten, so würden sie dafür gesorgt haben, daß schon jetzt eine tägliche Briefpost von Paris nach England abginge.

Gestern kam die Nachricht, daß Gambetta seine Entlassung gegeben, und heute Morgen steht es im „Journal Officiel". Ein Zeuge der Berathung, in welcher man übereinkam, die drei alten Weiber der Regierung nach Bordeaux zu schicken, um Gambetta abzusetzen, sagt mir, daß man eine halbe Stunde lang vor Freuden ganz außer sich gewesen sei. Die alten Weiber hatten Befehl, Gambetta, wenn er Widerstand versuchte, festzunehmen. Es war dies ungefähr so, wie man einem Straßenkehrer sagt, er solle einen riesigen Leibgardisten festhalten. „Geht vorsichtig zu Werke!" rief Trochu. „Das werden wir thun," antworteten die alten Weiber. „Wir werden in einer der Vorstädte von Bordeaux bleiben, bis wir erfahren, daß wir ohne Gefahr hinein können." Diese Antwort überhob die Freunde der ferneren Befürchtung, daß die Beauftragten sich bei Ausführung ihrer Mission unnöthigen Gefahren aussetzen würden.

Die Lebensmitteltransporte treffen immer rascher ein, so daß alle Furcht vor absoluter Hungersnoth nun gehoben ist. Heute ist das Brod schon weit besser, als wir es in der letzten Zeit gehabt haben und in den Straßen waren gestern sogar mehrere Schafe und Ochsen zu sehen.

Die Straßenecken sind mit politischen Glaubensbekenntnissen von Bürgern bedeckt, welche nach der Ehre eines Platzes in der Nationalversammlung trachten. Wir haben den Candidaten, der sich nicht gern mit öffentlichen Angelegenheiten befaßt und blos den Bitten seiner zahlreichen Freunde und Anhänger nachgiebt; wir haben den Candidaten, der in sich die Macht fühlt, das Vaterland zu retten und nun vortritt, um es zu thun; wir haben den Candidaten, welcher jung und kräftig, obschon noch unerprobt ist; wir haben den Candidaten, welcher alt und besonnen, aber noch rüstig ist; wir haben den Geschäftsmann als Candidaten; wir haben den Mann der Muße, der seine Tage und Nächte dem Dienste des Vaterlandes widmen will; wir haben endlich den militärischen Candidaten, dessen Name, wie er sich bescheiden schmeichelt, durch das Schlachtgetöse hindurch gehört worden und das bewaffnete Frankreich repräsentirt. Unsern englischen Parlamentscandidaten empfehle ich ganz besonders das Verfahren eines Herrn Maronini hier. Dieser hat bis jetzt noch weiter nichts gethan, was ihm Anspruch auf die Stimme der Wähler gäbe, als daß er Buchdruckerpressen gefertigt hat, welche vortrefflich und sehr wohlfeil sind. Deshalb schmückt er seine Anschlagzettel mit seinem Bildniß. Daß ein Wähler verpflichtet sei, für einen Candidaten deshalb zu stimmen, weil dieser ein häßliches Gesicht hat, kann ich nicht recht einsehen, der Bürger Maronini scheint aber zu glauben, daß wenigstens alle häßlichen Wähler dies thun werden. Ein anderer Bürger beginnt seine Adresse mit den Worten: „Bürger, ich bin der Repräsentant des Fortschritts." In den Clubs sprach gestern Abend Jeder und Niemand hörte zu. Selbst der Bürger Sans, der sich stets mit einem scharlachrothen Shawl umgürtet, konnte sich kein Gehör verschaffen. Der Bürger Beaurepaire schrie vergebens, daß er, wenn man ihn wähle, sich lieber den rechten Arm abhauen, als in die Abtretung von Elsaß und Lothringen willigen würde — eine Versicherung, die während der Belagerung sehr häufig zu hören war und dann allemal mit großem Beifall aufgenommen ward, jetzt aber zu höhnischem Gezisch Veranlassung gab.

Das Ungereimte der Verhandlungen bei diesen Wahlversammlungen liegt darin, daß ein Candidat es als eine Beleidigung betrachtet, wenn ein Wähler eine Frage an ihn zu richten wagt. Auch der Präsident verliert in jeder Stunde die Fassung wenigstens ein Dutzend mal und schüttelt dann die Faust und kreischt und schnattert wie ein gereizter Schimpanse. Wenn aber die vorbereiteten Wahlversammlungen lächerlich sind, so ist das Abstimmungssystem dagegen dem unsrigen weit vorzuziehen. Paris ist heute, wo die allgemeine Abstimmung stattfindet, weit ruhiger als ein englisches Dorf am Abstimmungstage. Vor drei Tagen erhielt jeder Wähler eine Karte zugesendet, welche ihn in Kenntniß setzte, wo er stimmen sollte. Die Stimmberechtigten, welche zufällig keine solche Karte erhielten, gingen den nächstfolgenden Tag auf ihre Mairien, um sich eine geben zu lassen.

Ich komme soeben aus einem der Zimmer, in welchen die Stimmzettel abgegeben wurden. Ich sage Zimmer, denn die Pariser folgen nicht unserem thörichten Beispiel auf Kosten des Candidaten Bretterbuden aufzubauen. An dem einen Ende des Zimmers stand ein langer Tisch. Auf der Mitte desselben stand ein Kasten und hinter dem Kasten saß ein Employé. Rechts neben diesem saß ein zweiter. Der Wähler ging auf diesen letzteren zu, zeigte seine Wählerkarte vor und schrieb seinen Namen ein; dann überreichte er dem ersten Employé seine zusammengefaltete Namensliste. Diese steckte der Employé in den Kasten. Gegen dreißig Nationalgardisten verrichteten den nöthigen Aufsichtsdienst. Der Kasten bleibt bis heute Abend auf dem Tische stehen und die Nationalgardisten lassen ihn während dieser Zeit nicht aus den Augen. Dann tragen sie ihn nach dem Stadthause, wo er, wie alle anderen Stimmkasten, geöffnet wird. Die Stimmen werden gezählt und das Ergebniß, so bald es festgestellt ist, bekannt gemacht. „Wie unenglisch!" wird ein Brite bemerken. Ich kann blos sagen, daß ich bedauere, daß es unenglisch ist. Unsere Wahlen sind eine Schande für unsere Civilisation und für den gesunden Menschenverstand, den wir uns in so hohem Grade zu besitzen rühmen. Voriges Jahr war ich während einer allgemeinen Wahl in New-York; dieses Jahr bin ich während einer solchen in Paris; beide Städte aber sind, was die Registrirung der abgegebenen Stimmen betrifft, uns weit voraus.

Siebzehntes Capitel.

Calais, 10. Februar.

Mittwoch 4 Uhr Nachmittags reiste ich von Paris ab und empfand dabei so ziemlich das, was Daniel empfunden haben mag, als er die Löwengrube verließ. Die Bewohner befanden sich theilweise auf dem Wege zu den Wahlurnen. Viele überlegten, wie Frankreich und Paris es möglich machen sollten, die kleine Rechnung zu bezahlen, welche ihr Gläubiger draußen zusammenstellt. Wenige, sehr Wenige waren noch entschlossen, lieber zu sterben als sich zu ergeben, saßen aber dabei in den Café's auf dem Boulevard, der, wie ich vermuthe, ihr „letzter Graben" sein soll. Viele englische Correspondenten waren angelangt und umgürteten ihre Lenden, um für das britische Publikum thätig zu sein. Baron Rothschild hatte die Güte gehabt, mir einen Paß zu geben, der mir die Befugniß ertheilte, den nach Amiens abgehenden Zug schon an der Güterstation innerhalb der Mauern der Stadt zu besteigen, anstatt, wie weniger Begünstigte thun mußten, nach Gonesse fahren zu müssen. Mein Paß war von den betreffenden Behörden unterschrieben und die betreffenden Behörden hatten aus ihnen selbst am besten bekannten Gründen, wahrscheinlich weil ihnen die Wahlen im Kopfe herumgingen, mich zum „Mitglied des Unterhauses" gemacht und als Zweck meiner Reise angegeben, daß ich nach England wolle, um den Parlamentssitzungen „beizuwohnen". Ich gehe ernstlich mit dem Gedanken um, dieses Document dem Thürhüter des erhabenen Heiligthums der Gesammtweisheit meines Landes vorzuzeigen, um zu sehen, ob er es als gültig betrachtet.

Der Zug stand vor einem Schuppen in der Mitte eines Oceans von Schmutz. Er bestand aus einem einzigen Personenwagen und ungefähr einer Viertelmeile leerer Thierwagen. Der Personenwagen war bereits voll, somit schiffte ich mich als Thier ein — ich kann sagen als schlechtbehandeltes Thier, denn ich hatte nicht einmal Stroh, um mich darauf zu setzen. In St. Denis inspizirte ein preußischer Offiziant die Pässe und in Gonesse kletterten noch ungefähr 200 Passagiere in die Thierwagen. Um elf und ein halb Uhr erreichten wir Creil. Ich und meine Mitthiere stürzten sofort nach der Restauration, dieselbe war aber geschlossen und wir mußten sehr hungrig, sehr durstig, sehr übelgelaunt und sehr naß, denn es regnete sehr heftig, in unsere Karren zurückkehren. In diesem angenehmen Zustand blieben wir bis Donnerstag neun Uhr Vormittags. Dann und wann fuhren wir langsam einige Meilen weiter und lagen dann wieder mehrere Stunden still. Warum? Das konnte Niemand sagen, nicht einmal der Conducteur. Er wußte weiter nichts, als daß die Preußen ein Signal ausgesteckt hatten, welches uns, ihren Sklaven, befahl, Halt zu machen. Wir brauchten zu den acht geographischen Meilen von Creil bis Breteuil nicht weniger als zehn Stunden. Im letzteren Orte bekamen wir in einem kleinen Gasthause Eier und Brod und fielen darüber her wie ein Schwarm ausgehungerter Heuschrecken. Es war sehr kalt und einige von uns suchten Zuflucht in einem geheizten Zimmer des Stationsgebäudes. In der Mitte dieses Zimmers standen zwei Stühle, auf einem derselben saß ein preußischer Soldat, auf dem andern ruhten seine Beine. Er war ein großer, starker, rothhaariger Bursche und galt augenscheinlich in irgend einem Winkel seines Vaterlandes für einen Mann von Witz und Humor. Er hatte die Güte, uns mit freundlichem Lächeln zu erklären, wir seien in seinen Augen ein sehr verächtlicher Schlag Menschen und wenn wir nicht auf alle von Bismarck gestellten Friedensbedingungen eingingen, so würden er und seine Kameraden uns die Häuser über den Köpfen anzünden und uns auch sonst auf alle erdenkliche Weise das Leben sauer machen. „Erzählen Sie mir doch etwas von Manteuffel," sagte er mehrmals und da ihm Niemand etwas von Manteuffel erzählte, so that er es selbst und erzählte eine Menge Geschichten von der wunderbaren Geschicklichkeit und Intelligenz dieses ausgezeichneten Generals. Da er jedoch das Französische sehr schlecht aussprach, so blieb uns ein großer Theil seines interessanten Vortrags unverständlich.

Wir waren seit ungefähr einer Stunde in Breteuil, als ein preußischer Zug herangeleuchtet kam. Es gelang mir, den Offizianten zu bewegen, mir zu erlauben, meinen Platz in dem Gepäckwagen zu nehmen, und nachdem ich Paris als Thier verlassen, erreichte ich Amiens um zwölf Uhr als Reisetasche. Der sehr große mit Glas gedeckte Bahnhof von Amiens war mit preußischen Soldaten angefüllt und ich war hier eine Stunde lang Augenzeuge und Mitopfer der größten Rücksichtslosigkeit. Die Franzosen wurden fortwährend hin- und hergestoßen. Nie wurden Negersklaven mit mehr Verachtung behandelt. Ich selbst konnte nicht zwei Minuten lang auf einer Stelle stehen, ohne daß mir in rauhem Tone befohlen ward, mich anderswohin zu stellen. Zweimal hoben zwei Soldaten ihre Gewehre, als ob sie mir den Schädel einschlagen wollten.

Franzosen sind, welche Fehler sie auch sonst besitzen mögen, in ihrem Verkehr unter einander oder mit Fremden stets außerordentlich artig. Selbst in den Augenblicken wilder Erregung sind sie noch höflich. Sie vergiften ihren Feind oder sie rennen ihm den Spieß durch den Leib, aber sie thun es, wie Isaak Walton, der Angler, mit dem Regenwurm that, als „ob sie ihn liebten". Es ist seltsam, daß die Deutschen, die doch daheim so gutmüthig sind, sich in Frankreich, selbst während eines Waffenstillstandes, auf solche Weise benehmen.

Um ein Uhr führte mich der weitergehende Zug von diesem Schauplatz deutschen Terrorismus hinweg und bis nach Calais ging Alles glatt. In Abbeville kamen wir aus den preußischen Linien in die französischen. Calais erreichten wir um sieben Uhr Abends und ich war ungemein froh, hier soupiren und mich dann ruhig zu Bett legen zu können.

www.ingramcontent.com/pod-product-compliance
Lightning Source LLC
Chambersburg PA
CBHW020842160426
43192CB00007B/751